公判前整理手続の実務

編著
庭山英雄
宮﨑大輔
寺﨑裕史

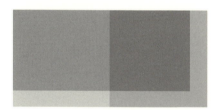

青林書院

はしがき

　公判前整理手続は，平成16年の刑事訴訟法改正で新たに設けられた制度であり，平成17年11月に施行され，施行より9年以上が経った。

　公判前整理手続については，公判を担当する裁判官が公判前整理手続も担当していて予断排除の原則に反するとか，公判が儀式化するなどの批判もあり，批判的な視点も入れながらみていく必要があるが，証拠開示等弁護人や被告人にとって便利な側面もあり，公判前整理手続を積極的に活用していく必要があろう。

　証拠開示については，制度当初は，検察官も証拠開示に消極的であったようであるが，最近では，共犯者や被告人等の供述調書は類型証拠開示請求をするまでもなく任意開示することが多いし，類型証拠に該当するか微妙なケースで類型証拠開示請求をした場合，類型証拠に該当しないとしながらも任意開示に応じることが多い。そのこともあってか，公判前整理手続に関する裁判例は制度当初と比べると極端に減少しているが，法律の規定をよく認識した上で証拠開示請求をすべきである。

　本書籍の執筆を終えた平成26年7月に，法制審議会新時代の刑事司法制度特別部会が「新たな刑事司法制度の構築についての調査審議の結果【案】」を取りまとめ，平成26年9月18日に法制審議会総会は同案を法務大臣に答申することを可決した。同案の中で公判前整理手続に関するところは，①公判前整理手続や期日間整理手続請求権の付与，②証拠の一覧表の交付制度の導入，③類型証拠開示の対象拡大の3点である。本書籍の該当部分に加筆しておいたが，立法化された場合は，ぜひ活用されたい。

　もっとも，証拠開示の対象はまだ広いとは言えない。刑訴法316条の15第1項6号に該当しないとする裁判例が複数あるいわゆる聞き取り捜査報告書については，上記特別部会では検討されたものの結局同案に盛り込まれていない。最近は任意開示される証拠が増えているとはいえ，その他の証拠も含め，今後も類型証拠開示の対象となる証拠の範囲がさらに拡大されるべきで

ある。

　本書籍は，執筆者の経験も交え公判前整理手続や期日間整理手続を担当する弁護人に役立つ内容を幅広く盛り込んだつもりである。少しでも多くの公判前整理手続等を経験する弁護人に役立つ本となることを願いたい。

　最後になったが，本書籍の執筆の機会を与えていただき，辛抱強く原稿を待って下さった青林書院編集部の高橋広範，加藤朋子両氏に感謝の言葉を捧げたい。

　　2014年12月

　　　　　　　　　　　　　　　　　　　　　　　　　　宮　﨑　大　輔

凡　例

I　叙述の仕方

(1)　叙述は，原文引用の場合を除いて，原則として常用漢字，現代仮名遣いによった。
(2)　見出し記号は，原文引用の場合を除いて，原則として，第1節／第2節／第3節……，ⅠⅡⅢ……，(1)(2)(3)……の順とした。

II　法令の表記

日本の法令の表記は，原文引用の場合を除き，原則として，次のように行った。
(1)　地の文では概ね正式名称で表した。
(2)　カッコ内表記は次のように行った。
　(a)　主要な法令は後掲の「法令略語例」により，それ以外のものについては正式名称で表した。
　(b)　多数の法令条項を引用する場合，同一法令の条項は「・」で，異なる法令の条項は「，」で併記した。それぞれ条・項・号を付し，原則として「第」の文字は省いた。

III　文献の表記

文献等は原則として，次のように表示した。
〔例〕著者名『書名』頁数
　　　編者名 編『書名』頁数〔執筆者名〕
　　　執筆者名「論文名」掲載誌 頁数

IV　判例の表記

(1)　判例は，原則として，後掲の「判例集・雑誌等略語例」を用いて表し

た。
(2) カッコ内における判例の出典表示は，原則として，次のように行った。
〔例〕平成23年8月31日，最高裁判所第三小法廷決定，最高裁判所刑事判例集65巻5号935頁
　　　　→最〔三小〕決平23・8・31刑集65巻5号935頁

■法令略語例

刑訴	刑事訴訟法	裁判員	裁判員の参加する刑事裁判
刑訴規	刑事訴訟規則		に関する法律
憲	憲法	弁	弁護士法

■判例集・雑誌等略語例

最	最高裁判所	判	判決
大	大法廷	決	決定
一小	第一小法廷	刑集	最高裁判所刑事判例集
二小	第二小法廷	東高時報	東京高等裁判所刑事判決時報
三小	第三小法廷		
高	高等裁判所	判時	判例時報
地	地方裁判所	判タ	判例タイムズ
支	支部		

編著者・執筆者一覧

編著者

庭山　英雄（弁護士・元専修大学教授）
宮﨑　大輔（弁護士）
寺﨑　裕史（弁護士）

執筆者・執筆分担

庭山　英雄（上　掲）　序章
宮﨑　大輔（上　掲）　第1章第1節，第2章，第3章，第4章，第5章，第6章，第9章（共著），第12章（共著），第21章，資料1（共著），資料13，資料14，資料16，資料17，資料19，資料20
大辻　寛人（弁護士）　第1章第2節，第13章，第14章，第15章，資料1（共著），資料2，資料5，資料8，資料9，資料12
榊原　一久（弁護士）　第7章，第8章，第9章（共著），第10章，第11章，第12章（共著），
寺﨑　裕史（上　掲）　第16章，第17章，第18章，第19章，資料1（共著），資料3，資料4，資料6，資料7，資料10，資料15，資料18
小柴　一真（弁護士）　第20章，第22章，資料11

（執筆順）

目　次

はしがき

凡例

編著者・執筆者一覧

序　章　国民の良識を反映させるために──────1

第1節　公判前整理手続の功罪……………………………………1
　Ⅰ　裁判員制度3年の回顧……1
　Ⅱ　最高裁判所の調査……3
　Ⅲ　証拠開示に関する近時の最高裁判例……3
　Ⅳ　公判前整理手続の意義……5
　Ⅴ　公判前整理手続の課題……6
　Ⅵ　弁護人から公判前手続に付することを求める事件……7
　Ⅶ　公判前整理手続実施申出書（書式）……7

第2節　2つの整理手続……………………………………………8

第1章　ストーリーによる公判前整理手続事件（仮定事例）──13

第1節　共犯の強盗致傷事件の自白事件……………………………13
　Ⅰ　公判前整理手続までの経緯……13
　Ⅱ　公判前整理手続……13
　Ⅲ　公判前整理手続終了後の証拠調べ請求……17

第2節　覚せい剤譲渡事件の否認事件………………………………18
　Ⅰ　事案の概要……18
　Ⅱ　事案経過……18

viii　目　次

第2章　公判前整理手続の決定，方法及び対応 ―――― 25

第1節　公判前整理手続が行われる場合とは ……………… 25
Ⅰ　法律の規定……25
Ⅱ　非裁判員裁判対象事件で公判前整理手続を求めるべき場合とは……26
Ⅲ　注意点……27

第2節　公判前整理手続の決定 ……………………………… 27
第3節　非裁判員裁判対象事件において，公判前整理手続に付すよう求めたのに付されなかった場合 ……………… 28
第4節　公判前整理手続の方法 ……………………………… 28
第5節　必要的弁護 …………………………………………… 29

第3章　公判前整理手続期日の指定や被告人の出頭等 ―― 31

第1節　公判前整理手続期日の指定 ………………………… 32
第2節　公判前整理手続期日の変更 ………………………… 32
第3節　検察官又は弁護人に対する出頭命令 ……………… 33
第4節　被告人の出頭 ………………………………………… 33
Ⅰ　権利としての出頭……33
Ⅱ　裁判所からの求めに基づく出頭……34
Ⅲ　被告人の出頭の是非……35

第5節　黙秘権の告知 ………………………………………… 36

第4章　公判前整理手続に付する決定後の対応 ―――― 37

第1節　公判前整理手続において行う事項 ………………… 38
第2節　訴因・罰条の明確化（1号）について ……………… 38
第3節　訴因・罰条の追加・撤回・変更の許可（2号）…… 39
第4節　証拠の採否の決定（7号）について ………………… 39

第5節　鑑定について……………………………………………………… 40
　　Ⅰ　鑑定手続実施決定……40
　　Ⅱ　インテーク鑑定……40
　　Ⅲ　カンファレンス……40
第6節　公判期日の指定（12号）について……………………………… 41
第7節　決定の告知等……………………………………………………… 41
第8節　公判前整理手続に付された初期の段階の対応について………… 41
　　Ⅰ　時期……41
　　Ⅱ　内容及び対応方法について……42

第5章　検察官による証明予定事実記載書面，証拠調べ請求，請求証拠の開示に対する対応 ―― 45

第1節　証明予定事実記載書面に対する弁護人の対応…………………… 46
　　Ⅰ　検察官の証明予定事実記載書面の提出……46
　　Ⅱ　求釈明……46
　　Ⅲ　余事記載等がある場合について……47
第2節　証拠調べ請求及び検察官請求証拠の開示に対する対応………… 47
　　Ⅰ　証拠調べ請求……47
　　Ⅱ　検察官請求証拠の開示……47
　　Ⅲ　証人・鑑定人等について……48
　　Ⅳ　法制審議会の答申（証拠の一覧表の交付制度の導入）……48

第6章　公判前整理手続に付された場合の保釈請求 ―― 51

第1節　保釈請求の必要性………………………………………………… 51
第2節　裁判員裁判事件の傾向…………………………………………… 51
第3節　保釈が認められやすい公判前整理手続の段階について………… 52
第4節　保釈が認められる要素…………………………………………… 52
　　Ⅰ　否認事件……52
　　Ⅱ　被害者……53

　　　　Ⅲ　共犯者……53
　　　　Ⅳ　目撃者……53

第 7 章　類型証拠開示 ──────────── 55

　第 1 節　類型証拠開示制度の意義・目的 …………………………… 56
　　　　Ⅰ　検察官請求証拠以外の証拠に関する二段の証拠開示制度……56
　　　　Ⅱ　類型証拠開示の意義……57
　　　　Ⅲ　類型証拠開示請求を行う時期……58
　第 2 節　類型証拠開示の要件その 1 ──要件の概要 ……………… 59
　　　　Ⅰ　刑事訴訟法316条の15第 1 項各号の要件……59
　　　　Ⅱ　証拠開示の対象となる証拠……59
　第 3 節　類型証拠開示の要件その 2 ──各類型について ………… 61
　　　　Ⅰ　類型該当性について……61
　　　　Ⅱ　各類型と開示対象類型とした趣旨……61
　　　　Ⅲ　各類型について……63
　　　　Ⅳ　類型証拠開示の要件その 2 ──重要性及び相当性……73
　第 4 節　類型証拠開示の手続 …………………………………………… 76
　　　　Ⅰ　被告人側から明らかにすべき事項……76
　　　　Ⅱ　証拠の類型及び開示の請求に係る証拠を識別するに足りる
　　　　　　事項（刑訴316条の15第 2 項 1 号）……76
　　　　Ⅲ　開示が必要である理由（刑訴316条の15第 2 項 2 号）……76

第 8 章　類型証拠開示請求に対する検察官の対応 ─────── 79

　第 1 節　検察官の応答義務と開示の方法 ……………………………… 79
　第 2 節　開示の時期・方法の指定 ……………………………………… 80
　第 3 節　開示についての検察官の回答に対する弁護人の対応……… 82
　　　　Ⅰ　「開示する」との回答に対する弁護人の対応……82
　　　　Ⅱ　「該当する証拠は存在しない」との回答に対する
　　　　　　弁護人の対応……82
　　　　Ⅲ　「開示要件を満たさないので開示しない」との回答に対する

　　　　　弁護人の対応……83
　　　Ⅳ　検察官が類型証拠に該当すると考えられる証拠について，
　　　　　類型証拠開示請求を待たずに「任意開示」した場合……83
　　　Ⅴ　証拠開示請求をめぐる検察官との間の書面を裁判所にも
　　　　　送付するか否か……83

第9章　検察官請求証拠に対する意見明示 ——————85

第1節　検察官請求証拠に対する意見明示の意義 ……………………… 85
第2節　意見明示の時期 ……………………………………………………… 86
第3節　意見の内容 ………………………………………………………… 86
　　　Ⅰ　意見の内容……86
　　　Ⅱ　意見明示にあたっての視点（特に同意・不同意について）……87
　　　Ⅲ　具体的な証拠の検討……87
　　　Ⅳ　記録の差入れにあたっての注意点……91

第10章　弁護人の予定主張明示 ——————93

第1節　予定主張明示の意義 ……………………………………………… 93
　　　Ⅰ　規定……93
　　　Ⅱ　意義……94
　　　Ⅲ　弁護人にとっての予定主張明示の意義……94
　　　Ⅳ　憲法38条1項との関係（判例）……94
第2節　予定主張明示の時期 ……………………………………………… 95
第3節　明示する予定主張の内容 ………………………………………… 95
　　　Ⅰ　規定……95
　　　Ⅱ　証明予定事実……96
　　　Ⅲ　証明予定事実以外の事実上の主張……96
　　　Ⅳ　法律上の主張……97
第4節　明示の方法 ………………………………………………………… 98
　　　Ⅰ　書面によるべきか……98
　　　Ⅱ　明示の程度……98

　　　　Ⅲ　予断・偏見の排除……99

　第5節　期限の定め …………………………………………………… 99

第11章　弁護人からの証拠調べ請求と証拠の収集 ── 101

　第1節　公判前整理手続における証拠調べ請求 ……………………… 101
　　　　Ⅰ　総論……101
　　　　Ⅱ　証拠調べ請求の時期……102
　　　　Ⅲ　証拠制限……102
　　　　Ⅳ　証拠の厳選……103
　第2節　被告人側の証拠収集 …………………………………………… 104
　　　　Ⅰ　証拠開示……104
　　　　Ⅱ　弁護人の証拠収集手段……104

第12章　弁護人の請求証拠等の開示 ── 107

　第1節　趣旨 ……………………………………………………………… 107
　第2節　証言予定要旨記載書面の提出時期及び提出先 ……………… 108
　第3節　証言予定要旨記載書面を作成する場面 ……………………… 108
　第4節　証言予定要旨記載書面の記載の程度 ………………………… 108

第13章　主張関連証拠開示請求 ── 111

　第1節　条文の趣旨 ……………………………………………………… 111
　第2節　開示の対象 ……………………………………………………… 112
　第3節　開示請求の時期 ………………………………………………… 113
　第4節　開示要件 ………………………………………………………… 114
　　　　Ⅰ　形式的要件──被告人側からの開示請求……114
　　　　Ⅱ　実質的要件──開示の相当性……115
　第5節　裁定例 …………………………………………………………… 116

　　　　Ⅰ　肯定例……116
　　　　Ⅱ　否定例……125
　　第6節　開示請求例………………………………………………………129
　　　　Ⅰ　取調べメモ……129
　　　　Ⅱ　共犯者の資料……129
　　　　Ⅲ　過去の事件での被告人の供述内容等……130
　　第7節　開示の時期・方法の指定等……………………………………131
　　　　Ⅰ　趣旨……131
　　　　Ⅱ　具体例……132
　　第8節　捜査段階で作成される証拠（参考文献）……………………133

第14章　類型証拠不開示・主張関連証拠不開示に対する裁定の申立て，証拠開示裁定，即時抗告 ―――― 135

　　第1節　裁定請求…………………………………………………………135
　　　　Ⅰ　条文の趣旨……135
　　　　Ⅱ　要件（1項）……136
　　　　Ⅲ　裁定手続（2項）……136
　　　　Ⅳ　即時抗告（3項）……136
　　第2節　証拠又は一覧表の提示…………………………………………137
　　　　Ⅰ　条文の趣旨……137
　　　　Ⅱ　内容……138

第15章　主張立証の追加・変更 ―――― 139

　　第1節　検察官による証明予定事実の追加・変更（刑訴316条の21）…139
　　　　Ⅰ　条文の趣旨……139
　　　　Ⅱ　内容……140
　　第2節　予定主張の追加・変更（刑訴316条の22）……………………141
　　　　Ⅰ　条文の趣旨……141
　　　　Ⅱ　内容……141

第3節　公判前整理手続終了後の主張制限について……………………142

第16章　公判前整理手続における証拠調べ請求の制限 —— 145

第1節　規定が設けられた趣旨……………………………………………145
第2節　証拠調べ請求が制限されることとなる時期………………………146
第3節　整理手続終了後の新たな主張について…………………………148
　　Ⅰ　整理手続終了後に新たな主張を行うことができるか……148
　　Ⅱ　整理手続終了後に新たな主張を行う場合の留意点……149
第4節　同意の撤回…………………………………………………………150
第5節　検察官から新たな証拠調べ請求がなされた場合の対応………151
第6節　「やむを得ない事由」の意義……………………………………152
第7節　整理手続終了後に新たな証拠調べ請求をする場合の手続……153
　　Ⅰ　請求の時期……153
　　Ⅱ　請求の方法……154
第8節　裁判例………………………………………………………………155

第17章　公判前整理手続終了から第1回公判期日まで —— 177

第1節　争点と証拠整理結果の確認………………………………………177
　　Ⅰ　確認される事項等……177
　　Ⅱ　調書への記載……180
第2節　公判前及び期日間整理手続の結果顕出…………………………180
第3節　冒頭陳述……………………………………………………………181
　　Ⅰ　公判前整理手続と冒頭陳述……181
　　Ⅱ　冒頭陳述の必要性……181
　　Ⅲ　冒頭陳述における留意事項……182
　　Ⅳ　冒頭陳述において述べるべき内容……183
第4節　裁判員裁判対象事件の場合………………………………………184
　　Ⅰ　概要……184

　　　　Ⅱ　法律概念の説明方法について……184
　　　　Ⅲ　裁判員に対する質問票について……185
　　　　Ⅳ　被告人の着座位置等について……186
　　　　Ⅴ　優先傍聴席について……187
　　　　Ⅵ　パワーポイント・書画カメラ等の使用について……187
　　　　Ⅶ　証拠調べの時間等の調整について……188
　　　　Ⅷ　冒頭陳述・弁論要旨の要約書面について……189

第18章　期日間整理手続 ──191

　第 1 節　規定の趣旨…………………………………………………191
　第 2 節　手続の内容…………………………………………………192
　第 3 節　「審理の経過にかんがみ必要と認めるとき」………………192
　第 4 節　弁護人としての対応………………………………………193
　　　　Ⅰ　証拠開示機能の活用について……193
　　　　Ⅱ　手続に付された後の対応……193
　第 5 節　控訴審段階における期日間整理手続の利用について…………194
　第 6 節　裁判例………………………………………………………195

第19章　自白事件の特徴 ──197

　第 1 節　はじめに……………………………………………………197
　第 2 節　証拠調べ請求の制限（刑訴316条の32）との関係………………197
　　　　Ⅰ　示談に関する証拠について……197
　　　　Ⅱ　情状証人について……198
　第 3 節　証拠開示について…………………………………………199

第20章　責任能力を争う事件における，公判前整理手続での活動 ──201

　第 1 節　手続…………………………………………………………201
　　　　Ⅰ　序論……201

　　　　Ⅱ　証拠の収集……201
　　　　Ⅲ　予定主張における注意……202
　　　　Ⅳ　鑑定請求……203
　　　　Ⅴ　いわゆる「カンファレンス」について……206
　　　　Ⅵ　鑑定人が使用するパワーポイント等のチェック……208
　　第 2 節　ストーリー……………………………………………………………208
　　　　Ⅰ　序論……208
　　　　Ⅱ　事案……208
　　　　Ⅲ　公判前整理手続での活動……210
　　　　Ⅳ　鑑定で目標とした結果が得られなかった場合の対応……214

第21章　裁判員裁判で区分審理が行われる場合について ───── 217

　　第 1 節　区分審理決定……………………………………………………………217
　　　　Ⅰ　原則……217
　　　　Ⅱ　例外……217
　　　　Ⅲ　審理の順序に関する決定……218
　　　　Ⅳ　公判前整理手続等における決定……218
　　第 2 節　部分判決及び併合事件審判………………………………………………218
　　　　Ⅰ　部分判決……218
　　　　Ⅱ　併合事件審判……219

第22章　裁判員選任手続について ──────────────── 221

　　第 1 節　はじめに………………………………………………………………221
　　第 2 節　裁判員候補者の呼出し…………………………………………………221
　　第 3 節　裁判員候補者に関する情報の開示……………………………………222
　　　　Ⅰ　裁判員候補者名簿の開示……222
　　　　Ⅱ　質問票の開示……222
　　第 4 節　裁判員候補者への質問…………………………………………………222
　　第 5 節　不選任の請求について…………………………………………………223
　　　　Ⅰ　「理由つき不選任」請求……223

Ⅱ　「理由を示さない不選任」請求……223
　第6節　その他………………………………………………………224

資料集　　　　　　　　　　　　　　　　　　　　　　　　　225

- ■資料1　証拠開示リスト……227
- ■資料2　書式・公判前整理手続実施を申し出る意見書……243
- ■資料3　書式・期日間整理手続実施を申し立てる意見書……245
- ■資料4　書式・類型証拠開示請求書……246
- ■資料5　書式・求釈明申立書（公訴事実）……248
- ■資料6　書式・証拠意見書……249
- ■資料7　書式・予定主張記載書面（自白）……250
- ■資料8　書式・予定主張記載書面（強盗強姦，否認）……251
- ■資料9　書式・予定主張記載書面（薬物譲渡，否認）……255
- ■資料10　書式・証拠調請求書……256
- ■資料11　書式・鑑定請求書（責任能力）……257
- ■資料12　書式・鑑定請求書（DNA）……265
- ■資料13　書式・主張関連証拠開示請求書……267
- ■資料14　書式・求釈明書……269
- ■資料15　書式・証拠開示命令請求書（裁定請求書）……270
- ■資料16　書式・即時抗告申立書……271
- ■資料17　書式・特別抗告申立書……272
- ■資料18　書式・公判記録取寄請求書……273
- ■資料19　書式・証言要旨記載書……274
- ■資料20　書式・尋問事項書……275

事項索引……277
判例索引……279

章

国民の良識を反映させるために

第1節　公判前整理手続の功罪

I　裁判員制度3年の回顧

　平成24年（2012年）5月21日で，裁判員制度は導入から3年を迎えた。これから見直しの論議が本格化すると予想される。本書もその一環として，実務の現状に即して見直しをしてみたいと思う。平成24年5月19日の朝日新聞によれば，同社のアンケートの結果浮かんできた論点はほぼ次のようである。

(1)　法務大臣の講演

　大きな焦点となりそうなのは，小川敏夫法務大臣（当時）が東京都内の大学での講演会（平成24年5月11日）で言及した対象とするべき裁判の範囲の見直しである。現在は重大事件の1審だけに裁判員が加わっている。

　日本弁護士連合会は平成24年3月に発表した提言で「起訴内容を否認している被告が望めば，対象外でも裁判員裁判で審理する」との一条を盛り込んだ。これまでの裁判を通じて，刑事裁判の鉄則である「疑わしきは被告人の利益に」への意識が高い裁判員が多いとみて，痴漢事件や交通事故の裁判に加わってもらうことを想定している。

　（のっけから余談で恐縮であるが私（庭山）は先般，ある強姦致傷事件（痴漢事件）を担当した。致傷といっても相手が望む肛門性交で，全治3日間，起訴当日にはすでに全治していた。こんな事件（事実に争いはない）でも裁判員裁判にかけなければならないのかと，多少違和感を感じたことを正直に告白しておこう。もう一点，数年前に新宿で起きた

昏睡強盗事件を担当したことがあった。こちらは被害者も多く，被害額も大きい。池田修『解説裁判員法』で確かめてみたが，本件は裁判員裁判の対象ではなかった。これにも若干の違和感を感じた。以上庭山記）

　ところで裁判員経験者の有志で作る或るグループは，企業や行政を相手にした民事・行政裁判も対象に入れるよう提案した。「薬害や公害など生活に直結するような裁判にこそ，国民の感覚を採り入れるべきだ」というのである。（この主張に異論をさしはさむ国民はそう多くはあるまい。庭山所感）

(2)　検察の主張

　一方，覚せい剤密輸事件を対象から外すよう求める声が検察内部には強い。被告が入国する際に持っていた荷物に違法な薬物が入っていた場合，被告自身に「荷物の中身は違法薬物だとの認識があったか」が争われる例が多く，裁判官でも判断が難しいケースだとされる。最高裁のまとめでは，裁判員裁判で全面無罪判決を受けた被告17人のうち，7人がかつて覚せい剤密輸の罪に問われた被告であったという。

　笠間治雄検事総長は，「非常に特殊な事件。国民の良識を入れて判断しないといけないのだろうか」と疑問を投げかけている。無罪の急増を受け，検察は平成24年4月，最高検に覚せい剤密輸事件の捜査や立証の方法を見直すための検討会を立ち上げた。

(3)　見直しの1つのポイント

　対象とする裁判のほかに，見直しのポイントがいくつか指摘されている。その1つが死刑の判断のあり方である。現在の仕組みでは，判決を決める評議の際，裁判員6人と裁判官3人が死刑にするかどうかで意見が分かれた場合，少なくとも裁判官1人を含めた過半数の賛成があれば死刑の結論を導ける。だが「結果の重大さを考えれば，全員一致にするべきだ」との声も強い。（正論というべきか。庭山所感）

(4)　守秘義務の問題

　裁判員経験者に生涯にわたって課される守秘義務についても批判が根強い。評議に際して裁判官による誘導がなかったかなどを検証できなくなるためである。裁判員の心理的負担を減らす狙いをも含めて，日弁連は，発言者を特定しなければ評議中の意見を明かせるような法改正を要望している。（これま

た正論か。庭山所感）

Ⅱ　最高裁判所の調査

(1) 高裁の破棄率

最高裁が平成24年5月18日に公表した3年間のまとめによると，1審の判決を2審の高裁が破棄した割合（いわゆる破棄率）が，裁判員制度の開始前の17.6％に比べ，開始後は6.7％と10ポイント以上も低下した。市民らが関与した1審の事実認定や量刑判断をプロの裁判官だけで審理する2審が尊重している状況が裏付けられているといえよう。

(2) 破棄の内容

最高裁は裁判員裁判の対象事件のうち，殺人や強盗致傷など事件数の多い15の罪について分析検討した。破棄の理由別でみると，「量刑が重すぎたり軽すぎたりして不当」との理由は5.3％から0.8％に，「事実認定が誤っている」との理由も，2.6％から0.5％に下がった。また，1審判決後に示談が成立などの事情による破棄は，8.4％から4.9％にに下がった。

(3) 犯罪者の社会復帰

一方，判決で刑の執行を猶予する際，定期的に保護司との面談を義務付け，社会復帰を見守る「保護観察」を付ける割合は，制度開始前の31％から55％に増加した。市民が，犯罪者の社会復帰をできるだけ支援しようとしている様子が窺える（本節は青地学の署名記事，朝日新聞平成24年5月19日付）。

Ⅲ　証拠開示に関する近時の最高裁判例

私はこの世から誤判や冤罪をなくすべく刑事訴訟法学者を志した。私の年代に刑事訴訟法研究者が割と多いのは，有名な松川事件の影響によるものであろう。学者を定年となり弁護士に転じて後も，初心を貫き弁護士会で刑事手続関係の各種委員会に属している。誤判や冤罪の最大の要因は検察官による「証拠隠し」であろう。したがって最高裁による近時の相次ぐ証拠開示関連決定には感動を禁じえなかった。それら決定を以下に順次紹介したい。

① 最〔三小〕決平19・12・25刑集61巻9号895頁・判タ1260号102頁（以下，最決①と略称する）

最決①は，被告人の警察官に対する供述調書の任意性が争われ，刑事訴訟法316条の20第1項に基づき被告人にかかる警察官の取調べメモ等の開示を請求し，同法316条の20第1項により上記証拠の開示命令を請求した事案において，公判前整理手続等における証拠開示手続において，開示対象となる証拠の範囲は検察官の手持ち証拠に限られるとしていたそれまでの下級審の判例を変更し，検察官の手持ち証拠でない証拠について証拠開示を命じた原決定の判断を支持したものである。

まだ専修大学の教授であった頃，日弁連の人権擁護委員会再審部会で証拠開示についての報告を頼まれたことがあった。質疑応答の際，名張毒ぶどう酒事件の主任弁護人の鈴木泉さんから，「見たいのは警察の手持ち証拠だ」との指摘があった。当時はまだ最決①が出されていなかったので，返答に四苦八苦したことを思い出す。

② 最〔三小〕決平20・6・25刑集62巻6号1886頁・判タ1275号89頁（以下，最決②と略称）

最決②は，被告人の尿の鑑定書等の証拠能力が争われた事案において，検察官が私的なメモであるので，証拠開示の対象にはならない旨主張していた，警察官作成のメモ（被告人の保護状況ないし採尿状況について記載あり）につき，それが備忘録に該当し証拠開示の対象となりうるとし，その実際の判断に必要なときには，裁判所は検察官に対し，同メモの提出を命ずることができるとした。

③ 最〔一小〕決平20・9・30刑集62巻8号2753頁・判タ1292号157頁（以下，最決③と略称）

最決③は，検察官が，証人尋問を採用された証人（A）について事実確認を行ったところ，Aが新規供述（被告人が犯行への関与を自認する言動をしていた）を行ったことから，Aの検察官調書を作成して証拠調べを請求すると共に，上記の事実を証明予定事実として主張したという経過の下で，弁護人がこの新規供述に関する検察官調書あるいはAの予定証言の信用性を争い，その主張に関連する証拠として，「捜査段階でAの取り調べに当たったB警察官が，Aの取り調べについて，その供述内容を記録し，捜査機関において保管中の大学ノートのうちAの取調べに関する記載部分」（本件メモ）の証拠開

示を求めたという事案において，上記ノートの提示を受けた上，本件メモの証拠開示を命じた原原審の判断とそれを是認した原審の判断とをいずれも是認したものである。

以上の判例が，事件の真実発見に大きく貢献していることを否定する人は，おそらくいないであろう。近時の相次ぐ再審無罪や再審における証拠開示は，上記諸判例を支える思想に基づくものと解しても間違いあるまい。

IV 公判前整理手続の意義

私は過去，官僚司法と民衆司法という対抗軸で日本の刑事訴訟を分析してきた。その一環として国民の司法参加を実践的目標とし，1982年の創設以来，「陪審裁判を考える会」の共同代表（もう1人は作家の伊佐千尋氏）を務めていたから，法制審議会による司法改革の論議が始まった当初から，会議の成り行きに重大な関心を寄せてきた。しかし，会議のメンバー構成を見たとき，同審議会の議論はやがて参審制度の方向に収斂するだろうと睨んでいた。結果はそのとおりになった。これなら歴史と伝統のある中央集権的官僚的司法制度に大きな影響を与える恐れはなかったからである。

だが，裁判員制度になると素人が裁判に参加することになるから，いろいろな配慮をしなければならない。素人集団を長期間裁判所に拘束することはできないから，争点を厳選しなければならない（いわゆる核心司法）。厳選できるようにするためには，証拠開示を大幅に拡充し，弁護側も争点について意見具申できなければならない。こうして作られたのが裁判員法であり，それを支える刑事訴訟法改正（いずれも平成16年実施）であった。その骨子は次のようである。（以下，六法全書による）

「第2節　争点及び証拠の整理手続
　　第1款　公判前整理手続
　　　第1目　通則（第316条の2〜第316条の12）
　　　第2目　争点及び証拠の整理（第316条の13〜第316条の24）
　　　第3目　証拠開示に関する裁定（第316条の25〜第316条の27）
　　第2款　期日間整理手続（第316条の28）
　　第3款　公判手続の特例（第316条の29〜第316条の32）

第 3 節　被害者参加（第316条の33～第316条の39）」

以上が改正の要綱であるが，その詳細については後述に譲る。

V　公判前整理手続の課題

　立法段階から予測されていた大きな課題が 2 つあった。 1 つは，裁判の長期化の問題であり，もう 1 つは鑑定手続の問題である。両者は密接に関連する。

　立法者は前者の課題については何とかなると思っていたらしいが，やはり何ともならなかったようである。すでに前述の 3 年間の実施結果の検討で判明したごとく，起訴から判決までの期間が裁判官裁判の時代のそれより長期化した。これによって迅速に真実を発見するという裁判員裁判の目的の重要な 1 つが脆くも潰え去ってしまった。もう 1 つの真実の発見については，高裁段階の原審破棄事例が以前より少なくなったとの最高裁の調査結果公表によれば，若干いい方向に向かっているといえようか。

　如上の状況であるから裁判員裁判制度はやめてしまえ（一部の人が主張する）とは私はいわない。同制度には国民の司法参加という大きなメリットが存在するからである。国民がじかに裁判に接する政治的意義は測りしれない。一方，裁判の長期化を発生させる要因には種々のものがある。相変わらず裁判所・検察側は弁護側を責めているが，裁判所・検察側にも遅延を引き起こしている要因はあるので，一方的に相手方を責めるわけにはいかない。10年ぐらいはかかるであろうが，辛抱強い三者協議によって徐々に解決するほかない。そして解決可能だと私は今考えている。

　もう 1 つの大きな課題は鑑定の問題であるが，こちらは裁判員法50条（第 1 回の公判期日前の鑑定）によって一応の解決をみた。しかし，長引きそうな鑑定については，公判前手続において事前に決めておいて，公判審理で（計画された公判期日に）鑑定の経過と結果を報告させる，とする。ちょっとした事件でさえ鑑定に数年をかけている弁護人の立場からすると，夢物語としか思えない。

Ⅵ 弁護人から公判前手続に付することを求める事件

私が「公判前整理手続が裁判員裁判に特有なものではない」と教えられたのは，数年前の東京弁護士会刑事弁護研究会での村木一郎弁護士の報告によってであった。その後気をつけて類書を見ているとその種の発言をあちこちで見るようになった（庭山英雄＝荒木和男＝合田勝義編著『実務刑事弁護と証拠法』393頁，松本時夫ほか編・松尾浩也監修『条解刑事訴訟法』〔第4版〕721頁）。改めて考えてみると，平成16年に同時施行の裁判員法にも刑事訴訟法改正にも通常裁判手続への公判前整理手続の適用を禁じた規定はどこにもない。

立法者側は公判前整理手続が裁判官裁判にも有効に働くと予測していたのかもしれない。しかし先に示したとおり残念ながら結果は逆に出た。

Ⅶ 公判前整理手続実施申出書（書式）

以下は公判前整理手続の実施を申し立てる際の書式である。

■書式：公判前整理手続実施申出書

```
平成　　年（わ）第　　　号

                               平成　　年　　月　　日
東京地方裁判所　御中

                       被告人　　○　○　○　○

                       弁護人　　○　○　○　○　㊞
```

　上記被告人の昏睡強盗事件を公判前整理手続に付するよう求める。その理由は以下のとおりである。
　まず事実関係について述べる。本件は東京の著名な飲み屋街で起きた事件である。地域の親分格である甲は2件のスナックバーA，Bを経営していた。Aは通常のスナックであり，そこで泥酔した客を階上のBに送り込んだ。B

> には外国人ホステスが何名もおり，強い酒を飲ませてさらに泥酔させ，言葉巧みに銀行のキャッシュカードを預けさせ，暗証番号を聞き出した。それを使って「出し子」と称する若者が近くのATMで金を好きなだけ引き出した。一連の行為の指揮者は店長であり，上記の甲は犯行とは何のかかわりもない形をとっていた。
> 　以上の犯行では被害者は多数であり，被害額も甚大である。共犯者も多く，犯行の手口は巧妙である。かかる事件において争点を的確に絞り，事件を迅速に処理するためにはどうしても公判前整理手続の助けが必要である。

第2節　2つの整理手続

(1)　はじめに

　公判前整理手続と期日間整理手続とには密接な関係があることについては，**第18章**を参照のこと。公判前整理手続が完全に行われていれば，期日間整理手続は不要のはずであるが，現実はそう甘くない。特に弁護人にとっては，反論証拠をほとんど見ていないのに整理手続に応じろと言われても無理な話である。期日間整理手続の要求が弁護人側から生まれてきて当然であろう。

　ところで期日間整理手続は公判前整理手続の実施を前提としない。裁判員裁判においては公判前整理手続が必要的とされているが，その他の手続においては必要的とはされていない。したがって裁判官，検察官，弁護士三者の合意があればいつでも，公判開始前には公判前整理手続，公判開始後には期日間整理手続を行うことができる。

　平成24年の司法統計によれば，通常第1審事件の終局総人員は65,074人であり，そのうち公判前整理手続に付された被告人は1,746人であるので，残りの63,328人は公判前整理手続に付されなくても，期日間整理手続に付される可能性を持つ。刑事裁判の多くが期日間整理手続に付されれば，日本の刑事手続にどういう変動を及ぼすであろうか。結論を急ぐ前にもう少し考えてみよう（むろん，公判前整理手続に付されても期日間整理手続を利用する弁護人はいるであろうから，同手続の数はそれだけ増える）。

(2) 通常第1審事件で公判前整理手続に付された終局人員の数

同じく平成24年の司法統計によれば，通常第1審事件で公判前整理手続に付された終局人員の数は■図表1のとおり（「―」は該当数値のない場合）である。なお，それに続く括弧内の数字は期日間整理手続に付された終局人員の数である。予想よりは多いと感じていただけるかどうか。

この表を東京弁護士会内の研究会で報告したところ，括弧内の数字は公判前整理手続に付された事件のうちで，期日間整理手続にも付された事件の数かとの質問が出た。もっともな質問であるので念のためここで付言するが，括弧内の数字には，公判前整理手続に付されていないものも含まれている。

■図表1

罪　　名	人員数
［総数］	1745（226）
［刑法犯総数］	1497（152）
公務の執行を妨害する罪	1（　2）
犯人蔵匿及び証拠隠滅の罪	3（　2）
放火の罪	141（　9）
失火の罪	―（―）
往来を妨害する罪	2（―）
住居を侵す罪	―（　2）
公文書偽造・同行使の罪	4（　1）
私文書偽造の罪	―（―）
有価証券偽造の罪	―（―）
支払用カード電磁的記録に関する罪	―（―）
わいせつ，姦淫及び重婚の罪	224（13）
賭博及び富くじに関する罪	―（―）
賄賂の罪	3（―）
殺人の罪	327（　5）
傷害の罪	238（17）
過失傷害の罪	18（16）
逮捕及び監禁の罪	11（　1）
脅迫の罪	1（―）
略取，誘拐及び人身売買の罪	1（―）

信用及び業務に対する罪	— （—）
窃盗の罪	21（ 16）
強盗の罪	14（ 8）
強盗姦致死傷の罪	393（ 24）
詐欺の罪	28（ 26）
背任の罪	1（ 2）
恐喝の罪	18（ 3）
横領の罪	1（ 1）
盗品等に関する罪	1（ 2）
毀棄及び隠匿の罪	—（ 1）
爆発物取締罰則	2（—）
決闘罪関係	—（—）
暴力行為等処罰関係	2（—）
その他の刑法犯	42（ 1）
［特別法犯総数］	**248（ 74）**
公職選挙法	—（—）
売春防止法	—（—）
風俗営業等の規制関係	—（ 1）
銃砲刀剣類所持等取締法	4（ 1）
児童福祉法	1（ 1）
大麻取締法	—（—）
覚せい剤取締法	162（ 31）
麻薬及び向精神薬取締法	2（—）
あへん法	—（—）
麻薬特例法	32（ 20）
所得税法	1（—）
法人税法	6（ 2）
酒税法	—（—）
消費税法	—（—）
関税法	2（ 1）
出資の受入れ，預り金等取締法	—（ 1）
競馬法	—（—）
自転車競技法	—（—）
道路交通法	7（ 6）
自動車保管場所関係法	—（—）
出入国管理及び難民認定法	—（—）

外国人登録法	— （—）
都道府県（市町村を含む）条例	7（ 3）
その他の特別法犯	24（ 7）

　以上が地裁段階で公判前整理手続及び期日間整理手続に付された罪名と被告人数とである。ちなみに期日間整理手続が実施された罪名（被告人10人以上）は，次のとおりである。わいせつ・姦淫及び重婚，傷害，過失傷害，窃盗，強盗致死傷，詐欺，覚せい剤取締法，麻薬特例法。
　私の体験では強姦致死傷が入ってもよさそうに思われるが，なぜか入っていない。

(3) 刑事手続の将来

　平成25年1月半ばから法制審議会特別部会が再開され，可視化（録画・録音），全面証拠開示の問題が取り扱われた。すでに記した期日間整理手続が盛んに行われるようになれば，証拠開示の問題に大きく影響を与え，事実上，全面証拠開示に近くなり，結果として誤判・冤罪の防止に大きく寄与することとなろう。弁護士の1人としてはそうなることを願ってやまない。

(4) 裁判員裁判の対象となること

　まず実態を見てみよう。地裁段階の裁判員裁判の対象（終局総人員の罪名と被告人数）は■図表2のようである（平成24年司法統計による）。

■図表2　裁判員裁判の対象

罪　　名	被告人数
［総数］	1500
［刑法犯総数］	1317
現住建造物等放火	134
通貨偽造	3
偽造通貨行使	24
強制わいせつ致死傷	80
強姦致死傷	101
集団強姦致死傷	7
殺人	323

傷害致死	180
危険運転致死	23
保護責任者遺棄致死	11
逮捕監禁致死	11
身の代金拐取	—
拐取者身代金取得等	—
強盗致傷	322
強盗致死（強盗殺人）	34
強盗強姦	34
強盗強姦致死	—
爆発物取締罰則違反	1
その他の刑法犯	29
［特別法犯総数］	183
銃砲刀剣類所持等取締法違反	1
組織的な犯罪の処罰等法律違反	5
覚せい剤取締法違反	127
麻薬及び向精神薬取締法違反	2
麻薬特例法違反	46
その他の特別法犯	2

　以上が裁判員裁判の対象として取り扱われた事件の実際であるが，予想したより広範囲にわたることがわかるであろう。ところで私が関心を持つのは，裁判員裁判の対象となることがどういう意味を持つかである。裁判員裁判の対象とされると，公判前整理手続が必要的となる。しかし法曹三者の合意があれば，その他の事件でも公判前整理手続に付することができるから，そうたいした意味は持たない（裁量的になるに過ぎない）。大きく意味を持つのは，裁判員裁判になると素人裁判官が公判審理に加わることである。その影響については，種々の調査結果によれば，おおむね好感を持って迎えられているから，今回の司法改革は，刑事裁判に関する限り改正点はいろいろあるにしても，一応成功と評価せざるを得ないであろう。

【庭山　英雄】

第1章

ストーリーによる公判前整理手続事件（仮定事例）

　以下は，架空の事件について，できる限り実際に近い経過を時系列でまとめたものである。

第1節　共犯の強盗致傷事件の自白事件

I　公判前整理手続までの経緯

・平成×年5月1日……国選弁護人選任。事案は5人の共犯の強盗致傷事件。
・平成×年5月19日……起訴。
・平成×年5月24日……複数選任の申出（刑訴37条の5）。

II　公判前整理手続

(1)　**平成×年5月31日──事実上の打ち合わせ**

　当初は共犯者5名中4名だけが起訴されており，4名の共犯者につき，それぞれ複数選任の申出がなされていたので，8名の弁護人が参加した。
　裁判所より公訴事実を争うか否かの確認をされ，他の共犯者の弁護人でごく一部を争う者もいたが，私たちは公訴事実を争わない旨回答した。
　裁判所より，証明予定事実記載書，証拠調べ請求書，請求証拠の開示は起訴後2週間（6月2日）と指定された。
　本来の公判前整理手続の流れは，検察官請求証拠の開示→類型証拠開示請

求→証拠意見→予定主張明示→主張関連証拠開示請求との流れであるが，裁判所からは検察官に対して，共犯者及び被害者の供述調書の任意開示が指示された。

検察官請求証拠に対する意見，予定主張記載書面，証拠調べ請求書は9月30日となった。裁判所からは類型証拠開示請求をすべきものがあれば，後日行ってほしいと言われた。

(2) 平成×年6月16日――**任意証拠開示**

任意開示の証拠は6月16日に開示されたが，謄写を依頼すると手元に来るのが翌日になり，共犯者5人全員及び被害者の供述調書はかなり分厚く読むのに時間がかかるし，被告人の意見も聞くなどしていると，6月30日の締切に間に合わせて検察官請求証拠に対する意見，予定主張記載書面を作成するのがかなり大変であった。

共犯者及び被害者の供述調書の量や任意証拠開示の時期を考え，余裕を持った日程設定にこだわればよかった。

本件は共犯者の役割分担に争いがあり，共犯者及び被害者の供述調書が重要であったが，任意開示だけでは検察官がすべての証拠開示をしているのかが確認できず，念のため，共犯者及び被害者の供述調書を類型証拠開示請求した（後日，検察官より既開示部分以外にはないとの回答書が来た）。合わせて犯行現場及びその周辺の状況を記載した実況見分調書，検証調書，写真撮影報告書，捜査報告書（引きあたり捜査報告書を含む）等も類型証拠開示請求した。

(3) 平成×年7月12日――**事実上の打ち合わせ**

主張整理がなされ，起訴状の被害金額は被害者の供述によるものであったため，被害金額に関する証拠を不同意とする共犯者があり，被害者を証人として呼ぶかどうかが話し合われた。

裁判所からは，5名1度を同じ法廷で行うことは不可能であると言われ，共犯者のグループ分けを検討することとなり，裁判所から検察官に対して，それぞれの被告人につき公判を分離した場合の必要な証人を確認された。

利害対立する共犯者は，通常は，分離されると思われるが，裁判所からは，相被告に対する質問ができるとの理由から，利害対立する被告人及び被告人を含む4名から主犯と言われている共犯者が2人同じ裁判を受けるという案

を示された。

(4) 平成×年8月1日——第1回公判前整理手続
ⓐ 内 容　共犯者5名のうち2名が出頭したが，被告人は出頭を希望せず，私たちはその希望を尊重したため，その後も出頭しなかった。
検察官が弁護側の証拠に対する意見を述べた。
裁判所が検察官に対して，圧縮証拠の作成を指示した。
共犯者のグループ分けは，2人と3人で決定した。
我々のグループは証人尋問は共犯者3人で決定した。
証人尋問の時間の案を突然尋ねられ，とまどいながら回答した。
公判スケジュールの案が示された。
ⓑ 反省点　基本的には，公判前整理手続に出るか出ないかは被告人の判断に委ねればよいとは考えるが，出頭すれば，どのような手続がなされているのか確認できるし，私の担当する被告人はすぐに緊張するタイプであり（公判でパニックになっていた），出頭させて，法廷の雰囲気に慣れさせるべきであった。
証人尋問の時間についても前もって検討する必要があった。

(5) 平成×年8月22日——第2回公判前整理手続
共犯者の出頭者は1名であった。
圧縮証拠作成に向けた検察官の新たな証拠調べ請求がなされた。
裁判所から尋問時間につき大幅な短縮案がなされ，公判スケジュールの提案がなされた。

(6) 平成×年9月9日——第3回公判前整理手続
共犯者の出頭者は1名であった。
検察官が圧縮証拠の証拠調べ請求をした。
尋問時間，公判スケジュールの検討。
この後，弁論分離決定がなされ，その後は被告人2人で公判前整理手続がなされることとなった。

(7) 平成×年9月13日——第4回公判前整理手続
ⓐ 内 容　被告人は誰も出頭しなかった。
裁判所から証拠の採否について示された。

裁判所から手錠・腰縄の解錠時期に関する申入れは不要であることを言われた。

着座位置は，被告人が2人おり，弁護人の隣は不可であることが示された。

ネクタイ，靴もどきは被告人が拘置所に言って借りるように説明された。

尋問時間及び公判スケジュールの検討がなされた。

平成×年9月14日に裁判員候補者の選定に立ち会うかの確認があり，検察官及び弁護人はくじ（抽選）に立ち会う機会があるものの（裁判員26条4項），出席しなかった。

(b) コメント　筆者の体験では，手錠・腰縄の解錠時期に関する申入れをしなくても，解錠完了後に裁判体が入廷し，他方，閉廷時は，陪席裁判官が裁判員を誘導して退廷し，それが終わると，裁判長が刑務官に手錠等の着用の指示をして，着用が完了次第，裁判長が退廷することになっている。

東京地裁では，被告人が複数いても，弁護人の隣に座れる法廷もあり，弁護人の隣に被告人が座れるか否かは使用される法廷による。筆者の体験では，別事件で，裁判所から，被告人が弁護人の隣に座れない法廷であれば早期に公判期日を入れられるが，弁護人の隣に座れる法廷だと公判期日がそれより約1か月後になってしまうが，どちらがよいかと尋ねられたことがある。

裁判員候補者の選定はすぐに終わるものであり，別に経験しなくてもよいし，経験するなら1度で十分であると思われる。

(8) 平成×年10月13日——第5回公判前整理手続

被告人は，従前どおり，出頭を希望しないとの回答をしていたが，裁判所より召喚状を出されて出頭を求められ（刑訴316条の9第2項），2名とも出頭した。

尋問時間，公判スケジュールの確認がなされた。

証拠一覧及び取調べ順の確認がなされ，証拠の引用は証拠番号で行うことが確認された。

公判前整理手続メモ＝公判前整理手続結果の顕出で使うものが示された。

(9) 平成×年10月31日——事実上の打ち合わせ

(a) 内　容　公判初日の裁判員選任手続に関する説明及び予行演習がなされた。

尋問時間，公判スケジュール，公判前整理手続メモの確認がなされた。
　冒頭陳述，証拠調べ，論告・弁論でのパワーポイント・書画カメラ使用の確認がなされた。
　冒頭陳述，論告，弁論は，それぞれＡ３・１枚と指示された。
　音声データの必要の有無を確認された。
　(b)　コメント　　本件は，裁判員裁判が始まって初期の段階であり，現在は公判初日の予行演習はやらないと思われ，私も１回しか経験がない。
　冒頭陳述，論告，弁論の枚数や大きさは裁判所が指示しない場合もあるので，検察官と大きく違わないようにしたほうがよいと思われる。

Ⅲ　公判前整理手続終了後の証拠調べ請求

(1)　内　　容

　本件では，担当する被告人には情状証人がおらず，資力もあまりなく，被害者に対してごくわずかな弁償申入れをしたのみで，しかもあっさり拒否されていた。本来は示談交渉経過を示すために，弁償申入れをしたことを証拠とすべきであったが，あまりに少額な弁償申入れであったため，その申入れを弁号証として出していなかった。
　ところが，共犯者の弁護人が公判前整理手続終了直後に弁償申入れをしたことを示す証拠を出し，担当する被告人からも出さないと共犯者と比べて印象が悪くなるため，慌てて証拠調べ請求書を出した。
　裁判所から，刑事訴訟法316条の32第１項の「やむを得ない事由」を疎明するように指示があったが，その事由がないことは明らかであり，率直に裁判所に事由がないことを伝えると，公判期日においては，同第２項の職権での証拠調べが認められた。

(2)　反　省　点

　一歩間違えれば，証拠調べ請求が認められなかった可能性があり，ささいな証拠であっても，刑事訴訟法316条の32の証拠調べ請求の制限の規定を意識し，公判前整理手続終了以前に証拠を提出すべきであった。

【宮﨑　大輔】

第2節　覚せい剤譲渡事件の否認事件

■事例

> 覚せい剤所持について自認していたが，後に追起訴を受けた譲渡について否認し，公判前整理手続に付された事例。

I　事案の概要

被告人は，所持については認めたが，譲渡の事実を否認していた。

本件は裁判員裁判対象事件ではなかったが，関係者の証拠開示等の必要性から，公判前整理手続を弁護人から求め，裁判所が公判前整理手続に付することを決定した事案である。

II　事案経過

1月31日　事件配てん。
　　　　　国選弁護人の指名を受ける。覚せい剤の単純所持。
　　　　　検察官に対し，請求予定証拠の閲覧可能時期について連絡を入れる。
2月1日　初回接見。
　　　　　被告人と，初回接見。
　　　　　起訴事実をすべて認めたため，情状事実について事情聴取。
　　　　　暴力団に所属していたため，脱退届を作成するように指示。
2月12日　検察官請求予定証拠の督促。
　　　　　請求予定証拠の開示について，検察官に対し督促を行う。翌日，担当事務官より開示準備ができたとの連絡があった。
2月14日　請求予定証拠の閲覧・謄写（デジカメ撮影）。
2月16日　第2回接見。
　　　　　被告人より，暴力団脱退届を宅下げした。
2月17日　被告人の所属する暴力団の組長宛に，被告人が作成した脱退届を

	送付。
2月20日	第3回接見。
	公判に向けての打ち合わせ。
2月22日	追起訴予定（譲渡）との知らせを受ける。
	検察官請求予定証拠に対する意見及び当方の立証予定などを裁判所及び検察官にFAXした。
	すると，検察官から連絡があり，追起訴（譲渡）を予定しているとのことであった。譲受人については，すでに有罪判決を受け，刑が確定しているとのこと。検察庁に対し，譲受人についての刑事確定記録の存否を確認した。
2月23日	検察庁に対し，刑事確定記録の閲覧謄写申請（譲受人）。
2月24日	第4回接見。
	追起訴の予定があることを被告人に告げる。
	譲渡の事実は否認するとのこと。
2月26日	第1回公判。
	譲渡について，追起訴はされなかった。検察庁に送致もされていないとのこと。
	単純所持の事実について，情状立証を行ったが（被告人の家族の尋問，暴力団脱退承認の手紙など），追起訴の予定があるということで公判継続となった。
3月3日	被告人が逮捕される（譲渡）。
	譲渡の事実について，被告人を逮捕したとの連絡があった。
3月5日	第5回接見。
	譲渡の事実については否認するとのこと。逮捕後，接見禁止がついていたため，親族との接見を認めるための一部解除の申立て，及び，拘置所への移送申立て（拘置所）を行うことにした。
3月8日	第6回接見。
	譲渡について，被告人からの事情聴取及び弁護人選任届（被疑者段階）の受領。被疑者弁護援助申込書を受領。
3月9日	譲渡（被疑事件）について，弁護人選任届を検察庁に提出。裁判

	所に対し勾留状謄本請求及び準抗告。同日，準抗告棄却。
3月11日	勾留状謄本受領。検察庁謄写室に，譲受人の刑事確定記録について連絡。まだ記録が到着しないとのこと。
3月17日	第7回接見。
3月21日	第8回接見。
3月23日	譲渡について追起訴される。
3月27日	第9回接見。 起訴，最後の取調べ状況等を確認。被告人は，否認するとともに，譲受人に覚せい剤を譲渡した真犯人は，Xであると弁解。 被疑者段階では営利目的譲渡となっていたが，起訴時の公訴事実は，単純譲渡であった。
4月2日	検察庁に対し，請求予定証拠開示の日程を確認するも，未定とのこと。
4月20日	第10回接見。
4月22日	公判前整理手続に付すよう申出。 被告人の公判供述調書の謄写を追加依頼。 同日，裁判所に対し，本件を公判前整理手続に付すよう申出を行った（裁判員裁判対象事件ではなく，裁判員裁判実施前の事件。法文上，弁護人に公判前整理手続の請求権はないので，裁判所に対し職権発動を求めたもの）。 検察庁に対し，真犯人Xに関する刑事確定記録の存否を問い合わせ。
4月24日	追起訴分（譲渡）について，検察官請求予定証拠開示。
4月25日	譲受人の刑事確定記録（供述調書）開示。 同日，裁判所から，本件を公判前整理手続に付すとの連絡があった。
4月31日	第2回公判期日（公判前整理手続に付されたため，取消し）。
5月2日	第11回接見。 譲受人と被告人との関係等について事情聴取。
5月12日	検察官より，証明予定事実記載書面が提出される。

	同日，請求予定証拠の記録謄写請求を行った。
5月13日	第12回接見。
	証明予定事実について，被告人に確認。
	被告人に対し，公判前整理手続の進行について説明をした。
5月19日	検察庁より，真犯人Xの刑事確定記録の謄写請求について連絡あり。
	当方が望むような，譲受人に対する覚せい剤譲渡に関する供述はまったく含まれていないので，謄写請求を撤回するよう求められた。
5月20日	第13回接見。
	譲渡が行われたとする日時に関して，当時の状況等を事情聴取。
6月3日	第14回接見。
	公判前整理手続及び証拠意見等についての打ち合わせ。
	予定主張書面の内容について打ち合わせ。
6月6日	予定主張書面及び弁護人側証拠調べを請求。主張関連証拠の開示を検察官に請求。
6月11日	第15回接見。
	公判前整理手続の進行状況について報告。
6月14日	第1回公判前整理手続期日。
	その後，仮監にて被告人と第16回接見。
6月16日	検察官請求予定証拠の謄写が完了。
6月18日	第17回接見。
6月20日	検察官より連絡。
	予定主張事実を，より具体的にするよう求められる。弁護人のアナザーストーリーがわかるようにしてほしいとのこと。
	同日，被告人を拘置所に移送するよう裁判所に対し申立てを行った（職権発動）。
6月21日	主張関連証拠開示。
6月22日	被告人が拘置所に移送される。
6月23日	主張関連証拠謄写。

	開示を予想していた証拠（譲受人と被告人とのメールのやりとりに関する記録）が存在しないため，検察事務官に確認。主張関連証拠について，開示証拠以外の保管証拠はないとのこと。
6月25日	第18回接見。
6月28日	弁護人予定主張（追加）。
	予定主張事実を詳細にしたものを提出した。
7月6日	第2回公判前整理手続期日。
	公判期日と進行について決定。
	公判前整理手続は終結。
7月7日	第19回接見。
8月3日	第20回接見。
	公判における冒頭陳述の内容等について打ち合わせ。
8月4日	第1回公判期日（譲渡について）。
	冒頭手続〜書証取調べまで行われた。
	手続後，弁護人側の冒頭陳述の内容について，検察官より，「そこまで詳しく陳述できるのであれば，予定主張にもっと詳しく記載できたのでは」と言われる。
8月10日	裁判所より，証拠調べについて連絡あり。
	検察官が証拠として提出した，被告人と譲受人との携帯電話のやりとり（携帯電話の画面を写真撮影したもの）が，すべて写真撮影されておらず，途切れているものもあるので，改めて携帯電話自体を任意提出させて，証拠提出させられるか検討してもらう意向とのこと。
8月11日	第21回接見。
8月13日	第22回接見。
8月15日	検察官より証拠開示の連絡。
	次回公判で取り調べる，被告人の携帯電話を事前開示をするとのこと。
8月16日	第2回公判期日。
	譲受人（とされる者）の証人尋問。

	その後，第23回接見。
8月17日	第24回接見。
	被告人質問の打ち合わせ。
8月18日	第3回公判期日。
	携帯電話の証拠調べ。被告人からパスワードや，メッセージが保存されているフォルダ等を法廷で確認しながら操作。
	その後，被告人質問。
	後，第25回接見（仮監）。
8月25日	論告・弁論。
	検察官の求刑は5年。
	弁論（譲渡については無罪を主張）。
	その後，第26回接見。
9月22日	判決宣告。
	譲渡についても有罪認定がされ，懲役4年6か月となった。

【大辻　寛人】

第2章

公判前整理手続の決定，方法及び対応

条文

第316条の2　裁判所は，充実した公判の審理を継続的，計画的かつ迅速に行うため必要があると認めるときは，検察官及び被告人又は弁護人の意見を聴いて，第一回公判期日前に，決定で，事件の争点及び証拠を整理するための公判準備として，事件を公判前整理手続に付することができる。
2　公判前整理手続は，この款に定めるところにより，訴訟関係人を出頭させて陳述させ，又は訴訟関係人に書面を提出させる方法により，行うものとする。
第316条の4　公判前整理手続においては，被告人に弁護人がなければその手続を行うことができない。
2　公判前整理手続において被告人に弁護人がないときは，裁判長は，職権で弁護人を付さなければならない。

第1節　公判前整理手続が行われる場合とは

I　法律の規定

　裁判員裁判対象事件については，起訴後に必ず公判前整理手続に付される（裁判員49条）。
　また，裁判員裁判対象事件に限らず，充実した公判の審理を継続的，計画

的かつ迅速に行うため必要があると認めるときは，事件を公判前整理手続に付すことができる（刑訴316条の2第1項）。

　法律の規定は，上記の通りであるから，公判前整理手続は裁判員裁判対象事件だけで行われるものであって，それ以外の事件では行われることはないと決めつけるべきではなく，裁判員裁判対象事件以外でも公判前整理手続に付したほうが被告人のためになると考えるなら，裁判所に公判前整理手続に付すことを求めることを考えるべきである。

　検察官や被告人・弁護人には公判前整理手続の請求権はないので，弁護人から裁判所に職権発動を促すことになる（書式例：公判前整理手続実施申出書（**序章，巻末資料2**参照））。

　なお，法制審議会が平成26年9月18日に法務大臣に答申することを決めた法制審議会新時代の刑事司法制度特別部会が取りまとめた「新たな刑事司法制度の構築についての調査審議の結果【案】」には，公判前整理手続請求権の付与が提言されている。

II　非裁判員裁判対象事件で公判前整理手続を求めるべき場合とは

　裁判員裁判対象事件以外の事件で公判前整理手続に付される事件としては，否認事件や公訴事実自体に争いがなくても争点が複雑で取り調べる証拠が多い事件がふさわしいとされる。

　具体的には，①予想される争点の多様さや複雑さ，②公判で取り調べられる証拠の内容及び量，予想される証人の数，③そのために必要な開廷回数，時間，④被告人側から証拠開示請求をする必要性の程度などの事情を考慮すべきであるとされる（大島隆明「公判前整理手続に関する冊子の作成・配布について」判タ1192号8頁，辻裕教「刑事訴訟法等の一部を改正する法律（平成16年法律第62号）について(1)」曹時57巻7号77頁参照）。

　主張や証拠の整理が必要でないのに，単に証拠開示を求めることだけが狙いであるとすると，現在の実務では，公判前整理手続に付されなくても，実質的にはそれらの手続に付されたのと同様の任意開示が柔軟になされていることが多いことから，検察官に任意開示を促し，それで足りると判断され，公判前整理手続に付されないとの判断がなされることがある。証拠開示に関

して当事者間に紛議が生じている事件も公判前整理手続に付されるべきである（杉田宗久『裁判員裁判の理論と実践』24頁）。

したがって，公判前整理手続をするのにふさわしい事件があれば，単に証拠開示が必要であることを示すだけにとどまらず，公判前整理手続に付する必要性を他にも十分に示して，弁護人から積極的に公判前整理手続を求めるべきである。

公判前整理手続に付されると，証拠開示により十分な証拠に接するメリットがある。公判前整理手続をすると，そうでない場合より，訴訟が大幅に遅れるデメリットがあるように思われるが，起訴から第1回公判期日までの期間は長くなるものの，第1回公判期日から終局までの期間は連日的な審理計画策定により短くなることから，必ずしも大幅に遅れるとはいえない。ただ，起訴状一本主義に反するとか，被告人抜きで証拠が整理されてしまうなどの批判もある。

Ⅲ 注意点

公判前整理手続を経ると，①主張明示義務の負担を負い（刑訴316条の17），②証拠調べ請求が制限される（刑訴316条の32）。

①に関していえば，被告人とのコミュニケーションが困難であるとか，被告人の発言内容が頻繁に変わるなど，第1回公判期日前に被告人の予定主張を明らかにすることが難しい場合には，公判前整理手続にふさわしくないとの考えもありうる。

また，②に関していえば，自信のある証拠をあらかじめ有していて，証人にその証拠と矛盾することを多く証言させ，後からその証言と矛盾する証拠を出そうという戦略をとる場合には，公判前整理手続を求めないという方法も考えられる。

第2節　公判前整理手続の決定

裁判所は，検察官及び被告人又は弁護人の意見を聴いた上で，公判前整理手続に付する決定をする（刑訴316条の2第1項）。

公判前整理手続に付する旨の決定は，送達することを要しないので（刑訴規217条の3），公判前整理手続に付する旨の決定がなされたことは何らかの方法で通知はされるが，決定書自体はもらえないことがある。

弁護人が公判前整理手続に付する決定に対しても，公判前整理手続に付さない決定をした場合にも抗告することはできず（刑訴420条），裁判所が公判前整理手続に付する決定又は付さない決定をすれば，不服申立てはできない。公判前整理手続に付する決定をしない場合も不服申立てはできない。

なお，法制審議会が平成26年9月18日に法務大臣に答申することを決めた法制審議会新時代の刑事司法制度特別部会が取りまとめた「新たな刑事司法制度の構築についての調査審議の結果【案】」には，公判前整理手続請求権の付与が提言されていることは前述の通りであるが，その場合でも不服申立ては認めないものとされている。

第3節　非裁判員裁判対象事件において，公判前整理手続に付すよう求めたのに付されなかった場合

最近では，公判前整理手続に付されなかった場合でも，検察官が任意開示に応じることも多くなっており，まずは，検察官に任意開示を求めるべきである。

検察官が，十分な開示に応じない場合には，改めて，裁判所に対して，公判前整理手続に付することを求めることや裁判所の訴訟指揮権に基づく証拠開示を求めることが考えられる（庭山英雄＝荒木和男＝合田勝義編著『実務刑事弁護と証拠法』396頁〔村木一郎〕）。

第4節　公判前整理手続の方法

公判前整理手続の方法には，①訴訟関係人を出頭させて陳述させる方法と，②訴訟関係人に書面を提出させる方法が認められており（刑訴316条の2第2項），実務上は後者は少数である。

公判前整理手続事件においても，検察官，弁護人及び裁判所の三者の打ち

合わせ（事前打ち合わせ）を行うことができる（刑訴規217条の18において刑訴規178条の10の適用は排除されていない）。公判前整理手続期日と併用されることが多い。この打ち合わせには被告人は出頭できないので，被告人に出頭させたほうがよいと考える場合には，公判前整理手続期日を開くように求めるべきである。

第5節　必要的弁護

　公判前整理手続においては，被告人に弁護人が選任されていなければ，その手続を行うことができない（刑訴316条の4第1項）。

　なお，被告人に弁護人が選任されていなくても，事件を公判前整理手続に付する決定をすることはできる。

【宮﨑　大輔】

第3章

公判前整理手続期日の指定や被告人の出頭等

条文

第316条の6　裁判長は，訴訟関係人を出頭させて公判前整理手続をするときは，公判前整理手続期日を定めなければならない。

2　公判前整理手続期日は，これを検察官，被告人及び弁護人に通知しなければならない。

3　裁判長は，検察官，被告人若しくは弁護人の請求により又は職権で，公判前整理手続期日を変更することができる。この場合においては，裁判所の規則の定めるところにより，あらかじめ，検察官及び被告人又は弁護人の意見を聴かなければならない。

第316条の7　公判前整理手続期日に検察官又は弁護人が出頭しないときは，その期日の手続を行うことができない。

第316条の9　被告人は，公判前整理手続期日に出頭することができる。

2　裁判所は，必要と認めるときは，被告人に対し，公判前整理手続期日に出頭することを求めることができる。

3　裁判長は，被告人を出頭させて公判前整理手続をする場合には，被告人が出頭する最初の公判前整理手続期日において，まず，被告人に対し，終始沈黙し，又は個々の質問に対し陳述を拒むことができる旨を告知しなければならない。

第1節　公判前整理手続期日の指定

訴訟関係人を出頭させて陳述させる方法で行う場合，公判前整理手続期日を定めなければならず（刑訴316条の6第1項），同期日を定めるについては，その期日前に訴訟関係人がすべき準備を考慮しなければならない（刑訴規217条の5）。

したがって，被告人側が防御の準備を十分に行う時間を確保できるかを考えて期日の指定に対応する必要がある。

公判前整理手続期日は，検察官，被告人及び弁護人に通知しなければならない（刑訴316の6第2項）。通知の方法については，別段の規定はなく，口頭，電話，書面いずれでもよい。公判前整理手続期日において，次回以降の公判前整理手続期日を指定した場合は，これに立ち会った訴訟関係人には通知する必要はない（刑訴規217条の12）。

刑事訴訟法316条の6第1項による期日指定に対して刑事訴訟法309条2項に基づき異議申立てをできるかが問題となるが，判例は公判期日の指定に対する異議申立てを可能とすることを前提とした判断をしており（最〔大〕決昭37・2・14刑集16巻2号85頁），公判前整理手続期日の指定の場合も同様に異議申立てをできると解すべきである（大阪弁護士会裁判員制度実施大阪本部編『コンメンタール公判前整理手続』57頁参照）。

第2節　公判前整理手続期日の変更

裁判長は，検察官，被告人若しくは弁護人の請求により又は職権で，公判前整理手続期日を変更することができる（刑訴316条の6第3項）。

公判前整理手続期日の変更が認められるのはやむを得ない事由がある場合だけである（刑訴規217条の9）。公判期日の変更請求（刑訴規179条の4）とは異なり，診断書その他の資料により疎明をすることまでは必要ないと解されている。

訴訟関係人は，公判前整理手続期日の変更を必要とする事由が生じたときは，直ちに，裁判長に対し，その事由及びそれが継続する見込みの期間を具

体的に明らかにして，期日の変更を請求しなければならない（刑訴規217条の6第1項）。

　裁判長は，上記請求があったときは，相手方の意見を聴かなければならない（刑訴316条の6第3項，刑訴規217条の7）。公判期日の変更に関しては，急速を要する場合は，意見聴取の手続をとる必要がないとする刑事訴訟規則180条但書の規定があるが，公判前整理手続期日の変更に関しては，刑事訴訟規則180条但書に相当する規定がないため，急速を要する場合であっても，意見聴取の手続を省略することはできない（曹時57巻9号63頁参照）。

　本条項に基づく期日変更は裁判長による処分にあたるから，本条項における期日の変更についても刑事訴訟法309条2項に基づく異議申立ては可能と解されている（大阪弁護士会裁判員制度実施大阪本部編・前掲58頁参照）。

第3節　検察官又は弁護人に対する出頭命令

　裁判所は，検察官又は弁護人に対し，公判前整理手続期日に出頭し在席・在廷することを命令することができる（刑訴278条の2第1項）。

　その命令に正当な理由がなく従わない場合には，決定で，10万円以下の過料に処し，かつ，その命令に従わないために生じた費用の賠償を命ずることができる（同条3項）。この決定に対しては即時抗告できる（同条4項）。

　同条3項の決定は，検察官については当該検察官を指揮監督する権限を有する者に，弁護人については所属弁護士会又は日本弁護士連合会に通知し，適当な処理をとるべきことを請求しなければならず（同条5項），その請求を受けた者は，そのとった処置を裁判所に通知しなければならない（同条6項）。

第4節　被告人の出頭

I　権利としての出頭

　被告人は，公判前整理手続期日に出頭することができるが（刑訴316条の9第1項），検察官や弁護人と異なり，被告人の出頭は必要的ではない（刑訴316

条の7）。

　被告人の出頭意思を確認する方法については別段の規定はないが，被告人に公判前整理手続期日を通知する際に，出頭に関する照会回答書を送付したり，通知書の末尾に出頭を希望する場合には書面で申し出るよう促す記載をしたり，弁護人がいる場合には，その了解を得て弁護人を介して被告人の意向を確認する方法等が考えられる（裁判所職員総合研修所監修『刑事実務（公判準備等）講義案』〔4訂版〕114頁）。

　裁判所から弁護人に対して，事前に出頭の希望の有無を尋ねられることがあるので，公判前整理手続期日に付する旨の決定がされた時には，事前に被告人に出頭希望か否かを確認しておいたほうがよい。

Ⅱ　裁判所からの求めに基づく出頭

　裁判所は，必要と認めるときは，被告人に対し，公判前整理手続期日に出頭することを求めることができる（刑訴316条の9第2項）。

　そして，裁判所は，被告人に対し，公判前整理手続期日に出頭することを求めたときは，速やかに，その旨を検察官及び弁護人に通知しなければならない（刑訴規217条の10）。

(1)　出頭を求められる場合とは

　弁護人の陳述又は弁護人が提出する書面について被告人の意思を確認したり（刑訴316条の10），公判前整理手続を終了するに当たり，被告人に事件の争点及び証拠の整理の結果を確認したりする時（刑訴316条の24参照）などに出頭を求められる（辻裕教「刑事訴訟法等の一部を改正する法律（平成16年法律第62号）について(1)」曹時57巻7号96頁参照）。

　もっとも，「必要と認めるとき」といいうる事情は，被告人の権利の保護のために重要といいうるような事情がある場合に限るべきとの見解をとり，具体的には，弁護人が，公訴事実を全面的に争う主張をしながら検察官請求証拠をすべて同意するといった一見矛盾した弁護活動を行っており，弁護人が被告人の意思に反して不適切な弁護活動をしている疑いが濃厚であるといった例外的な状況に限られるとする立場もある（大阪弁護士会裁判員制度実施大阪本部編・前掲70頁参照）。

(2) 召喚，勾引の可否

実務では，必要に応じて，召喚（刑訴57条），出頭命令又は同行命令によることも可能であり，被告人が正当な理由がないのに，召喚に応じない時若しくは応じないおそれがあるとき又は出頭命令若しくは同行命令に応じないときは勾引することができると考えられている（同法58条・68条）（裁判所職員総合研修所監修『刑事実務（公判準備等）講義案』〔4訂版〕114頁）。

筆者の体験では，最初から最後まで公判前整理手続期日への出頭を希望しなかった被告人が最後の公判前整理手続期日だけ召喚状の送達（刑訴57条・65条1項）により出頭を求められたことがある。

これに対し，被告人に出頭の義務がない控訴審において，被告人に出頭を例外的に義務づける刑事訴訟法390条但書の文言が被告人に出頭を「命ずることができる」と規定しているのに対し，刑事訴訟法316条の9第2項は単に「求めることができる」と規定しているにすぎないことなどの理由から，被告人の召喚や勾引は許されないとする見解もある（大阪弁護士会裁判員制度実施大阪本部編・前掲71頁参照）。

III 被告人の出頭の是非

被告人を出頭させたほうがよいかについては，いろいろな考え方があるが，筆者は，出頭させたほうがよいと考えている。

被告人が，公判前整理手続期日に出頭すると，公判前整理手続期日で行われている内容がわかるし，法廷の雰囲気に慣れるというメリットもあるし，何より，裁判を受けるのは被告人本人であるからだ（筆者の体験では，公判前整理手続期日にほとんど出頭しなかった被告人が，公判期日に緊張のために自分の記憶内容をうまく供述できなかったという失敗経験がある）。

また，被告人が，拘置所の外に出たい，気分転換をしたい，などという目的で出頭を希望する場合でも，出頭を認めてよいであろう。

もっとも，公判前整理手続期日における被告人の発言が被告人に不利になることもありうる。事前に，被告人には，黙秘権（刑訴316条の9第3項参照）があるので基本的には話さないこと，話すにしても，弁護人と相談してから話すことをよく注意しておくべきである。ただ，筆者の体験では，裁判所は，

被告人に公判前整理手続期日の終了間際にその日の手続内容を理解したかどうかを確認する程度で，被告人の発言が被告人に不利になるかどうかが問題となる場面に遭遇したことはない。

第5節　黙秘権の告知

　裁判長は，被告人が最初に出頭する公判前整理手続期日において，まず，被告人に対し，終始沈黙し，又は個々の質問に対し陳述を拒むことができる旨を告知しなければならない（刑訴316条の9第3項）。

【宮﨑　大輔】

第4章

公判前整理手続に付する決定後の対応

条文

第316条の5　公判前整理手続においては，次に掲げる事項を行うことができる。
一　訴因又は罰条を明確にさせること。
二　訴因又は罰条の追加，撤回又は変更を許すこと。
三　公判期日においてすることを予定している主張を明らかにさせて事件の争点を整理すること。
四　証拠調べの請求をさせること。
五　前号の請求に係る証拠について，その立証趣旨，尋問事項等を明らかにさせること。
六　証拠調べの請求に関する意見（証拠書類について第326条の同意をするかどうかの意見を含む。）を確かめること。
七　証拠調べをする決定又は証拠調べの請求を却下する決定をすること。
八　証拠調べをする決定をした証拠について，その取調べの順序及び方法を定めること。
九　証拠調べに関する異議の申立てに対して決定をすること。
十　第三目の定めるところにより証拠開示に関する裁定をすること。
十一　第316条の33第1項の規定による被告事件の手続への参加の申出に対する決定又は当該決定を取り消す決定をすること。
十二　公判期日を定め，又は変更することその他公判手続の進行上必要な事項を定めること。

第1節　公判前整理手続において行う事項

公判前整理手続においては，下記の事項を行うことができる（刑訴316条の5）。

① 　訴因・罰条の明確化（1号）
② 　訴因・罰条の追加・撤回・変更の許可（2号）
③ 　争点の整理（3号）
④ 　証拠調べ請求（4号）
⑤ 　立証趣旨，尋問事項の明確化（5号）
⑥ 　証拠調べ請求に関する意見の確認（6号）
⑦ 　証拠の採否の決定（7号）
⑧ 　証拠の取調べの順序・方法を定めること（8号）
⑨ 　証拠調べに関する異議申立てに対する決定（9号）
⑩ 　証拠開示に関する裁定（10号）
⑪ 　被害者等の手続参加の申出に関する決定（11号）
⑫ 　公判期日の指定・変更等（12号）

また，刑事訴訟法316条の5には列挙されていないが，当然できると考えられるものとしては，次の事項がある（石丸俊彦＝仙波厚＝川上拓一＝服部悟＝井口修『刑事訴訟の実務(上)』〔3訂版〕678頁）。

⑬ 　公判前整理手続期日の指定，通知及び変更（刑訴316条の6）
⑭ 　証明予定事実記載書面の提出期限等各種期限を定める決定（刑訴316条の13第4項）
⑮ 　国選弁護人の選任（刑訴316条の8）
⑯ 　被告人への黙秘権及び供述拒否権の告知（刑訴316条の9第3項）など

第2節　訴因・罰条の明確化（1号）について

裁判所の求釈明，これを促す弁護人の発問，検察官の求釈明等が考えられる（辻裕教「刑事訴訟法等の一部を改正する法律（平成16年法律第62号）について(1)」曹時57巻7号85頁）。

第3節　訴因・罰条の追加・撤回・変更の許可（2号）

　集中的な審理が求められる裁判員裁判においては，審理の途中で訴因変更を行うことは極力避けなければならないから，訴因変更は，公判前整理手続の中でできる限り解決しておくことが望ましいとされる（松本時夫ほか編・松尾浩也監修『条解刑事訴訟法』〔第4版〕728頁）。

　筆者の体験では，覚せい剤の密輸入の事案で，検察官から，当初覚せい剤取締法違反で起訴された後に関税法違反を追加した訴因並びに罪名及び罰条の変更請求がなされ，裁判所が許可したことがある。

　公判前整理手続は，裁判所が事実に関する心証をとってはならないものとされているが，訴因変更命令ないし勧告は一定の心証をとっていることを前提として初めてなしうるものであるから，訴因変更命令ないし勧告を出すことは許されないと解されている（大阪弁護士会裁判員制度実施大阪本部編『コンメンタール公判前整理手続』57頁参照）。

第4節　証拠の採否の決定（7号）について

　公判前整理手続においても，裁判所は，決定又は命令をするについて，必要がある場合には，事実の取調べをすることができ（刑訴43条3項），証人尋問等ができる（刑訴規33条3項）。

　証拠能力の有無を判断するための事実の取調べもできるが，公判中心主義や訴訟経済の要請などからその当否を判断すべきである。

　例えば，自白の任意性立証や違法収集証拠排除に関する証拠調べは，公判中心主義や訴訟経済の要請のほかに，裁判官に予断を与えかねないことから，公判で審理すべきであり，このような取調べがなされることがあれば，抗議すべきである。

第5節　鑑定について

Ⅰ　鑑定手続実施決定

　裁判所は，裁判員裁判対象事件においては，公判前整理手続において鑑定を行うことを決定した場合において，鑑定の経過及び結果の報告を除く鑑定の手続を行う旨の決定（鑑定手続実施決定）を行うことができる（裁判員50条）。
　裁判員裁判対象事件ではない事件においては，鑑定手続実施決定を行うことはできない。

Ⅱ　インテーク鑑定

　インテーク鑑定とは，責任能力が争われる事案において，裁判所が公判前整理手続段階において，精神鑑定の採否を決めるための事実の取調べ（刑訴規33条3項）としての鑑定をいう。
　起訴前鑑定が実施されていない事案で実施されることが多い。
　なお，裁判所が，公判前整理手続において，インテーク鑑定を実施し，同鑑定で精神鑑定の必要性を否定する判断をした医師を後の精神鑑定の鑑定人として採用したことにつき，違法不当な点はないとされた裁判例がある（東京高判平23・8・30東高時報62巻1＝12号72頁）。

Ⅲ　カンファレンス

　鑑定人が鑑定メモを提出した段階で，鑑定内容の詳細には及ばないものとして，両当事者の了解の下に，鑑定人と裁判所及び両当事者との事前カンファレンスが行われることがある（裁判所が入らないカンファレンスもある）。カンファレンスの詳細については**第20章**を参照されたい。
　なお，公判前整理手続において，公判期日における鑑定人尋問を円滑に進めることを目的とし，尋問に関する問題点や尋問事項を整理するために実施した鑑定人に対するカンファレンスは，裁判所の心証形成を目的とするものではなく，裁判所が必要な範囲内で関与したにすぎないとして，刑事訴訟法316条の5や裁判員法50条を潜脱するものではないとされた裁判例がある

（Ⅱと同じ裁判例）。

第6節　公判期日の指定（12号）について

　裁判所は，公判期日を先に指定し，そこから逆算をして，公判前整理手続を入れてくる場合があるが，公判期日は公判前整理手続が終了した段階か，若しくは終了できる時期が明らかに見通せる段階で設定すべきである。

第7節　決定の告知等

　公判前整理手続期日においてした決定又は命令は，これに立ち会った訴訟関係人には送達又は通知することを要しない（刑訴規217条の12）。
　公判前整理手続において，証拠の採否の決定（刑訴316条の5第7号），証拠の取調べの順序・方法を定めること（同条8号），証拠調べに関する異議申立てに対する決定（同条9号）をした場合は，その旨を検察官及び被告人又は弁護人に通知しなければならない。

第8節　公判前整理手続に付された初期の段階の対応について

Ⅰ　時　　　期

　公判前整理手続ないしは事前打ち合わせ（以下，「公判前整理手続等」という）を一番初めに行う時期は，裁判体によっても異なり，起訴されてすぐに行うところもあれば，起訴されてしばらく（例：約2週間）してから行うところもある。
　本起訴後，追起訴が予定されている事件の場合，追起訴を待って公判前整理手続等をするのではなく，追起訴を待たずに，本起訴分から，公判前整理手続等を行うのが通常である。

II　内容及び対応方法について

(1)　裁判所からの防御方針に関する質問に対する対応

　裁判所からは，公判前整理手続に付されて間もない公判前整理手続期日又は三者の打ち合わせ（事前打ち合わせ）において，検察官請求証拠も類型証拠の開示もないのに，公訴事実についての認否等の防御方針を尋ねられる場合がある。

　被告人又は弁護人は，検察官から証明予定事実記載書面の送付を受け，かつ，検察官請求証拠の開示及び類型証拠の開示を受けたときに，裁判所及び検察官に対し，①証明予定事実，②事実上の主張，③法律上の主張を明らかにするのであるから（刑訴316条の17），法律上は公判前整理手続に付された初期の段階で裁判所に対して，公訴事実についての認否等を回答する義務はない。

　もっとも，裁判所が公訴事実についての認否等の防御方針を知ることは，今後の公判前整理手続の進行を考える上で役立つことであろうから，公訴事実についての認否等の防御方針を明確に伝えられることができるなら，伝えてよいと考える。

　しかし，防御方針が明確に定まっていない場合には，答えられる範囲で概括的に回答したり，検察官から証明予定事実記載書面の送付を受け，かつ，検察官請求証拠の開示及び類型証拠の開示を受けたあとに明らかにすると回答したりすることを考えるべきである。

(2)　期限の指定について

　裁判所は，検察官及び被告人又は弁護人の意見を聴いて，弁護人の検察官請求証拠に対する意見を明らかにすべき期限，予定主張を明示すべき期限，証拠調べ請求をすべき期限などを定めることができるため（刑訴316条の16第2項・316条の17第3項等），裁判所によっては，検察官請求証拠の開示や類型証拠の開示も受けていない公判前整理手続の初期の段階で，それらの期限を定めようとするところがある。

　しかし，それらの期限が定められた場合には，これを厳守し，事件の争点及び証拠の整理に支障を来さないようにしなければならず（刑訴規217条の22），

当該期限までに意見若しくは主張が明らかにされず、又は証拠調べの請求がされない場合においても、公判の審理を開始するのを相当と認めるときは、公判前整理手続を終了することができるとされている（刑訴規217条の23）。

したがって、裁判所からそれらの期限についての意見を求められたときは、準備の見通しを踏まえて慎重に意見を述べるべきであり、検察官請求証拠の開示や類型証拠の開示を受けていない段階では、まだ準備の見通しを立てることができないことから、それらの期限の定めをすることには反対である旨の意見を述べるべきである。

筆者は、共犯者が被告人を含め5名の事件において、検察官請求証拠の開示前の打ち合わせ時に検察官請求証拠開示から4週間後、共犯者や被害者の調書の任意開示の後2週間後に、弁護人の検察官請求証拠に対する意見を明らかにすべき期限、予定主張を明示すべき期限などを定められたことがあるが、検察官請求証拠の謄写を依頼すると手元に来るのが早くても翌日になり、共犯者全員及び被害者の供述調書はかなり分厚く読むのに時間がかかる上、被告人の意見も聞くなどしていると、締切に間に合わせて検察官請求証拠に対する意見、予定主張記載書面を作成するのに大変苦労した経験があった。

仮に、期限が設定されても遵守できない事情が生じた場合には、不十分なまま主張等を行うべきではなく、期限を遵守できない理由を説明し、新たな期限設定を求めるなどすべきである（日本弁護士連合会裁判員本部編『公判前整理手続を活かす』〔第2版〕28頁〔西村健〕）。

【宮﨑　大輔】

第5章

検察官による証明予定事実記載書面，証拠調べ請求，請求証拠の開示に対する対応

条文

第316条の13　検察官は，事件が公判前整理手続に付されたときは，その証明予定事実（公判期日において証拠により証明しようとする事実をいう。以下同じ。）を記載した書面を，裁判所に提出し，及び被告人又は弁護人に送付しなければならない。この場合においては，当該書面には，証拠とすることができず，又は証拠としてその取調べを請求する意思のない資料に基づいて，裁判所に事件について偏見又は予断を生じさせるおそれのある事項を記載することができない。

2　検察官は，前項の証明予定事実を証明するために用いる証拠の取調べを請求しなければならない。

3　前項の規定により証拠の取調べを請求するについては，第299条第1項の規定は適用しない。

4　裁判所は，検察官及び被告人又は弁護人の意見を聴いた上で，第1項の書面の提出及び送付並びに第2項の請求の期限を定めるものとする。

第316条の14　検察官は，前条第2項の規定により取調べを請求した証拠（以下「検察官請求証拠」という。）については，速やかに，被告人又は弁護人に対し，次の各号に掲げる証拠の区分に応じ，当該各号に定める方法による開示をしなければならない。

一　証拠書類又は証拠物　当該証拠書類又は証拠物を閲覧する機会（弁護人に対しては，閲覧し，かつ，謄写する機会）を与えること。

二　証人，鑑定人，通訳人又は翻訳人　その氏名及び住居を知る機会を与え，かつ，その者の供述録取書等（供述書，供述を録取した書面で供述者の

署名若しくは押印のあるもの又は映像若しくは音声を記録することができる記録媒体であつて供述を記録したものをいう。以下同じ。）のうち，その者が公判期日において供述すると思料する内容が明らかになるもの（当該供述録取書等が存在しないとき，又はこれを閲覧させることが相当でないと認めるときにあつては，その者が公判期日において供述すると思料する内容の要旨を記載した書面）を閲覧する機会（弁護人に対しては，閲覧し，かつ，謄写する機会）を与えること。

第1節　証明予定事実記載書面に対する弁護人の対応

I　検察官の証明予定事実記載書面の提出

　検察官は，証明予定事実（公判期日において証拠により証明しようとする事実）を記載した書面（証明予定事実記載書面）を裁判所に提出し，かつ，被告人又は弁護人に送付しなければならない（刑訴316条の13）。

II　求　釈　明

　検察官は，証明予定事実記載書面には，事実とこれを証明するために用いる主要な証拠との関係を具体的に明示するなどの方法によって（刑訴規217条の20），事件の争点及び証拠の整理に必要な事項を具体的かつ簡潔に明示しなければならない（刑訴規217条の19第1項）。①主張されている事実が不明確であるとき，②どの証拠によってどの事実を立証しようとしているのかが不明確であるとき，③どの間接事実がどの主要事実を推認させるものかが不明確であるときに，防御に支障がある場合には求釈明を申し出るべきである（刑訴316条の5第1号）。

　例えば，共謀の成否が問題となった場合には，どの事実が共謀の成立を基礎づける間接事実なのかを明らかにする必要があり，共謀の日時，場所，内容（事前共謀か現場共謀かなど）が不明確である場合には求釈明を申し出るべきである。

Ⅲ 余事記載等がある場合について

検察官の証明予定事実記載書面には，証拠とすることができず，又は証拠としてその取調べを請求する意思のない資料に基づいて，裁判所に事件について予断又は偏見を生じさせるおそれのある事項を記載することができない（刑訴316条の13第1項後段）。

そのような記載があると考える時は，刑事訴訟法309条1項の異議を申し立て，削除を求めるべきである。

第2節　証拠調べ請求及び検察官請求証拠の開示に対する対応

Ⅰ　証拠調べ請求

検察官は，証明予定事実を証明するために用いる証拠の取調べを請求しなければならない（刑訴316条の13第2項）。

実務上は起訴後2週間前後で請求されることが多い。

Ⅱ　検察官請求証拠の開示

取調べを請求した証拠（検察官請求証拠）について速やかに弁護人に対して閲覧・謄写の機会を与えなければならない（刑訴316条の14第1号）。

なお，検察官が検察官請求証拠のうち，供述者や被害者の住居，職業，本籍，電話番号（本件各事項）について，刑事訴訟法316条の14第1号の開示義務を果たしていないとして，弁護人が同法316条の26第1項による開示命令請求をした事案において，供述録取書等の証拠書類に記載された供述者の特定に係る本件各事項につき，検察官は，事案の性質，内容，被告人と供述者との関係，供述者の状況等を踏まえ，証拠書類から上記事項を除外して証拠調べ請求することも許されるとしたうえで，上記除外部分は，検察官の請求証拠に含まれていないとして，刑事訴訟法316条の14第1号による証拠開示の対象とならないとした裁判例がある（東京高決平21・5・28判タ1347号253頁）。

Ⅲ 証人・鑑定人等について

　証人・鑑定人等についてはその氏名及び住居を知る機会を与えるとともに，供述録取書等のうちその者が供述すると思料される内容が明らかになるものについて閲覧・謄写の機会を与えなければならない。当該供述録取書等が存在しないとき，又はこれを閲覧させることが相当でないと認めるときにあっては，その者が公判期日において供述すると思料する内容の要旨を記載した書面（証言予定要旨記載書面）を開示しなければならない（刑訴316条の14第２号）。
　例えば，自白の任意性が争われている場合において，捜査を担当した検察官を証人として取調べ請求する場合に当該検察官の供述録取書が作成されないのであれば，証言予定要旨記載書面を開示しなければならない。その書面の記載内容は抽象的に証言予定事項を記載するだけでは足りず，証言予定内容を具体的に明らかにするものでなければならない。証言予定要旨記載書面の内容が抽象的で不十分と考える場合には，刑事訴訟法316条の26の規定により証拠開示命令を請求することができる（松本時夫ほか編・松尾浩也監修『条解刑事訴訟法』〔第４版〕745頁）。
　なお，証人等に関する情報を開示する場合には，証人等の安全についての配慮について定めた刑事訴訟法299条の２及び被害者等の安全について定めた299条の３の規定が準用される（刑訴316条の23）。

Ⅳ 法制審議会の答申（証拠の一覧表の交付制度の導入）

　法制審議会が平成26年９月18日に法務大臣に答申することを決めた法制審議会新時代の刑事司法制度特別部会が取りまとめた「新たな刑事司法制度の構築についての調査審議の結果【案】」には，以下の内容のとおり，証拠の一覧表の交付制度の導入が提案されており，その提案が立法化され，施行された時には積極的に活用すべきである。
〔証拠の一覧表の交付義務〕
・　検察官は，検察官請求証拠の開示をした後，被告人又は弁護人から請求があったときは，速やかに，検察官が保管する証拠の一覧表を交付しなければならないものとする。

〔証拠の一覧表の記載事項〕
・　証拠の一覧表の記載事項は，証拠物については品名・数量，供述録取書については標目・作成年月日・供述者の氏名，それ以外の証拠書類については標目・作成年月日・作成者の氏名とする。
・　検察官は，証拠の一覧表を交付することにより，次に掲げるおそれがあると認めるときは，そのおそれを生じさせる事項を記載しないことができるものとする。
　① 　人の身体・財産に対する加害行為又は畏怖・困惑行為がなされるおそれ
　② 　人の名誉又は社会生活の平穏が著しく害されるおそれ
　③ 　犯罪の証明又は犯罪の捜査に支障が生じるおそれ

【宮﨑　大輔】

第6章

公判前整理手続に付された場合の保釈請求

第1節　保釈請求の必要性

　公判前整理手続においては，類型証拠開示請求（刑訴316条の15），検察官請求証拠に対する意見の検討（刑訴316条の16），弁護人の予定主張の明示（刑訴316条の17第1項），主張関連証拠開示請求（刑訴316条の20），弁護人の証拠調べ請求（刑訴316条の17第2項）などさまざまな手続があり，適時に被告人と綿密な打ち合わせを行う必要がある。

　ところが，被告人が拘置所に入っていると，保釈された場合と比べて，打ち合わせの回数，時間，内容が著しく不十分なものとなりかねず，公判前整理手続に的確に対応しづらい。

　したがって，公判前整理手続に付された事件については，起訴後の早い時期から保釈請求が必要である。

第2節　裁判員裁判事件の傾向

　裁判員裁判対象事件のほとんどが刑事訴訟法89条1号（死刑又は無期若しくは短期1年以上の懲役若しくは禁錮に当たる罪）の権利保釈除外事由があるが，裁量保釈を認めた事例も多い。

　日弁連の会員専用ホームページの中の裁判員裁判関連情報コーナーがあり，裁判員裁判保釈許可事例が多数出ているので，参考にされたい。

第3節　保釈が認められやすい公判前整理手続の段階について

　起訴後すぐに保釈が認められる場合もあるもののその事例は少なく，①検察官請求証拠に対する意見の検討（刑訴316条の16）及び弁護人の予定主張の明示（刑訴316条の17）された段階，②証拠調べの範囲と方法が確定した段階，並びに③公判前整理手続が終了する段階などで保釈が認められることが多いようである。
　①から③にいくにつれて，罪証隠滅の可能性が低くなるのであり，③に至ると，新たな証拠調べ請求はできないのであるから（刑訴316条の32），罪証隠滅の可能性が相当低くなる。
　保釈は一度却下されても，公判前整理手続が進んだ段階で，再度行うべきであり，特に，裁判員裁判においては，連日的な開廷で公判への準備に相当な時間を要することから，少なくとも公判前整理手続終了時には積極的に保釈請求すべきである。

第4節　保釈が認められる要素

　公判前整理手続事件に付された事件においても，以下のような傾向にあるときは，積極的に保釈請求をされたい。

Ⅰ　否認事件

　否認事件は，罪証隠滅のおそれが高いと見られがちであるが，否認事件だからといって，あきらめるべき理由はない。
　否認にも頑強に否認しているのか，酔って覚えていないかなどその強弱によっても違ってくる。
　また，事実関係の否認か，法的評価の争いかによっても違ってくるのであり，法的評価，被告人の認識，犯意のみが争点の場合，罪証隠滅のおそれはさほど高くないので，保釈が認められる場合がある。
　ただし，薬物事犯における被告人の認識（薬物の認識等）が争点となっている場合には，関係者への働きかけのおそれありとされ，保釈が認められない

ことが多いようである。

Ⅱ 被害者

　被害者と面識がある事案だと罪証隠滅のおそれが高いとされ，保釈が認められないことが多い。もっとも，面識があるといっても，被害者が親族である場合には，親族が宥恕しているなどの事情があれば，保釈が認められることもある。

　また，性犯罪事件などについては，一昔前まで被害者全員と示談ができなければ，保釈請求は認められない傾向にあったとされる。もっとも，路上での強制わいせつ致傷事件など，被害者との面識がない場合には実際に罪証隠滅行為を行うことが難しいなどの理由から，被害者との接触禁止を保釈条件として，保釈が認められることがある。示談の有無にかかわらず，保釈請求をすべきである。

　後述のⅢ，Ⅳにもいえるが，供述調書への同意が罪証隠滅のおそれが高くないと判断され，保釈を認める根拠となる場合がある。一律に供述調書を不同意にするのではなく，内容の争いの有無，保釈への影響，量刑への影響などを考慮して，慎重に同意・不同意を判断することになろう。

Ⅲ 共犯者

　共犯事件においては，共犯者に対する働きかけ，共犯者との口裏合わせの可能性があるから，単独犯の事件より認められにくい傾向にあるといえるが，罪証を隠滅するおそれが高いとはいえないことを具体的に主張し（例：共犯者は勾留中），保釈が認められた事例も少なくない。

Ⅳ 目撃者

　目撃者が被告人と面識がない者である場合には，実効的な罪証隠滅行為を行うことが難しいことから，被害者との接触禁止を保釈条件として保釈が認められやすい。

　警察官や医師などに対しても実効的な罪証隠滅行為を行うことが難しいことから，保釈が認められやすい。

被告人側の証人がいる場合に，罪証隠滅の可能性が高いとして，保釈が認められにくいが，供述調書に同意したり，罪証隠滅の働きかけの可能性が低かったりする場合には接触禁止を条件に保釈が認められることもある。

【宮﨑　大輔】

第7章

類型証拠開示

条文

第316条の15　検察官は，前条の規定による開示をした証拠以外の証拠であつて，次の各号に掲げる証拠の類型のいずれかに該当し，かつ，特定の検察官請求証拠の証明力を判断するために重要であると認められるものについて，被告人又は弁護人から開示の請求があつた場合において，その重要性の程度その他の被告人の防御の準備のために当該開示をすることの必要性の程度並びに当該開示によつて生じるおそれのある弊害の内容及び程度を考慮し，相当と認めるときは，速やかに，同条第1号に定める方法による開示をしなければならない。この場合において，検察官は，必要と認めるときは，開示の時期若しくは方法を指定し，又は条件を付することができる。

一　証拠物
二　第321条第2項に規定する裁判所又は裁判官の検証の結果を記載した書面
三　第321条第3項に規定する書面又はこれに準ずる書面
四　第321条第4項に規定する書面又はこれに準ずる書面
五　次に掲げる者の供述録取書等
　　イ　検察官が証人として尋問を請求した者
　　ロ　検察官が取調べを請求した供述録取書等の供述者であつて，当該供述録取書等が第326条の同意がされない場合には，検察官が証人として尋問を請求することを予定しているもの
六　前号に掲げるもののほか，被告人以外の者の供述録取書等であつて，

検察官が特定の検察官請求証拠により直接証明しようとする事実の有無
　　　に関する供述を内容とするもの
　　七　被告人の供述録取書等
　　八　取調べ状況の記録に関する準則に基づき，検察官，検察事務官又は司
　　　法警察職員が職務上作成することを義務付けられている書面であつて，
　　　身体の拘束を受けている者の取調べに関し，その年月日，時間，場所そ
　　　の他の取調べの状況を記録したもの（被告人に係るものに限る。）
　2　被告人又は弁護人は，前項の開示の請求をするときは，次に掲げる事項
　　を明らかにしなければならない。
　　一　前項各号に掲げる証拠の類型及び開示の請求に係る証拠を識別するに
　　　足りる事項
　　二　事案の内容，特定の検察官請求証拠に対応する証明予定事実，開示の
　　　請求に係る証拠と当該検察官請求証拠との関係その他の事情に照らし，
　　　当該開示の請求に係る証拠が当該検察官請求証拠の証明力を判断するた
　　　めに重要であることその他の被告人の防御の準備のために当該開示が必
　　　要である理由

第1節　類型証拠開示制度の意義・目的

I　検察官請求証拠以外の証拠に関する二段の証拠開示制度

　公判前整理手続においては，検察官請求証拠以外の証拠について，類型証拠開示（刑訴316条の15）と主張関連証拠開示（刑訴316条の20）という二段の証拠開示制度が設けられている。

　従来最高裁決定（最〔二小〕決昭44・4・25判タ233号284頁）において，裁判所の訴訟指揮権に基づく証拠開示が認められていたものの，証拠開示のルールは必ずしも明確ではなく，証拠開示の可否をめぐって紛糾し円滑な審理が阻害されるおそれがあった。また開示の要件も明確ではなく，開示の時期も第1回公判期日後に初めて認められる等，被告人の防御の観点からも十分なものではなかった。そこで，証拠開示の要件，手続，裁判所の裁定等の証拠開

示のルールを明確にするとともに，第１回公判期日前の段階から，事件の争点及び証拠を十分に整理することを可能にし，また被告人が防御の準備を整えることができるようにするため，公判前整理手続における証拠開示を拡充したものである。

　証拠開示の拡充に関しては，検察官の手持ち証拠はすべて被告人に事前に開示しなければならないとする「事前全面開示論」も存在したが，証拠開示により罪証隠滅，証人威迫，関係者の名誉・プライバシーの侵害などの弊害があることから反対意見もあり，全面開示は採用されるに至らなかった。また，検察官の手持ち証拠のリストをすべて開示すべきとの考え方も有力であるが，証拠の標目だけが記載された一覧表を開示しても意味がない一方で，各証拠の内容・要旨まで記載した一覧表を開示するとなると検察官手持ち証拠を全面開示するのに等しく，上記の弊害があるという事前全面開示に対する批判がそのままあてはまること，捜査機関の負担が過重なものとなるといった反対意見があり，かかるリストの全面開示も採用されなかった（立法論としては，被告人の防御のためにこれらの開示制度も今後検討されるべきである）。

　そこで，現行の類型・主張関連証拠といった二段の証拠開示が制度化され，重要性，必要性，相当性等の開示要件が設けられるに至った。

　証拠が捜査機関に偏在している状況では，被告人の防御が十分になしうるものではなく，かかる証拠開示を十分に活用して，弁護人としてはなるべく多くの証拠が開示されるよう努力するべきである。

Ⅱ　類型証拠開示の意義

　類型証拠開示・主張関連証拠開示という二段の証拠開示制度が設けられた趣旨は，Ⅰで述べたとおりであるが，類型証拠開示制度は，検察官請求証拠の証明力を判断するために，一般的に開示の必要性が高いと思われるものや開示の弊害が少ないと考えられる一定類型に該当する証拠について開示対象としたものである。ただし，類型に該当する証拠であっても，特定の検察官請求証拠の証明力を判断するために重要であることが必要であり，また，開示の必要性の程度や弊害の程度によって「相当と認めるとき」に開示すべきとされており，類型該当性が認められてもすべて開示されるとまではされて

いない。

　類型証拠開示は，検察官請求証拠以外のものでも，一定類型の証拠について，検察官請求証拠の証明力を判断するために重要と考えられ，開示による弊害も少ないと考えられる証拠について開示するものとし，これにより検察官請求証拠の証明力をより適切に判断することができることを可能にするものであって，被告人の防御準備に大きく資するものである。ただし，類型証拠開示は一定類型に該当するもののみを開示するものであり，被告人側が望むすべての証拠が開示されるわけではない。類型該当性について争いが生ずる場合もあり（類型該当性については後述する），類型に該当しないものについては一切開示されないという点で，制約的なものではある。しかし，被告人の防御にとって重要な意味を有する供述書，供述録取書等の証拠については類型証拠開示によって相当程度の開示が可能となっており，被告人側の主張に合わせた積極的開示を求める主張関連証拠開示と組み合わせて活用することによって，弁護活動をより能動的にする可能性を秘めた制度であるといえる。

Ⅲ　類型証拠開示請求を行う時期

　刑事訴訟法316条の17第1項は，「被告人又は弁護人は，第316条の13第1項の書面の送付を受け，かつ，第316条の14及び第316条の15第1項の規定による開示をすべき証拠の開示を受けた場合において，その証明予定事実その他の公判期日においてすることを予定している事実上及び法律上の主張があるときは，裁判所及び検察官に対し，これを明らかにしなければならない。」と規定している。そして，同法316条の17第2項で，被告人側の証拠調べ請求を定め，同法316条の18第1項は，同法316条の17第2項で取調べを請求した証拠について，検察官に速やかに開示しなければならないとしている。

　したがって，類型証拠開示請求は，被告人側の予定主張明示や証拠調べ請求の前に行うものであって，被告人側の予定主張明示や証拠調べ請求の後に行うものではない。類型証拠開示を受けることで，初めて被告人側の防御方針を定め，準備をすることができるものであり，事件の争点及び証拠を十分に整理することを可能にし，また被告人が防御の準備を整えることができる

ようにするという証拠開示の趣旨からもまた当然のことである。

第2節 類型証拠開示の要件その1——要件の概要

I 刑事訴訟法316条の15第1項各号の要件

類型証拠開示の要件は，
① 証拠物，検証調書・実況見分調書，鑑定書，証人の供述録取書，被告人の供述録取書など，刑事訴訟法316条の15第1項各号の証拠の類型のいずれかに該当する証拠であること（類型該当性）
② 特定の検察官請求証拠の証明力を判断するために重要であると認められる証拠であること（重要性）
③ ②の重要性の程度その他の被告人の防御の準備のために当該開示をすることの必要性の程度並びに開示によって生じるおそれのある弊害の内容及び程度を考慮し，開示が相当と認められること（相当性）
④ 被告人又は弁護人から本条2項所定の開示の請求があること（形式要件）

である。

II 証拠開示の対象となる証拠

(1) 開示されうる証拠

開示されうる証拠は，現に存在する証拠であって，検察官としては新たに証拠書類等を作成する義務を負うものではないものであり，この点は，特に争いはないものと思われる。ただし，証拠書類等を作成する義務を負うものではないとする根拠として，裁判所が，被告人側からの開示命令請求について決定するために必要な場合に，検察官に対し，証拠の標目を記載した一覧表の提示を命ずることができるとした刑事訴訟法316条の27第2項が，一覧表に記載を命ずることができる証拠の範囲を「検察官の保管する証拠」としていることを挙げる見解もある（落合義和ほか『刑事訴訟法等の一部を改正する法律及び刑事訴訟規則等の一部を改正する規則の解説』（以下「落合ほか・解説」という）

115頁)。しかしながら，開示命令請求がなされた場合の一覧表提示の場面はまったく次元の異なるものであるし，証拠開示の対象について，検察官手持ち証拠に限定する見解の根拠ともなりかねず，刑事訴訟法316条の27第2項を挙げるのは相当ではないと考えられる。

(2) 検察官手持ち証拠に限られるか

　検察官が開示義務を負うのは検察官が現に所持する証拠（検察官手持ち証拠）に限るか否かについては，手持ち証拠に限るとする考え方が有力であったが，いわゆる取調べメモの開示を認めた最決平19・12・25刑集61巻9号895頁・判タ1260号102頁は，「刑訴法316条の26第1項の証拠開示命令の対象となる証拠は，必ずしも検察官が現に保管している証拠に限られず，当該事件の捜査の過程で作成され，又は入手した書面等であって，公務員が職務上現に保管し，かつ，検察官において入手が容易なものを含むと解するのが相当」と判断し，手持ち証拠に限られないことを明らかにしている。

　上記決定は，警察官の取調べに関するメモについての判断であったが，最決平20・6・25刑集62巻6号1886頁・判タ1275号89頁は，上記平成19年決定を引用した上で，取調べメモではなく，「保護状況ないし採尿状況に関する記載のある警察官作成のメモ」についても開示対象となる判断をしている。

　上記の2つの決定によって，検察官の手持ち証拠に限られず，当該事件の捜査の過程で作成され，公務員が職務上現に保管し，かつ，検察官において入手が容易なものであれば，証拠開示の対象となることが明らかになったものといえる。

　ただし，上記2つの決定は，犯罪捜査規範13条に基づいて作成されたことに言及していたことから，犯罪捜査規範13条に該当する文書に限られるとする解釈もとりうるところであり，例えば検察官作成のメモは，犯罪捜査規範の規律するものではないことから開示の対象外と考え得る余地があるものではあった。しかし，最決平20・9・30刑集62巻8号2753頁・判タ1292号157頁は，犯罪捜査規範13条に言及せずに，警察官作成の参考人の取調べメモについて，「本件犯行の捜査の過程で作成され，公務員が職務上現に保管し，かつ，検察官において入手が容易なもの」に該当するとして証拠開示の対象となることを認めており，犯罪捜査規範13条に基づいて作成されたか否かは

開示の対象となるか否かのメルクマールとなるものではないものと考えられる（同決定補足意見，酒巻匡編『刑事証拠開示の理論と実務』（以下「理論と実務」という）330頁〔角田正紀〕）。

以上のような，最高裁の決定に従えば，検察官の手持ち証拠ではなくとも，当該犯行の捜査の過程で作成され，公務員が職務上現に保管し，かつ，検察官において入手が可能なものであれば，開示対象とすべきであって，例えば検察官の取調ベメモも開示の対象となりうるものというべきである。

第3節　類型証拠開示の要件その2——各類型について

I　類型該当性について

刑事訴訟法316条の15第1項各号に掲げる証拠は，開示の必要性の高さや弊害の程度を考慮し，一般的・類型的に考えて検察官請求証拠の証明力を判断するための証拠開示の対象として適当と考えられる類型とされている。

なお，類型該当性は，標題ではなく実質的内容で判断され，捜査報告書と題する文書についても，「証拠物」（1号）に該当する場合もあれば，捜査機関の検証調書又は実況見分調書（3号）に該当する場合もある。また，6号に該当すると考えるべき場合もある。どの類型に該当するか否かについては証拠の具体的内容を検討して判断し，主張すべきである。

また，捜査機関が収集している可能性のある証拠はさまざまなものがあり，その中には，被告人の防御のために有用となるものも潜んでいる可能性がある。そこで，捜査機関が収集した可能性のある証拠が何かを事案に応じて検討し，収集可能性のある証拠については，いずれかの類型には必ず該当するものと考えて，類型該当性を積極的に主張して類型証拠開示を求めていくべきである。類型該当性に疑問がある場合でも，検察官に対して類型証拠開示請求をした結果，検察官が任意開示するケースは多い。

II　各類型と開示対象類型とした趣旨

刑事訴訟法316条の15第1項の類型は以下のとおりである。

①　証拠物
②　裁判所又は裁判官の検証調書
③　検証調書又はこれに準ずる書面（実況見分調書など）
④　鑑定書又はこれに準ずる書面（鑑定受託者による鑑定書など）
⑤　証人予定者の供述録取書等
⑥　検察官が直接証明しようとする事実の有無に関する供述を内容とする被告人以外の供述録取書等
⑦　被告人の供述録取書等
⑧　取調べ状況記録書面

①が，開示対象類型とされたのは，一般的に類型的に，検察官請求証拠の証明力を判断する上で，当該検察官請求証拠と客観的証拠といわれる「証拠物」との齟齬，矛盾の有無等を検討する必要性が高いのみならず，「証拠物」は，供述証拠などに比べ，開示による弊害の程度も小さいと考えられることからであるとされ，②，③，④も，①と同様，いわゆる客観的証拠として，開示対象類型とされたものであるとされている。

⑤は，検察官請求にかかるこれらの証人等の供述の証明力を判断する上で，その供述経過を検討し，変遷，自己矛盾供述の有無や，その内容を確認することの必要性が，一般的・類型的に高いと考えられることから，開示対象類型とされたものである。

⑥は，被告人や証人予定者以外の供述証拠は，一般的に開示の必要性が高いとはいえず，類型的に開示に伴う弊害が大きいと考えられるが，特に開示の必要性が高いと考えられる場合もあり，そのような場合に絞って開示類型として設けられたものであるとされる（詳細は後述する）。

⑦は，自白調書などの検察官請求にかかる被告人の供述録取書等の証明力を判断する上で，当該被告人の供述経過を検討し，変遷，矛盾の有無や，その内容を確認することの必要性が，一般的に高いと考えられることから，開示対象類型とされたものである。

⑧は，身柄拘束中の被疑者の取調べ状況に関する客観的証拠としての性格を有することから，開示対象類型とされたものである。

Ⅲ 各類型について

(1) 証 拠 物

(a) 意 義　刑事訴訟法306条等の「証拠物」と同義であり，「証拠物」とは，その存在又は状態が事実認定の資料となる証拠方法であるとされている（落合ほか・解説115頁）。その記載内容が証拠資料となるものは「証拠物」とはいえないとされているが（理論と実務44頁〔河本雅也＝小野寺明〕），現実には，「証拠物」か否かの判断は必ずしも明確とはいえない。特に書面の場合には，「証拠物」か否かの判断が困難な場合も多く，下級審裁判例で，その存在又は状態が事実認定の資料となる「証拠物」ではないとの判断もみられるが（理論と実務45頁〔河本雅也＝小野寺明〕），結論として必ずしも相当とはいえない。

刑事訴訟法307条は，証拠物中書面の意義が証拠となるものの取調べには，展示と朗読が必要であると規定しており，「証拠物」には，その存在又は状態が事実認定の資料となるだけでなく，書面の意義が証拠となるものも含まれる。そして，証拠書類と証拠物たる書面の区別について判例は，書面の意義だけが証拠になるものは証拠書類とし，書面の存在，態様及び意義が証拠となるのは証拠物たる書面としている（最判昭27・5・6刑集6巻5号736頁）。これらは証拠調べ方法に関するものであるが，刑事訴訟法316条の15第1項1号の「証拠物」についても，妥当するものである。また。客観的証拠であるから，検察官請求証拠の証明力を判断する上で，当該検察官請求証拠との齟齬，矛盾の有無等を検討する必要性が高いために類型証拠開示の対象とされたとの1号の趣旨に鑑みても，その存在又は状態が事実認定の資料となりうるものであれば，客観的証拠として，当該検察官請求証拠と照らし合わせる必要性は高いものというべきであるから，書面の意義が証拠となるものであっても，もっぱら書面の意義が証拠となるものではなく，存在又は状態が事実認定の資料となりうるものである限り，「証拠物」に該当するというべきであろう（日本弁護士連合会裁判員本部編『公判前整理手続を活かす』〔第2版〕53頁〔岡慎一〕は，「『存在または状態』が事実認定の資料となる可能性があるといえる証拠は「証拠物」に該当すると解すべきであろう」としている）。あるいは，知覚・記憶・

表現・叙述の経過を経て資料として顕出されるものではない非供述証拠は，誤謬が入る余地が少なく客観的証拠といえるものであるから，刑事訴訟法316条の15第1項1号の「証拠物」に該当するものというべきである。

(b) 「証拠物」として開示請求を検討すべきものの例①――存在又は状態のみが証拠となるものといえるもの

凶器，被害品，着衣，遺留品，毛髪等が「証拠物」に該当することについては特に問題はなく，類型証拠開示の他の要件を満たすか否かが主に問題となると思われる。

(c) 「証拠物」として開示請求を検討すべきものの例②――写真，録画ないし録音記録媒体等

犯行状況（恐喝，強盗等）や共謀状況等に関する第三者，共犯者，被告人の供述等の証拠の信用性を確認するために必要不可欠なものである。

写真や，犯行現場の防犯カメラの映像を録画したテープやDVD，会話の内容を録音した録音テープ等は，存在又は状態が事実認定の資料となりうるものとして「証拠物」に該当するものと考えられる。防犯カメラの映像そのものではなく，静止画像を写真化したものも同様である。

ただし，被疑者等の取調べにおける供述を録音し又は録画したテープなどの記録媒体は，「供述録取書等」にあたり，「証拠物」にはあたらない。

(d) 各種書面，書類等

「証拠物」にあたると思われる書面は多岐に亘るが，主なものを挙げると，以下のとおりである。

① 携帯電話通話履歴
② 売上げデータ記録
③ 金融機関等の取引履歴
④ 公共交通機関の乗車歴（ICカード利用歴）
⑤ 商業帳簿類
⑥ 診療録，診療報酬明細等
⑦ 出退勤簿等
⑧ 契約書，領収書等
⑨ 日記，手紙等

⑩　各種メモ，備忘録
⑪　警察への通報記録
など。

①ないし④は，データとして保存されている原資料を書面化ないし記録媒体へ記録化したものであり，「証拠物」に該当することについては比較的問題がないと思われる（落合ほか・解説120頁）。

⑤ないし⑧は，業務上機械的に作成されるものであり，客観性が高いため，存在又は状態が事実認定の資料として「証拠物」といいうるものである。

⑨及び⑪については，場面により，記載内容が証拠資料となるものであるから「証拠物」に該当しないとの検察側の主張も考えられるところであるが（松本時夫ほか編・松尾浩也監修『条解刑事訴訟法』〔第4版〕751頁は，取調べメモにつき「証拠物」に該当しないとしている），弁護人としては，存在又は状態が事実認定の資料となるとして「証拠物」に該当することを主張すべきである。日記帳について，「証拠物」に該当するとした裁判例として，広島地決平19・9・19裁判所ウェブサイト・理論と実務448頁がある（ただし，開示を弁護人に限定する条件を付している）。また，⑩備忘録，捜査メモ等について，「証拠物」にあたらないとする裁決例等があるが（名古屋高決平20・5・12裁判所ウェブサイト・理論と実務538頁，名古屋地一宮支決平20・6・9裁判所ウェブサイト・理論と実務568頁，東京地決平20・8・6刑集62巻8号2786頁・理論と実務580頁など），事件発生の過程で作成された会議メモ等は「証拠物」に該当するものと考えられる（落合ほか・解説120頁）。

その他，犯罪経歴照会結果報告書，前科調書，留置人出入簿，自動車ナンバー自動読み取り装置（Nシステム）の記録については，存在又は状態が事実認定の資料といいうるものであるが，「証拠物」にあたらないとされる裁判例が多い（犯罪経歴照会結果報告書・前科調書につき，さいたま地決平20・7・28裁判所ウェブサイト・理論と実務584頁，留置人出入簿につき，東京地決平19・7・20裁判所ウェブサイト・理論と実務435頁等）。また，類型該当性の問題ではなく，捜査の過程で作成されたものではないとの理由で開示請求が棄却される例も多い（自動車ナンバー自動読み取り装置につき，東京地決平20・7・11裁判所ウェブサイト・理論と実務580頁，東京地決平20・8・28裁判所ウェブサイト・理論と実務604頁等）。

(2) 裁判所又は裁判官の検証調書

もともと裁判所又は裁判官の検証調書が作成される例は少なく，開示が問題とされた裁判例も特に明らかではない。

(3) 検証調書又はこれに準ずる書面（実況見分調書など）

強制処分たる捜査機関の「検証」調書や任意処分である捜査機関の実況見分調書が典型であるが，収税官吏が作成した臨検てん末書などもこれに該当する（落合ほか・解説116頁）。標題にかかわらず，書面の実質的内容によって，3号の類型に該当するかを判断するものであり，表題が「捜査報告書」となっていても，実質が検証調書あるいは実況見分調書等これに準ずる書面であれば，3号の類型に該当する。

3号の類型により，客観的な現場の状況，被害状況，犯行状況等が明らかになることから，検察官請求証拠の証明力を確認するには有用であり，検察官請求証拠における検証調書等の証明力のほか，被告人あるいは関係者の供述調書の証明力を確認するのに有用となる場合も多いと考えられる。

3号類型が争われた裁判例として，鳥取地米子支決平20・9・9裁判所ウェブサイト・理論と実務607頁があり，「事故当事者の言動について」と題する捜査報告書及び「交通事故発生時の信号の状況について」と題する捜査報告書について，3号類型該当性を否定している。

なお，庭山英雄＝荒木和男＝合田勝義編著『実務刑事弁護と証拠法』418頁以下〔村木一郎〕は，「3号類型は，弁護人として捜査活動の実情を思い描きつつ知恵を絞ることで実に多種多様の証拠開示を実現することが可能となることを銘記すべきである」と述べ，各種の検証調書等について具体的な検討を加えており，参考になる。

(4) 鑑定書又はこれに準ずる書面（鑑定受託者による鑑定書など）

鑑定とは，特別の知識経験に属する法則又はその法則を具体的事実に適用して得た判断の報告をいい，4号類型の書面は，裁判所又は裁判官が鑑定を命じた鑑定人作成に係る鑑定書及びこれに準ずる書面であり，これに準ずる書面とは，捜査機関から鑑定の嘱託を受けた者の作成した鑑定書等がこれに該当する。

4号類型の書面は，専門家の作成による書面であるが，専門的知見に基づ

く客観的証拠として，犯行状況，被害状況等についての検察官請求証拠の証明力を検討するのに有用な場合があり，開示を求めるべきである。

具体例としては，精神鑑定書，アルコール濃度に関する鑑定書等が考えられるが，4号類型の書面についても，村木・前掲424頁以下で具体例が挙げられており，参考になる。

(5) 証人予定者の供述録取書等

(a) 意 義　5号類型の書面は，

① 検察官が証人として尋問請求をした者（5号イ）

及び

② 検察官が取調べを請求した供述録取書等の供述者であって，当該供述録取書等が第326条の同意がされない場合には，検察官が証人として尋問を請求することを予定しているもの（5号ロ）

である。

「供述録取書等」とは，刑事訴訟法316条の14第2号で規定されており，「供述書，供述を録取した書面で供述者の署名若しくは押印のあるもの又は映像若しくは音声を記録することができる記録媒体であって供述を記録したもの」とされている。

検察官が取調べ請求をする証人あるいは証人予定者の供述の証明力を判断するには，その供述録取書等の開示を受けて，供述経過や供述の変遷の有無，程度，自己矛盾供述の有無等を検討する必要が高い反面，既にその証人あるいは証人予定者の供述録取書等の一部が開示されており弊害も少ないと考えられることから，開示対象類型としたものである。

5号は，該当する供述録取書等が存在する限りすべて開示の対象となるものである（ただし，重要性等の他の要件該当性の問題はまた別途検討される）。

(b) 不起訴裁定書　検察官が被疑者2名に対する明示又は黙示の不起訴約束がなかったこと等を立証するために被疑者らの捜査を担当し不起訴処分をした検察官の証人尋問を請求したところ，弁護人が不起訴裁定書が不起訴処分に関する検察官の供述書であり，5号イに該当するとして類型証拠開示請求をした事案で，「……争点との関係では，当該各被疑事実についての証拠状況に関する不起訴処分当時のA（不起訴処分をした検察官）の認識及びそ

れに関するAの法的評価，判断が立証の対象事実となり，Aは正にこれらについて証言を求められること」になるのであって，「本件各不起訴裁定書は，検察官が不起訴裁定時にこれらについて記載した書面であるから，A証人による立証事項との関係では，Aの供述書としての性格を有し，刑訴法316条の15第1項5号の『供述録取書等』に該当する。」とした裁判例がある（東京地決平26・1・29判タ1401号373頁。当該事件を担当した弁護士が執筆したものとして小松圭介・季刊刑事弁護79号143頁参照）。

(c) 警察官が聞き取った証人予定者の供述を内容とする捜査報告書　証人予定者の供述を警察官が聞き取ったことを内容とする「捜査報告書」について，5号イ該当性を弁護人が主張したが，証人予定者の供述書ではないし，証人予定者の署名若しくは押印のある供述録取書でもないから「供述録取書等」には該当しないとした東京高決平18・10・16判タ1229号204頁がある。

(6) **検察官において証人尋問を請求する予定のない参考人の供述録取書等**

(a) 意　義　5号に掲げるもののほか，被告人以外の者の供述録取書等であって，検察官が特定の検察官請求証拠により直接証明しようとする事実の有無に関する供述を内容とするものを開示対象類型とした。典型的には，検察官が目撃者Aの証言により被告人が犯人であることを証明しようとしている場合に，別の目撃者Bがいて，Bの供述調書が作成されている時のBの供述書が6号の類型に該当する証拠である。

かかる類型を開示対象としたのは，以下のような趣旨によるものとされている。すなわち，検察官において証人尋問を請求する予定のない参考人の供述録取書等については，5号，7号と比較して相対的・類型的に開示の必要性が高いとはいえず，また開示による弊害も小さいとはいえないが，例えば，別の目撃証言の供述調書は，目撃者相互の供述の矛盾，齟齬の有無等内容を確認する必要性が高く，このような必要性の高い類型に限定して開示対象にするという観点から，参考人の供述録取書等のうち，検察官が「直接証明しようとする事実の有無に関する供述」を内容とするものについて，証拠開示対象類型としたとするものである（理論と実務188頁〔前田巌〕，三村三緒「証拠開示に関する問題（その1）」判タ1328号65頁）。

(b) 「直接証明しようとする事実の有無に関する供述」の解釈　「直接証

明しようとする事実の有無に関する供述」についてこれを限定して解釈する見解がある。すなわち，参考人の供述録取書等のうち，検察官が特定の検察官請求証拠により直接証明しようとする事実があったのか，あるいは，なかったのかということについての供述が記載されているものに限り開示対象類型としたものとする見解である（落合ほか・解説125頁）。かかる見解は，法文が「直接証明しようとする事実に関する供述」ではなく，「直接証明しようとする事実の有無に関する供述」との文言になっていることや，一般的に開示の必要性が高くはなく，弊害の生ずる恐れも小さくないが参考人の供述録取書等のうち，特に開示の必要性の高い類型に限定して開示対象とするという趣旨を根拠としている。

しかし，6号の規定は，検察官請求証拠と要証事実との間に直接性を求めているにすぎず，検察官が直接証明しようとする事実と開示を求める証拠との関係については，単に「事実の有無に関する」とされているのみで，直接性は要求しておらず，検察官が直接証明しようとする事実の有無についての供述が記載されているものに限定する文言上の根拠はないというべきである。むしろ，開示を求める証拠と検察官の証明事実との間には「直接」との文言がなく，「関する」とされているだけであることからすれば，開示を求める証拠は直接証拠である必要はないというべきである（理論と実務213頁〔前田巌〕）。実質的にも限定説によると，信用性判断に重要と思われる証拠の開示が得られないことにもなりかねず（大島隆明「公判前整理手続に関する冊子の作成・配布について」判タ1192号20頁），限定説は妥当性を欠くというべきである（岡・前掲56頁は，「直接立証事実の有無そのものを述べている供述だけではなく，直接立証事実の有無を判断する上で重要な間接事実ないし補助事実についての供述も含むと解すべきである」としている）。

限定説に対しては，余りに厳格に過ぎるとして，「当該事実の有無と密接に関係する周辺事情について述べている者も含まれる」（理論と実務215頁〔前田巌〕），「類型該当性の有無という入り口段階で形式的に絞りをかけてしまうのではなく，弊害の内容やその程度等に鑑みて開示の相当性を具体的に判断する中で，開示の可否を実質的に決して行くのが相当ではないかと考えられる」（三村・前掲65頁）等の見解が述べられているところであるが，かかる

見解も無限定に広げようとするものではなく，その外延をどのように画するかという点に問題意識がある。

このような観点からすると，弁護人として6号該当性を主張して類型証拠開示をする場合には，開示請求証拠と検察官が直接証明しようとする事実との関連性を示す必要性はあるものと考えられるが，弁護人がかかる関連性があるか否かを確認することは，請求証拠の内容が明らかとなっていない以上困難である。しかし，関連性の有無が弁護人にとって不明であるからといって開示請求を思いとどまるようなことがあってはならないのであって，関連性のある供述がある可能性があれば，6号該当性を主張して類型証拠開示をすべきである（村木・前掲430頁以下参照）。

(c) 聴き取り捜査報告書の6号該当性の問題　捜査の過程で，捜査官が参考人から事情聴取をした内容を記録した捜査報告書（「聴き取り捜査報告書」あるいは「地取り捜査報告書」）が6号に該当するか否かについては争いがあり，6号に該当しないと判断している裁判例が複数存在する。しかし，この点については，近時，6号に該当しないとの判断には説得的根拠はないとして6号該当性を肯定する見解が有力になってきている。

この問題は，まず，①捜査官の供述書か参考人の供述録取書かという問題点があり，裁判例の中には，「実質的な供述者である被聴取者の確認を経ておらず，その署名，押印も欠く」ことを理由に6号の「供述録取書等」に該当しないと判断したと解されるものがある（那覇地決平19・2・22裁判所ウェブサイト・理論と実務407頁）。しかし，6号には「供述書」も類型開示対象とされているところ，かかる聴き取り捜査報告書も捜査官の「供述書」であることに変わりは無く，聴き取り捜査報告書を6号の「供述録取書等」から除外する法文上の根拠はない。6号該当性を否定する多くの裁判例も，捜査官の「供述書」として6号の「供述録取書等」に該当するかどうかを検討するに至っている。

次に，捜査官の「供述書」として6号の「供述録取書等」該当性を検討するとして，6号の「事実の有無に関する供述」は，供述者の直接体験した事実（原供述）に限られるのか否かという問題がある。この点について裁判例は，原供述に限るとして，聴き取り捜査報告書の6号該当性を否定している。

原供述に限るとする見解は，実質的には参考人の供述録取書であって，供述者の署名押印のない供述録取書について，法は開示の対象としていないことを理由とする。しかしながら，証拠開示制度自体は，そもそも伝聞法則のような厳格な証拠法則を前提とするものではなく，文言上も「供述書」には署名押印を要求していない。実質的にも，証拠による事実認定の場面では，厳格な証拠法則による支配がなされ，証拠の類型的な証明力の高さが求められてしかるべきであるが，証拠開示制度は，事実認定の場面ではなく，被告人の防御と争点整理のための証拠の開示の場面において，必要性や弊害等を考慮して証拠開示すべきか否かを決する次元の話である。証拠開示においては，証拠の証明力の問題は関係するところではないのであって，開示を請求する供述が伝聞であるか否かを問題とする論理的必然性はないというべきである。したがって，6号の「事実の有無に関する供述」とは原供述に限定されるべきではなく，聴き取り捜査報告書については，6号該当性自体は認めるべきである。

　現在は，このように原供述に限定すべきではないとする見解が有力となってきており，弁護人においては，聴き取り捜査報告書の6号該当性を積極的に主張し，開示を求めるべきである。現に，6号該当性を検察官は否定しつつも，任意に開示した事例が見られるようである（岡・前掲56頁）。

(7) **被告人の供述録取書等**

　前述のとおり，自白調書などの検察官請求にかかる被告人の供述録取書等の証明力を判断する上で，当該被告人の供述経過を検討し，変遷，矛盾の有無や，その内容を確認することは，一般的に必要性が高いと考えられることから，開示対象類型とされたものである。

　「供述録取書等」とは，刑事訴訟法316条の14第2号で「供述書，供述を録取した書面で供述者の署名若しくは押印のあるもの又は映像若しくは音声を記録することができる記録媒体であつて供述を記録したものをいう」と規定されており，標題等にかかわらず，実質的に「供述録取書等」に該当すれば，7号類型該当性は認められる。被告人の弁解録取書，勾留質問調書，上申書等も7号該当性は認められ，被告人が参考人として供述した場合も7号該当性を認めた裁判例がある（さいたま地決平20・3・17理論と実務557頁）。

ただし，被告人が署名捺印を拒否したものについては，刑事訴訟法316条の14第2号の「供述者の署名若しくは押印のあるもの」にあたらないことから，7号該当性を否定した裁判例があり（東京高決平20・4・1裁判所ウェブサイト・理論と実務491頁），同様の理由で，被告人の取調べメモ等について，7号該当性を否定した裁判例もある（さいたま地決平20・3・17理論と実務489頁）。

(8) 取調べ状況を記録したもの

法務大臣訓令「取調べ状況の記録等に関する訓令」及び国家公安委員会規則「犯罪捜査規範182条の2」等に基づいて，検察官，検察事務官又は司法警察職員に作成が義務づけられている取調べ状況記録書面である。取調べ状況記録書面には，取調べ年月日，場所，担当者，開始時刻，終了時刻，作成調書の通数等が記載される（犯罪捜査規範別記様式16号）。

8号は，取調べ状況に関する客観的証拠としての性格を有することから開示対象類型とされたものであるが，犯罪捜査規範182条の2は，従前は，身柄拘束されている被疑者の取調べに際してのみ作成が義務付けられていたが，平成20年4月10日国家公安規則第5号「犯罪捜査規範の一部を改正する規則」により，身柄拘束されていない被疑者にも作成が義務付けられることとなり，同年9月1日から施行された。したがって，8号は「身体の拘束を受けている者の取調べに関し」と規定しているが，取調べ状況に関する客観的証拠としての性格は身体の拘束を受けていない者について作成される取調べ状況記録書面についても同様であるから，8号類型該当性は認められると考えられる（岡・前掲59頁）。

8号の取調べ状況記録書面は，被告人に係るものに限られる。共犯者や参考人に係る取調べ状況記録書面は，主張関連証拠開示請求での対応を検討することになる。

なお，法制審議会が平成26年9月18日に法務大臣に答申することを決めた法制審議会新時代の刑事司法制度特別部会が取りまとめた「新たな刑事司法制度の構築についての調査審議の結果【案】」には，共犯者の身柄拘束中の取調べについての取調べ状況等報告書も類型証拠開示の対象となることが提言されている。

また，取調べ状況報告書中の不開示希望調書の有無及び通数欄の開示の相

当性が争いとなっていたが，同じく平成20年4月10日国家公安委員会規則第5号「犯罪捜査規範の一部を改正する規則」により，この欄が削除されている。

(9) **法制審議会の答申（類型証拠開示の対象の拡大）について**

法制審議会が平成26年9月18日に法務大臣に答申することを決めた法制審議会新時代の刑事司法制度特別部会が取りまとめた「新たな刑事司法制度の構築についての調査審議の結果【案】」には，前述の①共犯者の身柄拘束中の取調べについての取調べ状況等報告書のほか，以下につき，類型証拠開示の対象となることが提言されている。

　② 検察官が証拠調べ請求をした証拠物に係る差押調書・領置調書
　③ 検察官が類型証拠として開示すべき証拠物に係る差押調書・領置調書

Ⅳ　類型証拠開示の要件その2――重要性及び相当性

(1) 重要性

刑事訴訟法316条の15第1項は，「特定の検察官請求証拠の証明力を判断するために重要であると認められる」証拠であること（重要性）を開示の要件としている。

かかる「重要性」の意義については，特定の検察官請求証拠や当該証拠によって検察官が証明しようとする事実と齟齬，矛盾あるいは両立しない証拠でありうることと考える見解がある（落合ほか・解説130頁）。かかる見解によると，例えば，証人予定者の供述録取書の開示を請求する場合，開示請求する証人予定者の供述録取書と証言予定事実との関連性がなければ重要性の要件は満たされないものと考えることとなる（限定説）。裁判例においても，「その重要性を判断するために，公判廷で供述すると予想される事項との関連性の有無を考慮するのは当然である」（大阪高決平18・6・26判時1940号164頁）と判示するものもある。

しかし，証人の供述の証明力を争うのに必要な尋問事項として，証人の観察，記憶又は表現の正確性等証言の信用性に関する事項及び証人の利害関係，偏見，予断等証人の信用性に関する事項が掲げられていることからすれば（刑訴規199条の6），証人予定者の供述録取書と証言予定事実との関連性に着

目するのではなく，上記のような証人の供述の証明力を争うのに必要な事項に着目して重要性を判断することも必要であり，重要性の意義について限定して捉えるのは妥当ではない。

多くの見解も，「特定の検察官請求証拠や当該証拠によって検察官が証明しようとする事実と齟齬，矛盾あるいは両立しない証拠でありうること」を中核として捉えつつ，これに限定せずに，「特定の検察官請求証拠の証明力・信用力に影響を及ぼしうる『補助事実』を証明しうる証拠がこれに該当することがありうる」(理論と実務27頁〔酒巻匡〕)とか，「共犯者等，一般に巻き込み供述等をするおそれが想定される事案であって，公訴事実や証明予定事実から類型的に証人の信用性が問題となりうる場合には，その者の利害関係や偏見，予断等に関わる事項についても重要性が認められる」(三村・前掲68頁)，「齟齬，矛盾あるいは両立しない証拠」か否かとの着目点以外から重要性を認めうるなどとしているが(東京高決平20・7・11裁判所ウェブサイト・理論と実務551頁も共犯者の供述の信用性判断のために共犯者の身上調書の開示を認めるのを相当とした)，「齟齬，矛盾あるいは両立しない証拠」という着目点以外の着目点から，どのような場合に「重要性」を認めうるかについては必ずしも明確ではない。

弁護人としては，「齟齬，矛盾あるいは両立しない証拠」という着目点のほか，検察官請求証拠の証明力(狭義の証明力及び信用性)を吟味するために，開示請求証拠が重要であることを，事案に即して具体的に主張して開示を求めるべきである。

(2) 相 当 性

(a) 相当性の要件　　上記重要性が認められる証拠について，「その重要性の程度その他の被告人の防御の準備のために当該開示をすることの必要性の程度」と，「当該開示によって生じるおそれのある弊害の内容及び程度」とを比較衡量して，開示が相当と認められることが開示の要件とされている(相当性)。必要性の程度と弊害の内容及び程度の比較衡量により相当性が判断され，必要性の程度が高ければ，開示による弊害があったとしても相当性が認められる場合があり，また，必要性の程度が認められても，開示による弊害の程度が著しく高い場合は開示が認められない場合もありうることにな

る。

(b) 必要性の程度　「重要性」は，類型証拠開示の要件の1つであるとともに，「重要性の程度」が「必要性」を裏付ける要素の1つとされている。法文上「重要性」の要件のほかに，「必要性」を裏付ける要素としての「重要性の程度」を検討することは，屋上屋を架すものでどの程度意味があるか疑問がないではなく，「重要性」と「必要性」の要件の関係について，「特定の検察官請求証拠の証明力判断のために重要である場合には，その開示は，防御の準備のために必要性が高いことになるはずである」との見解もある（岡慎一「裁判員制度の導入と弁護活動」法律のひろば57巻9号43頁）。また，裁判例においても，「重要性」の要件と「必要性」の要件は一体のものとして判示されている例が少なくないとの指摘もある（理論と実務173頁〔秋吉淳一郎〕）。

しかしながら，弁護人としては，「重要性」の程度が「必要性」を裏付ける要素の1つとされていることを明確に意識しながら，類型証拠開示請求にあたっては，重要性が高いことを指摘し，「必要性」「重要性」の要件を共に充足するとの主張をする必要がある。

また，類型証拠開示は，検察官の主張立証に対する被告人の防御の準備を可能にし，争点を明確にするためのものであることからすれば，類型証拠開示の要件としての「必要性」は，特定の検察官請求証拠により検察官が証明しようとする事実との関連性の有無及び程度により要件充足性が左右されることが基本とはなるが，そのほか，開示請求証拠の内容，被告人の防御の具体的準備状況にも照らして「必要性」の有無が検討されることとなる。

(c) 弊害の内容及び程度　「弊害」とは，例えば，罪証隠滅，証人威迫，関係者への報復，嫌がらせ，関係者の名誉・プライバシーの侵害，国民一般の捜査への協力確保の困難などが考えられる。

しかし，証拠開示においては，いかなる場合においても抽象的には上記のような弊害はあるものであって，抽象的な「弊害」のみで相当性を欠くとされれば，証拠開示が極めて限定的なものとなり妥当性を欠く。あくまでも「弊害」は個別具体的なものでなければならず，個別具体的な「弊害」が示されなければ「相当性」の判断の要素とはならないと考えるべきである。

第4節　類型証拠開示の手続

Ⅰ　被告人側から明らかにすべき事項

　類型証拠開示は，被告人又は弁護人からの開示の請求によって行われなければならないが（刑訴316条の15第1項前段），開示の請求をするときは，①証拠の類型及び開示の請求に係る証拠を識別するに足りる事項，②開示が必要である理由を明らかにしなければならない（刑訴316条の15第2項）。

Ⅱ　証拠の類型及び開示の請求に係る証拠を識別するに足りる事項
（刑訴316条の15第2項1号）

　どの類型要件に該当するかどうかを明らかにする必要があることは類型証拠開示の要件である以上勿論である。それと共に，開示請求の相手方である検察官や裁定を担当する裁判官に対し，どの証拠の開示を求めているかを明らかにする必要があるために「開示の請求に係る証拠を識別するに足りる事項」を明示すべきものとしたが，「証拠を識別するに足りる事項」を明らかにすれば足り，証拠の標目等の詳細な特定までは不要としたものである。

　例えば，「現場から押収された証拠物」（1号類型），「○○○に関して作成された鑑定書」（4号類型），「犯行目撃者の供述調書」（6号類型）などである。

Ⅲ　開示が必要である理由　（刑訴316条の15第2項2号）

(1)　規　定

　①事案の内容，特定の検察官請求証拠に対応する証明予定事実，開示の請求に係る証拠と当該検察官請求証拠との関係その他の事情に照らし，②当該開示の請求に係る証拠が当該検察官請求証拠の証明力を判断するために重要であることその他の被告人の防御の準備のために当該開示が必要である理由を明らかにしなければならない。

(2)　開示が必要である理由の記載について

　上記②の重要性は，開示の必要性を裏付ける主要な要素であるとともに，開示の要件の1つでもあるから（前記第3節Ⅳ(2)(b)），開示請求にあたっては，

この点を明らかにすることとされたものである。

　そして，開示が必要である理由については，事案の内容，特定の検察官請求証拠に対応する証明予定事実，開示の請求にかかる証拠と当該検察官請求証拠との関係その他の事情を明らかにしつつ，具体的に明示する必要がある。

　類型開示証拠請求にあたっては，開示の要件に該当することを検察官あるいは裁定を担当する裁判官に主張することが弁護人としても必要であって，できる限り具体的に示すべきである。

【榊原　一久】

第8章

類型証拠開示請求に対する検察官の対応

条文

第316条の15　検察官は、前条の規定による開示をした証拠以外の証拠であつて、次の各号に掲げる証拠の類型のいずれかに該当し、かつ、特定の検察官請求証拠の証明力を判断するために重要であると認められるものについて、被告人又は弁護人から開示の請求があつた場合において、その重要性の程度その他の被告人の防御の準備のために当該開示をすることの必要性の程度並びに当該開示によつて生じるおそれのある弊害の内容及び程度を考慮し、相当と認めるときは、速やかに、同条第1号に定める方法による開示をしなければならない。この場合において、検察官は、必要と認めるときは、開示の時期若しくは方法を指定し、又は条件を付することができる。

(以下略)

第1節　検察官の応答義務と開示の方法

　刑事訴訟法316条の15は、被告人、弁護人に、検察官に対する開示の請求権を認めたものであり、「開示をしなければならない」と規定するとおり、検察官に応答義務があることは明らかである。

　そして、開示する場合には、「速やかに」開示しなければならず、開示しない場合には、被告人又は弁護人に対して開示しない理由を告げなければな

らない（刑訴規217条の24）。

　被告人，弁護人において証拠開示の裁定をするかどうかの検討を早期になしうるものとして，証拠開示手続の合理化を図るための規定である。

　かかる趣旨に照らせば，例えば，「Aの供述録取書」，「○○における実況見分調書等」のように，一定の類型及び範囲に属する複数の証拠を一括して開示請求したと解される場合に，その中の一部の証拠のみを開示して，その余を不開示とするような場合には，開示したもの以外は不開示であると告知する必要がある。また，開示しない理由については，各類型に該当しないのか，証拠の特定が不十分なのか，重要性，相当性を欠くのかなど，どの要件に該当しないかを具体的に明示すべきである。

　弁護人が，類型証拠開示請求をするにあたっては，開示請求書において，開示しない理由を具体的に示すよう求め，裁判所に裁定申立てをするにあたっての理由を速やかに明示できるようにする必要がある。例えば，開示請求書に，「開示しない場合には，開示請求にかかる証拠が存在しないのか，それとも存在するが開示要件を満たさないとするのか，また開示要件を満たさないとする場合には，どの開示要件を満たさないとするのかを具体的に明らかにされたい」などの記載をすることも検討すべきである。

　なお，開示の請求を受けた検察官が，合理的期間を超えて開示しない場合には，不開示があったものと判断し，不開示の理由の明示を検察官に求めるとともに，裁判所に対して証拠開示の命令を求める裁定請求をすることができると解される。

　検察官による開示がなされる場合には，検察官請求証拠のうち証拠書類又は証拠物についての開示の方法を定めた刑事訴訟法316条の14第1号の方法により開示をしなければならない（刑訴316条の15本文）。すなわち，当該証拠書類又は証拠物を閲覧する機会を与え，弁護人に対しては，閲覧・謄写する機会を与えなければならない。

第2節　開示の時期・方法の指定

　検察官は，必要と認めるときは，開示の時期若しくは方法を指定し，又は

条件を付することができる（刑訴316条の15第1項後段）。

　証拠開示をすると弊害が生じるおそれが認められる場合でも，開示の時期や方法を指定することで，弊害が回避できる場合がある。証拠開示の意義・目的からすれば，開示を可能な限り認めるべきであり，その観点から，時期・方法を指定しての開示ができることとしたものである。

　方法の指定としては，供述調書の住居・電話番号の記載部分について，弁護人には開示するが，被告人には閲読してはならないとすることなどが考えられる。

　時期の指定としては，供述者が威迫等を加えられるおそれがある供述調書について，供述者がそのおそれが少ない場所に一時的に移転した後の時期に開示するなどが考えられる。

　また，被告人の取調べ状況を撮影したDVDについて，検察官が開示の方法を閲覧だけに限定し，それに対して弁護人の無条件の謄写を求めて証拠開示命令を申し立てた裁判所が，「1　謄写枚数は各1枚とする。2　謄写に係るDVDのデータを複写してさらにDVDを作成し，又は，パソコンのハードディスクに複写して記録するなどの一切の複写をしてはならない。3　謄写に係るDVDを再生するに際しては，インターネット等により外部に接続したパソコンを使用してはならない。4　本被告事件についての弁護活動が終了した際には，謄写に係るDVDのデータを消去しなければならない。」との条件を付した上で，DVDを謄写する機会を弁護人に与えるよう命じた事例があり（東京地決平19・10・19裁判所ウェブサイト），その後同様の条件が付される例が多い（東京高決平22・3・17判タ1336号284頁）。

　一定の弊害回避のために，条件を付して開示されることはやむを得ない場合もあると思われる。しかしながら，原則としては，全開示がなされるべきであり，弁護人としては，全開示を求めるべきである。

　また，他方で，検察官が開示を拒否する場合に，時期や方法の指定によって弊害を回避できないか否かについても具体的に検討し，条件付きの証拠を開示する方策を探ることも弁護人としては必要な場合もあると思われる。

第3節　開示についての検察官の回答に対する弁護人の対応

I　「開示する」との回答に対する弁護人の対応

　弁護人の類型証拠開示請求に対し，検察官は，「以下の証拠を開示する」として開示証拠を列挙してきた場合，弁護人が証拠開示請求した類型証拠がすべて開示されたかどうかはかかる回答だけでは明らかではないことに注意すべきである。検察官の上記回答は，開示する証拠を列挙しただけであり，弁護人が求めた類型証拠が他にはないことを示すものではないからである。
　検察官は，刑事訴訟規則217条の24に基づいて，開示しない理由を述べなければならないのであるから，弁護人は，弁護人の請求証拠について他には存在しないという趣旨なのか，それとも存在するが，要件を満たさないため開示しないという趣旨なのか釈明を求めるべきである。そして，他に存在するが要件を満たさないため開示しないという趣旨であれば，刑事訴訟規則217条の24により開示しない理由を告知しなければならないことを指摘して，理由を明らかにするよう釈明を求めるべきである。

II　「該当する証拠は存在しない」との回答に対する弁護人の対応

　検察官の「該当する証拠は存在しない」との回答は多義的に解釈しうる。すなわち，現在検察官の手元には存在しないとの趣旨，警察を含めて捜査機関が保持するものはないとの趣旨であることは勿論であるが，証拠としては存在するが弁護人の請求する証拠は開示要件を満たさないので「該当する証拠は存在しない」と回答した可能性もありうる。
　かかる場合には，上記のいずれの趣旨であるかについて釈明を求めるべきであり，証拠として存在する趣旨であることが明らかとなれば，その証拠を開示する方法（裁定申立て，主張関連証拠開示，その他）を弁護人としては検討することとなる。
　検察官が求釈明に対して回答しない場合には，証拠としては存在するが開示しない趣旨であるとして，裁定申立てを検討すべきこととなる。

Ⅲ 「開示要件を満たさないので開示しない」との回答に対する弁護人の対応

　検察官の回答には，理由が付されているので，再度証拠開示請求書の内容について検討することとなる。重要性，相当性の要件を満たさないという場合には，その補充を検討し，類型に該当しないという理由の場合には他の類型を検討するなどである。また，弁護人には，捜査機関においていかなる証拠を保持しているかが明らかではないため，証拠の識別，特定が検察官にとっては不十分とみられる場合もある。このような場合には，検察官と協議するなどして証拠の識別，特定をすることとなる。

　その結果，弁護人として開示要件はあると判断されるが開示されない場合には，裁判所に対して証拠開示命令を求める裁定請求をする（刑訴316条の26）。

Ⅳ 検察官が類型証拠に該当すると考えられる証拠について，類型証拠開示請求を待たずに「任意開示」した場合

　弁護人が類型証拠開示請求をする前に，裁判所に促されるなどして検察官が類型に該当する証拠について「任意開示」してくる場合が最近は多い。

　検察官の「任意開示」がなされた場合にも，類型証拠開示請求をするか否かについては，事案にもよるが，任意開示においては，検察官にとって不利な証拠が必ずしも適切に開示されているとは限らないとの疑念も残る（植村立郎・季刊刑事弁護79号115頁）。

　類型証拠開示がすべてなされたことが確認できればその必要はないが，確認できない場合には，検察官よりすべて開示したとの回答があった場合でも，類型証拠開示請求を行うべきであろう。

Ⅴ 証拠開示請求をめぐる検察官との間の書面を裁判所にも送付するか否か

　この点については，予断排除の観点や裁判員裁判においては裁判員と裁判官との情報格差の問題などから，消極的な見解もあるが，証明予定事実記載書面や予定主張記載書などが裁判所に提出されているなど，そもそも証拠開

示に関する情報のみ秘匿する意味は薄いことや裁定申立ての可能性があることから，積極的に裁判所に送付すべきとする見解もある。
　証拠開示を積極的に活用しようとする場合には，開示を求める弁護人の主張を裁定を行う裁判所にあらかじめ理解してもらうことが有用なことが多いと考えられるので，裁判所にも送付しておくほうがよいと考えられる。

【榊原　一久】

第9章

検察官請求証拠に対する意見明示

条文

第316条の16　被告人又は弁護人は，第316条の13第1項の書面の送付を受け，かつ，第316条の14及び前条第1項の規定による開示をすべき証拠の開示を受けたときは，検察官請求証拠について，第326条の同意をするかどうか又はその取調べの請求に関し異議がないかどうかの意見を明らかにしなければならない。
2　裁判所は，検察官及び被告人又は弁護人の意見を聴いた上で，前項の意見を明らかにすべき期限を定めることができる。

第1節　検察官請求証拠に対する意見明示の意義

　公判期日における証拠に対する意見については，刑事訴訟規則190条2項で，「意見を聴かなければならない」とするのみで，特に被告人側に対して意見を義務づけるものではなかった。
　しかし，公判前整理手続において争点及び証拠を十分に整理し，明確な審理計画を立てる一環として裁判所が証拠決定を行うためには，相手方に証拠調べ請求に対する証拠意見が明らかにされることが必要である。また，検察官側の証明予定事実記載書面の提出や類型証拠開示がなされれば，被告人側に検察官請求証拠に対する証拠意見を明らかにするよう求めても被告人側の利益を損なうものでもないと考えられる。

そこで，刑事訴訟法316条の16で，検察官の証明予定事実を記載した書面の送付を受け，かつ，刑事訴訟法316条の14及び15の規定による証拠開示を受けた後，被告人側に対して，検察官請求証拠に対する証拠意見を明らかにすることを義務づけたものである。

第2節　意見明示の時期

　被告人側が証拠意見を明らかにしなければならないのは，「第316条の13第1項の書面の送付を受け，かつ，第316条の14及び前条第1項の規定による開示をすべき証拠の開示を受けたとき」である。
　すなわち，証明予定事実記載書の送付を受け，かつ類型証拠開示がなされた後であり，類型証拠開示をめぐって争いが生じ，裁判所の裁定や不服申立ての手続がなされている場合には，それらが終了し，類型証拠開示が完了した後である。

第3節　意見の内容

I　意見の内容

　被告人側が明らかにしなければならないのは，「第326条の同意をするかどうか又はその取調べの請求に関し異議がないかどうかの意見」である。
　「第326条の同意をするかどうか」については，実務上刑事訴訟規則190条2項による意見聴取の機会に326条の同意・不同意の意見を述べるのが一般的であり，かつ326条の同意・不同意は証拠の採否を決する上で大きな意味を持ち，証拠整理をする上で重要であることから，意見を明らかにすべきものとされた。
　「その取調べの請求に関し異議がないかどうかの意見」とは，刑事訴訟法309条第1項の証拠調べに関する異議ではなく，刑事訴訟規則190条2項により聴取される意見と同義であり，証拠意見としての異議である。
　異議がある場合には，「関連性がない」，「取調べの必要性がない」とか，

証拠能力に問題がある場合には,「(自白調書について) 任意性がない」,「違法収集証拠である」などの理由を簡潔に述べるべきものとされている。

Ⅱ　意見明示にあたっての視点 (特に同意・不同意について)

　証拠書類に対する同意・不同意の判断は, 一般的には, 当該証拠書類の作成者又は当該供述調書の供述者を証人として尋問することによって, 被告人に不利な証拠書類の内容を有利に変更させ, 又は不利益を減少させることができるか, あるいは別に有利な証言を得ることができるか否かによるとされてきた。すなわち, 争いのない事実が記載されている証拠書類については同意 (ないしは一部同意) し, 争いのある事実が記載されている証拠書類については不同意とすることが多かった。現在でもこのような判断基準を基本におくべきことは変わらない。

　しかしながら, 裁判員裁判の導入のほか, 従前の調書中心の裁判から法廷で「みて」「わかる」裁判への変化, 直接主義・口頭主義への回帰といった刑事裁判の変化に伴い, 同意・不同意の判断も新たな検討が必要となっている。すなわち, 直接主義という刑事裁判の本来的あり方からすれば, 証拠書類を不同意として直接法廷で尋問することをより広く想定すべきであるし,「みて」「わかる」裁判の観点からすれば, 証拠の厳選の必要性, 難解な証拠書類の場合は人証での立証での工夫, 合意書面の活用などを検討すべき場合もあると思われるからである。

　そして, このような刑事裁判の変化に合わせた意見と共に, 弁護人の防御という観点から, 直接尋問することのメリット・デメリット, 証拠書類を取り調べることのメリット・デメリットを検討し, 特に裁判員裁判においては, 直接証言等にさらすことのメリット・デメリットなども検討して意見を出す必要もあると思われる。

Ⅲ　具体的な証拠の検討

(1) はじめに

　検察官請求証拠に対する意見は, 争点整理に有用であるというだけでなく, 検察官の立証に対する弁護人の防御方針に重要な意義を有するものである。

したがって，被告人に不利であると考えられる証拠については不同意，あるいは異議の意見を出すべきである。ただし，不同意や異議の意見を出した場合のメリット・デメリットも検討しなければならない。

(2) **被告人の供述調書について**

(a) 供述調書の記載内容に争いがある場合　安易に同意した上で信用性を争うとするのではなく，任意性に疑いがある場合には「任意性」を争うべきである。

(b) 供述調書の記載内容に争いがない場合　犯罪事実の全部ないし重要部分について争いがない事件については，犯行状況等を含めて公判での被告人質問で供述を得ることを目指すべきであり，供述調書の採否は留保して被告人質問を実施し，その供述を聴いた後で供述調書の必要性を判断するという方法（いわゆる被告人質問先行型）を求めるべきである（日本弁護士連合会裁判員本部編『公判前整理手続を活かす』〔第2版〕70頁〔神山啓史＝岡慎一〕。筆者は必要性がないことを理由に被告人の供述調書について不同意と意見を述べることが多い）。もっとも，必ず被告人質問のほうが乙号証より適しているとはいえず，例えば，性犯罪の場合，性行為部分については，被告人質問で自らの口で語らせることは適切ではなく，少なくとも当該部分は乙号証を取り調べたほうがよいであろう（石川恭司＝宇田美穂・判タ1395号72頁）。

(3) **被害者や遺族の供述調書について**

強い被害感情を露わにした被害者や遺族の供述調書については不同意意見を出すことが必要となる場合もあると思われる。

もっとも，被害者や遺族の供述調書を不同意とすることにより被害者や遺族の人証調べをすることで被害感情が法廷で強く印象に残る場合もありうる。

かといって，供述調書に同意しても，被害者等の心情意見陳述（刑訴292条の2）や被害者参加人等としての意見陳述（刑訴316条の38）が行われることもあり，多方向からの検討が必要である。

(4) **遺体の写真や生前の写真等について**

(a) 遺体の写真について　遺体の写真は，①死因や行為態様が争われる場合など罪体の立証に必要な場合に取り調べられることがあるが，②死亡の事実に争いがないのに，死亡の事実そのものを立証するために取り調べられ

ることがある。

　後者（②）については，自然的関連性が認められるとしても，裁判員等事実認定者に対して心理的衝撃を与え，判断を誤らせる可能性があるので，法律的関連性がないとして異議を述べることを検討すべきである。

　これに対して，被害者の死亡という事実をリアリティーをもって感得するためにはその死体写真の取調べも基本的に必要だとする考えもあるが（杉田宗久『裁判員裁判の理論と実践』421頁），リアリティーをもって感得するとは，結局「感情を揺さぶられる」と同義となる可能性があり，遺体の写真は裁判員・裁判官に不公正な偏見をもたらし，裁判員・裁判官を誤導する危険のある証拠といわざるを得ない（後藤貞人・季刊刑事弁護78号18頁参照）。

　前者（①）の場合については，法律的関連性が認められやすいであろうが，損傷状況について写真ではなく図を用いることによって立証の目的を達するのであれば，図によるべきである（上記参照）。

　(b)　被害者の遺体の解剖写真について　　被害者の遺体の解剖写真については，遺体の写真以上に裁判員の精神的負担が大きく，原則として取り調べる必要はないと考えられており，殺意が争われ，創傷の部位・程度が重要な要素となる場合等であっても，解剖写真の取調べに代えて，体表面に現れたものについては人体図に書き込んだり，人体模型で指し示したりしながら解剖医に証言してもらい，創傷の身体内部における状況についてはコンピューターグラフィックス等を活用する方法がありうる（石川恭司＝宇田美穂・判タ1395号65頁）。

　(c)　生前の写真やビデオについて　　量刑との関係で，被害者の生前の写真やビデオ等が証拠調べ請求されることがある。

　被害者遺族の心情を考慮し，同意する例もあるようだが，量刑上の位置付けが判然としない一方，裁判員への情緒に訴える要素が非常に強い（杉田・前掲422頁）。

　不公正な偏見をもたらす証拠であって，法律的関連性はないとして異議を述べることを検討すべきである。

　仮に，取調べがなされた場合，被害者の生前の写真はあくまでも情状立証のための証拠であることから，罪体立証のための証拠と区別して行わなけれ

ばならず（刑訴規198条の3），公判前整理手続において証拠の取調べ順序を定める際には注意を要する（石川恭司＝宇田美穂・判タ1395号66頁）。検察官が生前写真という量刑証拠を罪体証拠に先立つ形で証拠調べ請求することは認めるべきではない（杉田・前掲422～423頁参照）。

(5) **被告人の前科・前歴**

(a) 前科調書や判決書謄本について　同種前科については，比較的以前のものについても取り調べることが必要になるのに対して，異種前科に関しては比較的近い時期の懲役・禁固刑の前科にとどめるのが相当であるとされる（杉田・前掲371頁）。

前科調書については，かなり前のものも含めてすべて証拠調べ請求され，不同意としても刑事訴訟法323条1号で採用される傾向にあるが，古い異種前科については不同意とすることを検討すべきである。

判決書謄本については，かなり前の異種前科や比較的近い時期でも軽犯罪法違反のような科料に処せられた事案などについては，関連性がないとして，不同意とすべきである。不同意とすると，裁判所が判断するまでもなく，検察官が撤回する場合もある。

(b) 前科の裁判の際の被告人質問調書について　「反省しています。」，「もう二度としません。」などと供述している前科の公判における被告人質問調書が証拠調べ請求されることがあるが，裁判員裁判の下では，必要以上に被告人の悪性格を強調することになりかねず，行き過ぎであるとされる（杉田・前掲371頁）。

被告人質問で前科の公判で供述した内容を質問すれば足りるので，取調べの必要はないとして，不同意とすべきである。筆者の体験でも裁判員裁判においては，検察官が被告人質問で尋ねているのが通常である。

(c) 前歴　量刑上の意義に乏しく，重要な保護処分歴を除き，取調べの必要はないとして，不同意とすべきである（杉田・前掲372頁）。

(6) **共犯者の判決書謄本や裁判確定証明書について**

共犯者の判決内容を把握しておくことは量刑上の意義があるという意味なのか，取り調べられる傾向にあるが，被告人と共犯者で証拠関係が異なり，共犯者の判決内容には被告人と異なる罪となるべき事実が認定されている上，

その共犯者固有の犯情や一般情状が入っていたりすることから，同意するか否かは慎重に判断すべきである。

同意する場合が多いであろうが，場合によっては，必要性なし又は関連性なしとして不同意とする考えもありうる。

また，量刑上の意義や没収の事実を示すためか，裁判確定証明書だけ証拠調べ請求された経験があるが，裁判確定証明書には罪名，刑名刑期，確定日，（没収があれば）備考欄に没収有，などとしか記載されておらず，共犯者のどのような事情を考慮してそのような判決が出されたのかわからないし，何を没収したのかもわからない。裁判確定証明書だけを同意することはやめ，判決書謄本まで証拠調べ請求されてから，同意・不同意を判断すべきである。

(7) **統合捜査報告書について**

統合捜査報告書は，本来，複数の書証や証拠物によって立証すべき場合に要する負担やわかりにくさを解消，証拠の総量の圧縮と取調べ時間の短縮につながることから，わかりやすい審理をする上で有用性が高いとされる。その内容については，原証拠の内容を正確に要約・抽出したものでなければならず，作成者の評価等の主観的要素が入った記載をすべきではない。この点について，弁護人がその内容をチェックした上で同意・不同意の判断をすべきである（石川恭司＝宇田美穂・判タ1394号90～91頁）。

Ⅳ 記録の差入れにあたっての注意点

(1) **はじめに**

被告人の証拠意見を確認するには，刑事事件記録を差し入れる必要がある場合が多い。ここで，記録の差入れについて，以下の通り述べる。

(2) **証拠差入れの必要性**

被告人の証拠意見や主張の確認のために，記録の差入れは重要である。また，記録を差し入れると，弁護人が気付かなかった点を指摘される場合があったりするし，被告人の供述調書が検察官が開示した証拠以外にもあることが判明したりする場合もある。したがって，記録差入れは基本的には行うべきである。

しかし，被告人が証人を威迫するなどのおそれがあるため，供述者の住

所・勤務先・電話等の連絡先やプライバシーに関する記述を抹消して差し入れる配慮が必要である。

(3) 刑事訴訟法の規定について

訴訟記録のうち，検察官開示証拠の複製等については，弁護人の適正な管理及び保管（刑訴281条の3），被告人及び弁護人の目的外使用の禁止（刑訴281条の4）並びに目的外使用の罰則が定められているので（刑訴281条の5），注意が必要である。

(4) 開示証拠の複製等の交付等に関する規程

日弁連は，上記の刑事訴訟法の規定を受けて，「開示証拠の複製等の交付等に関する規程」（平成18年3月3日会規第74号）を定めている。

弁護人は，被告人に対して，検察官開示証拠の複製等に含まれる秘密及びプライバシーに関する情報の取扱いに配慮するように注意を与えなければならず，被告人の目的外利用の禁止（刑訴281条の4第1項）及びその罰則（刑訴281条の5第1項）の内容について説明しなければならない（3条）。交付する場合は必要な範囲にとどめ，秘密及びプライバシーに関する記述は削除すべきである。事件終了後は被告人に対して，記録の宅下げを受け，廃棄すべきであろう。被告人の意見を記録に書き込んでもらって，宅下げを受ける方法もある。

また，被告人以外の者に検察官開示証拠の複製等を交付等するときは，使用目的達成に必要な範囲を超えて秘密及びプライバシーに関する情報を伝えてはならず，使用を終えた後は速やかに弁護人に返還，適切な方法での廃棄等を求め，情報が漏れることのないように注意しなければならない（4条）。被告人以外の者に対しては，必要があるとしても，検察官開示証拠の複製等の提示にとどめ，交付しないことを原則とすべきであろう。また，交付する場合には4条に記載された注意点を口頭で説明するとともに，書面で渡すことも検討すべきである。

【榊原　一久＝宮﨑　大輔】

弁護人の予定主張明示

条 文

第316条の17　被告人又は弁護人は，第316条の13第1項の書面の送付を受け，かつ，第316条の14及び第316条の15第1項の規定による開示をすべき証拠の開示を受けた場合において，その証明予定事実その他の公判期日においてすることを予定している事実上及び法律上の主張があるときは，裁判所及び検察官に対し，これを明らかにしなければならない。この場合においては，第316条の13第1項後段の規定を準用する。

2　（略）

3　裁判所は，検察官及び被告人又は弁護人の意見を聴いた上で，第1項の主張を明らかにすべき期限及び前項の請求の期限を定めることができる。

第1節　予定主張明示の意義

I　規　定

　被告人又は弁護人は，検察官から証明予定事実記載書面の送付を受け，かつ，検察官請求証拠の開示及び類型証拠の開示を受けたときは，裁判所及び検察官に対し，①証明予定事実，②事実上の主張，③法律上の主張を明らかにしなければならない（刑訴316条の17第1項）。

Ⅱ 意　義

　公判前整理手続において争点及び証拠を十分に整理し，明確な審理計画を立てるためには，検察官の主張に対する被告人側の主張や取調べ請求証拠が明らかにされることが必要である。また，検察官側の証明予定事実記載書面や類型証拠開示がなされれば，被告人側に公判において予定している主張を明らかにするよう求めても起訴状一本主義に反せず被告人側の利益を損なうものでもないと考えられる。

Ⅲ 弁護人にとっての予定主張明示の意義

　検察官側の証明予定事実，請求証拠が明らかとなり，類型証拠開示がなされた段階で，検察官側の立証方針，証拠構造などが明らかとなっており，検察官側の主張，立証に対する弁護人側の防御や主張の具体的内容を検討し，これらを確定していく作業が可能となる。

　このような段階において，弁護人側は，検察官側の主張や証拠を十分検討し，弁護方針を固めていくことが，被告人の防御のためにも必要である。予定主張は，このような弁護方針を公判前の段階で固めて被告人の防御を図るという意義もあると考えられる。

　また，予定主張の内容によって主張関連証拠開示の範囲や可否が決まることから，主張関連証拠を適切に開示させるために予定主張明示を行う意義もある。

Ⅳ 憲法38条１項との関係（判例）

　刑事訴訟法316条の17と憲法38条１項（黙秘権）との関係について，判例は，刑事訴訟法「316条の17は，被告人又は弁護人において，公判期日においてする予定の主張がある場合に限り，公判期日に先立って，その主張を公判前整理手続で明らかにするとともに，証拠の取調べを請求するよう義務付けるものであって，被告人に対し自己が刑事上の責任を問われるおそれのある事項について認めるように義務付けるものではなく，また，公判期日において主張をするかどうかも被告人の判断に委ねられているのであって，主張をす

ること自体を強要するものでもない」として，刑事訴訟法316条の17は，自己に不利益な供述を強要するものとはいえないから，憲法38条１項違反をいう所論は前提を欠くと判断している（最決平25・3・18判タ1389号114頁）。

　この判例は，公判前整理手続における被告人に対する主張明示義務等が，憲法38条１項にいう自己に不利益な供述を強要するものとはいえないとしたものと解されている（前記判タ1389号囲みコメント115頁参照）。

第2節　予定主張明示の時期

　刑事訴訟法316条の13第１項の書面（証明予定事実記載書面）の送付を受け，かつ316条の14及び316条の15第１項による開示をすべき開示（検察官請求証拠の開示及び類型証拠の開示）を受けた時である（刑訴316条の17第１項）。

　検察官の主張が明らかになり，証拠の開示もなされれば，被告人側の主張を明示することが可能となり，また被告人の防御権を損なうことにもならないと考えられるからである。

　ただし，被告人側から類型証拠開示終了前に予定主張を明示することはさしつかえない。例えば，類型証拠開示をめぐって争いがあるが，被告人側の判断で，類型証拠開示はまだなされていない段階で予定主張を明示することは可能である。弁護人側が，正当防衛など積極的主張を行うことが早い段階から明らかとなっている場合などは，主張関連証拠開示によって証拠開示を受けることを狙い，類型証拠開示完了前に予定主張を明示することも弁護方針としてありうるところである。

第3節　明示する予定主張の内容

I　規　　定

　被告人側が明らかにしなければならないのは，「証明予定事実その他の公判期日においてすることを予定している事実上及び法律上の主張」である（刑訴316条の17第１項）。

II　証明予定事実

 刑事訴訟法316条の13第1項前段によると，「証明予定事実」とは，「公判期日において証拠により証明しようとする事実」とされている。

 被告人側が証拠調べ請求を行って証明しようとする事実をいうのであって，被告人側が立証責任を負うか否かに関わらず，反証として取調べ請求する場合も含まれる。そして，その事実には，主要事実，間接事実，補助事実や情状に関する事実など事実の性質は問わない。

 なお，「証明予定事実」は，被告人側が証拠調べ請求を行って証明しようとする事実に限定されるとする見解と（日本弁護士連合会編『裁判員裁判における弁護活動——その思想と戦略』108頁〔岡慎一〕），被告人の公判廷における供述によりその存在を裏付けようとする事実についても含まれるとする見解（落合義和ほか『刑事訴訟法等の一部を改正する法律及び刑事訴訟規則等の一部を改正する規則の解説』（以下「落合ほか・解説」という）153頁）がある。

III　証明予定事実以外の事実上の主張

 被告人側が明示すべき事実上の主張には，証明予定事実以外の主張が含まれる。

 証明予定事実以外の事実上の主張とは，裁判所による認定を要する事実に関する被告人側の主張であり，証明予定事実とは，被告人側による証拠調べ請求を伴わない点において異なるとされる。

 積極的な事実主張をする場合のほか，検察官の証明予定事実に対する否認の主張も含まれる。具体的には，①訴因ないし検察官主張事実の全部又は一部を争う主張，②違法性阻却事由，責任阻却事由等の犯罪阻却事由の主張，③訴因ないし検察官主張事実の全部又は一部の不存在を推認する根拠となる間接事実・補助事実の主張，④検察官が主張する重要な間接事実や補助事実を争う主張，⑤犯情，一般情状を問わず重要な量刑事実に関する主張（例：共犯者間の役割の軽重・関与の程度，示談成立，被害弁償，被害者の宥恕等。杉田宗久『裁判員裁判の理論と実践』16頁参照）などである。

 しかし，証明予定事実及びその他の事実上の主張の明示を求めているのは，

争点・証拠の整理と審理計画の策定を行うためであって，争点・証拠の整理と審理計画の策定のために不必要と考えられるような事実上の主張をすることが求められているわけではない。

検察官の明示した個別の証明予定事実についての被告人側の否認の主張に関し，どの程度まで明示すべき義務があるか否かについて争いがあり，検察官証明予定事実について認否ないしどこを否認するかを個別に明らかにする義務があるということではないとする見解と検察官の明示した証明予定事実のうち否認するものを個別に明らかにすることを求めるものとする見解がある。被告人側は，争点・証拠の整理と審理計画の策定のために事実上の主張をしなければならないが，個別の事実についてまで細かく認否が求められることになれば，争点・証拠の整理と審理計画の策定の必要のない点についてまで主張を明らかにすることを求められることになり，被告人側に不要な負担を課せられることにもなりかねない（高野隆・季刊刑事弁護78号13～14頁は，弁護人に対して認否を強要することは，被告人に対して認否を強要するのと同様に，黙秘権（憲38条1項，刑訴311条1項）を侵害するものであるとする）。検察官の個別の証明予定事実についてすべて認否をすることまでは必要ではないのであって，争点・証拠の整理と審理計画の策定のために，否認する事実を明示すれば足りるというべきである。

また，検察官証人の証言の信用性を弾劾する事実の主張については，明示すべきとの見解もあるが（落合ほか・解説154頁），弾劾すべき事実の主張の必要性は公判前整理手続時点で明らかではないこと，公判前整理手続において弾劾材料となる事実を開示することが反対尋問の実効性を失わせるなど弾劾の利益を損なうことから，明示すべき事実上の主張にはあたらないというべきである（日本弁護士連合会編『裁判員裁判における弁護活動——その思想と戦略』111～112頁〔岡慎一〕）。

Ⅳ 法律上の主張

法律上の主張とは，法令に関する主張であり，刑罰法令の解釈，合憲性，法令の適用などに関する主張である。

第4節　明示の方法

I　書面によるべきか

　検察官が証明予定事実を明らかにする場合には書面によることとされている（刑訴316条の13第1項）のに対し，弁護人の予定主張の明示は特に書面によることは求められていない。検察官には立証責任があることから，書面によることを求めたのに対し，立証責任を伴わない被告人側の主張は必ずしも書面による必要のない場合もあるものと考えられて書面によることを明文化しなかったものである。

　しかし，弁護人としては，可能な限り書面で予定主張を明示すべきである。

II　明示の程度

　刑事訴訟規則217条の19では，証明予定事実その他の公判期日においてすることを予定している事実上及び法律上の主張を明らかにするについては，事件の争点及び証拠の整理に必要な事項を具体的かつ簡潔に明示しなければならないとされている。

　予定主張明示が，争点・証拠の整理と審理計画の策定のためになされるものである以上，具体的な事実を明示すべきであり，単なる主張では足りない。検察官が証拠によって証明すべきは具体的事実であって，具体的事実の存否について争点が形成されるのが多くの場合であるから，弁護人の予定主張明示も具体的事実についてなすべきこととなる。

　ただし，立証責任はあくまで検察官にあるのであるから，立証責任の観点からすれば被告人側が具体的主張をする義務はないのであって，あくまでも，争点・証拠の整理と審理計画の策定のために必要な限りにおいて具体的事実を主張すれば足りる。したがって，被告人の主張を漫然と記載するような予定主張明示はなすべきではない。公判前整理手続の結果は公判期日で顕出されることから，公判で被告人の主張の変遷を問題とされる危険性があることも指摘されている（日本弁護士連合会裁判員本部編『公判前整理手続を活かす』〔第2版〕74頁〔岡慎一〕）。

Ⅲ 予断・偏見の排除

　また，裁判所に不当に予断・偏見を与えてはならないことは，検察官の証明予定事実記載書面の場合と同様であることから，証拠とすることができず，又は証拠としてその取調べを請求する意思のない資料に基づいて，裁判所に事件について偏見又は予断を生じさせるおそれのある事項を記載することができないとする刑事訴訟法316条の13第1項後段の規定が本条にも準用されている。

第5節　期限の定め

　刑事訴訟法316条の17第3項において，裁判所は予定主張を明示すべき期限を定めることができるとされている。
　弁護人としては，特段の事情の無い限り定められた期限を遵守すべきであり，仮に遵守できない特段の事情が生じた場合には，裁判所の理解を得られるよう説明すべきである。

【榊原　一久】

第11章

弁護人からの証拠調べ請求と証拠の収集

条文

第316条の17　（略）
2　被告人又は弁護人は，前項の証明予定事実があるときは，これを証明するために用いる証拠の取調べを請求しなければならない。この場合においては，第316条の13第3項の規定を準用する。
3　（略）
第316条の32　公判前整理手続又は期日間整理手続に付された事件については，検察官及び被告人又は弁護人は，第298条第1項の規定にかかわらず，やむを得ない事由によつて公判前整理手続又は期日間整理手続において請求することができなかつたものを除き，当該公判前整理手続又は期日間整理手続が終わつた後には，証拠調べを請求することができない。
2　前項の規定は，裁判所が，必要と認めるときに，職権で証拠調べをすることを妨げるものではない。

第1節　公判前整理手続における証拠調べ請求

I　総　　論

　刑事訴訟法316条の17第2項は，被告人側は，刑事訴訟法316条の17第1項の「証明予定事実」があるときは，これを証明するために用いる証拠の取調

べを請求しなければならないと定めている。

　公判前整理手続において，争点・証拠の整理と審理計画の策定をすることができるように，証拠決定をする前提として証明予定事実を証明するための証拠の取調べ請求を義務づけたものであり，検察官の証拠取調べ請求に関する刑事訴訟法316条の13第2項と同趣旨の規定である。

　なお，証拠の取調べには，被告人質問は含まれないが，被告人質問の有無，質問する予定の事項，質問予定時間等は審理計画を立てる上で重要な事項であるから，被告人質問を予定している場合には，それらを明らかにすべきである。

Ⅱ　証拠調べ請求の時期

　証拠取調べ請求は，刑事訴訟法316条の17第1項の「証明予定事実」を明示した時に，行わなければならない。

　Ⅲで述べるとおり，証拠調べ請求は，公判前整理手続が終わった後に行うことはできないから，公判前整理手続中に証拠調べ請求を行わなければならないこととなる。

　ただし，「証明予定事実」の明示と同時に常に行う必要はなく，「証明予定事実」の明示の後に，新たな証拠が発見されたり，証拠開示がなされた場合には，公判前整理手続が終了するまで証拠調べ請求はできるものというべきである。

Ⅲ　証　拠　制　限

　(1)　刑事訴訟法316条の32は，公判前整理手続が終了した後は，やむを得ない事由によって公判前整理手続で請求することができなかった証拠以外は取調べ請求をすることができないことを定める。

　(2)　公判前整理手続が終了したが，第1回公判期日が開かれる前に，新たな証拠調べ請求を行っても新たな証拠調べは「やむを得ない事由」がない限り許されないと解される。

　しかし，公判前整理手続が終了したのち，改めて争点・証拠整理，審理計画の策定の必要があって公判前整理手続を行う必要があると認めうる場合に

は，公判前整理手続を再度行うことまで許されないわけではなく，第1回公判期日前であれば，やむを得ない事由の疎明と共に，公判前整理手続を行う必要性を主張して公判前整理手続を再び行うことを求めることはできると考えられる。

(3) 第1回公判期日が開かれた後は「やむを得ない事由」の疎明をして取調べを請求することになる（場合によっては，期日間整理手続に付すことも求めるべきである）。「やむを得ない事由」とは，具体的には，①証拠は存在していたが，これを知らなかったことがやむを得なかったといえる場合，②証人の所在不明等の理由により証拠調べ請求ができなかった場合など，証拠の存在は知っていたが，物理的にその取調べ請求が不可能であった場合，③証拠の存在は知っており，証拠調べ請求も可能であったが，公判前整理手続又は期日間整理手続における相手方の主張や証拠関係などから，証拠調べ請求をする必要がないと考え，そのように判断することについて十分な理由があったと考えられる場合などとされている（落合義和ほか『刑事訴訟法の一部を改正する法律及び刑事訴訟規則等の一部を改正する規則の解説』202頁）。「やむを得ない事由」に該当するといえる場合は勿論上記のような場合に限定されるわけではないし，「やむを得ない事由」に該当するか否かの判断が微妙な場合もありうると思われる。公判前整理手続において予定されていた証言内容とは異なる証言がなされた場合に新たな証拠調べの必要が生ずる場合もあり，弁護人，検察側いずれの立場からも新たな証拠調べを求めたい事情が生ずる場合がありうる。弁護人側にこのような事情が生じた場合には「やむを得ない事由」にあたることを具体的事情をもとに主張する必要がある。また検察側が「やむを得ない事由」があるとして，新たな証拠調べ請求をする場合もありうるところであり，そのような場合には，被告人の防御の観点から，「やむを得ない事由」が存在しないことを積極的に主張すべきこととなろう。

Ⅳ 証拠の厳選

被告人側が証拠調べ請求をするにあたっても，証拠の厳選が求められる（刑訴規189条の2）。

したがって，必要性に乏しい部分も含む大部の証拠や難解な証拠をそのま

ま証拠調べ請求をすることは避けるべきであり，必要に応じて，弁護人の報告書等にまとめて証拠化すべき場合もある。

　また，被告人作成の謝罪文や示談書なども，書面の説明を含めた弁護人の報告書のほうが有効な場合もある。

　書証の統合化は，検察官側の証拠について取り上げられることが多いが，弁護人の請求証拠についても妥当する（石川恭司＝宇田美穂・判タ1394号92頁）。

　証拠の厳選は，特に裁判員裁判で強く必要とされる視点であり，直接主義の要請は念頭に置きつつも，裁判員が理解して心証を取りやすいように弁護人としては工夫をすることが求められる。

第2節　被告人側の証拠収集

Ⅰ　証拠開示

　被告人側が証拠収集する方法としては，当然ながら，類型証拠開示（刑訴316条の15），主張関連証拠開示（刑訴316条の20）によることが考えられる。

　捜査機関に比して，強制的証拠収集権限がないなど，証拠収集力が限定されている弁護人としては，公判前整理手続において設けられたこれらの規定を有効に活用して，捜査機関の有している証拠の開示を求めるべきである。

　しかしながら，捜査機関が有していない証拠を証拠開示で収集することができないのは勿論のこと，類型証拠開示，主張関連証拠開示共に要件があり，要件に該当しないとして証拠開示が得られない場合もある。また，捜査機関が，開示を求めた証拠は存在しない旨の回答をした場合には，本当に不存在であるのかどうかを確かめる手段は限られており，証拠収集手段としては，限定的なものであることは否めない。

Ⅱ　弁護人の証拠収集手段

(1)　弁護士照会

　弁護士は，受任している事件について，所属弁護士会に対し，公務所又は公私の団体に照会して必要な事項の報告を求めることができるとされており

（弁23条の２），かかる弁護士照会を所属弁護士会を通じて行うことが証拠収集策として有効な場合もある。

　医療機関に対する診療録等，信号機のサイクル周期，天候の状況，留置に関する出入り，接見，通信状況などさまざまであり，弁護士照会制度により証拠収集できる方法はないかを検討すべきである。

　そして，弁護士照会は，弁護士がなしうる一般的な情報収集手段であって，刑事手続とは別個に，弁護士が受任した事件に関して行えるものであるから，なるべく早期に行っておくのが妥当であるし，必要な都度弁護人としては行うべきである。

(2)　**公務所照会**

　刑事訴訟法279条は，「裁判所は，検察官，被告人若しくは弁護人の請求により又は職権で，公務所又は公私の団体に照会して必要な事項の報告を求めることができる」と定めている。

　従前は，予断排除の原則から，第１回公判期日前に，かかる公務所照会をすることは許されないものと解されていたが，公判前整理手続が導入され，第１回公判期日前において，争点，証拠整理がなされることになったことからすれば，第１回公判期日前である公判前整理手続において，公務所照会を行うことは許されるものと解されている（松本時夫ほか編・松尾浩也監修『条解刑事訴訟法』〔第４版〕565頁）。

　裁判所によって行われるものであることから，回答する側からすれば，弁護士照会よりも回答しやすい面もあり，速やかに回答がなされるケースもあり，積極的に公判前整理手続において活用すべきである。携帯電話の通話記録，診療録などが考えられる。

(3)　**証拠保全**

　刑事訴訟法179条１項は，あらかじめ証拠を保全しておかなければその証拠を使用することが困難な事情があるときは，第１回公判期日前に限り，押収，検証，証人尋問，鑑定の処分を請求できるものとされている。

　「あらかじめ証拠を保全しておかなければその証拠を使用することが困難な事情」が要件とされており，例えば，物証や書証では，滅失，散逸，変更，改ざん，隠匿のおそれがある場合，検証については現場，現状の保存が困難

な場合，証人については，死亡，海外渡航や証言不能，供述の変更の恐れがある場合，鑑定については，対象物に滅失，毀損，改ざんのおそれがある場合は，保存が困難な場合などが考えられる。

(4) 記録の取寄せ請求

共犯者の訴訟記録など裁判所にある訴訟記録を確認する必要がある場合がある。裁判所法79条による裁判所間の共助に基づき，記録の取寄せ請求をすることが考えられる（日本弁護士連合会裁判員本部編『公判前整理手続を活かす』〔第2版〕28頁〔西村健〕）。

共犯者の裁判における証人尋問調書や被告人供述調書，判決書等は検察官に請求すれば任意開示してくれる場合もある。

(5) そ の 他

裁判所は，必要があるときは，証拠物又は没収すべき物と思料するものについて，差押え又は提出命令を出すことができる（刑訴99条）が，裁判所の権限とするものであって弁護人が活用するには限界があるし，従前は第1回公判期日前に行うことは予断排除の観点からできないとされていたこととの関係で公判前整理手続においても行うことができるかどうかについては，必ずしも明らかになっていない。

【榊原　一久】

第12章

弁護人の請求証拠等の開示

条　文

第316条の18　被告人又は弁護人は，前条第2項の規定により取調べを請求した証拠については，速やかに，検察官に対し，次の各号に掲げる証拠の区分に応じ，当該各号に定める方法による開示をしなければならない。
一　証拠書類又は証拠物　当該証拠書類又は証拠物を閲覧し，かつ，謄写する機会を与えること。
二　証人，鑑定人，通訳人又は翻訳人　その氏名及び住居を知る機会を与え，かつ，その者の供述録取書等のうち，その者が公判期日において供述すると思料する内容が明らかになるもの（当該供述録取書等が存在しないとき，又はこれを閲覧させることが相当でないと認めるときにあつては，その者が公判期日において供述すると思料する内容の要旨を記載した書面）を閲覧し，かつ，謄写する機会を与えること。

第1節　趣　　旨

　証拠の取調べを被告人側が請求した場合には，速やかに，検察官に対して，①証拠書類又は証拠物については閲覧し，かつ，謄写する機会を与えなければならず，②証人等については供述録取書等のうち，そのものが公判期日において供述すると思料する内容が明らかになるものについても閲覧しかつ謄写する機会を与えなければならないとされている。

②の供述録取書等が存在しない場合又は閲覧させることが相当でないと認める時は，その者が公判期日において供述すると思料する内容の要旨を記載した書面（証言予定要旨記載書面）を閲覧し，かつ謄写する機会を与えなければならないとされている（刑訴316条の18）。

検察官において，被告人側の主張・立証の内容を検討し，被告人側の主張・立証に対する検察官側の対応を決めることができるようにし，争点整理，証拠整理が進むようにしたものである。

第2節　証言予定要旨記載書面の提出時期及び提出先

書証の開示と同様に，証言予定要旨記載書面の開示については，証拠調べ請求（証人尋問請求）後，速やかに行うべきである。

証人採用後に提出しようとするのは遅すぎるといわざるを得ない。

提出先は，検察官であり，裁判所に提出してはならない。

なお，尋問事項書の提出を命ぜられたときは，裁判所に提出するが（刑訴規106条），尋問事項書と証言予定要旨記載書面とを混同しないようにしたい。

第3節　証言予定要旨記載書面を作成する場面

弁護人側が請求する証人等については，供述録取書等が存在しない場合も多いと思われるので，証言予定要旨記載書面の作成が必要な場面も多いものと考えられる。提出を忘れないようにしたい。

いわゆる敵性証人であっても，例外ではなく，供述録取書等が存在しない場合等は証言予定要旨記載書面を作成する必要がある。

第4節　証言予定要旨記載書面の記載の程度

第1節で述べたような趣旨に基づくものであるため，尋問事項程度だったり，抽象的な証言予定事項を明らかにしたりするだけでは足りない。当該証人の証言により立証を予定しているものを証明するに足りる内容を明らかに

する必要がある。

【榊原　一久＝宮﨑　大輔】

第13章

主張関連証拠開示請求

条文

第316条の20　検察官は，第316条の14及び第316条の15第1項の規定による開示をした証拠以外の証拠であつて，第316条の17第1項の主張に関連すると認められるものについて，被告人又は弁護人から開示の請求があつた場合において，その関連性の程度その他の被告人の防御の準備のために当該開示をすることの必要性の程度並びに当該開示によつて生じるおそれのある弊害の内容及び程度を考慮し，相当と認めるときは，速やかに，第316条の14第1号に定める方法による開示をしなければならない。この場合において，検察官は，必要と認めるときは，開示の時期若しくは方法を指定し，又は条件を付することができる。

2　被告人又は弁護人は，前項の開示の請求をするときは，次に掲げる事項を明らかにしなければならない。
　一　開示の請求に係る証拠を識別するに足りる事項
　二　第316条の17第1項の主張と開示の請求に係る証拠との関連性その他の被告人の防御の準備のために当該開示が必要である理由

第1節　条文の趣旨

本条は，被告人側の予定主張（刑訴316条の17）と関連する証拠（主張関連証拠）について，検察官に対する開示請求権を認めた規定である。

予定主張とは，証明予定事実その他の公判期日においてすることを予定している事実上及び法律上の主張を意味する（**第10章**参照。刑訴316条の17第1項）。

公判前整理手続においては，本条を含め，以下の三段階の証拠開示手続が設けられている。

① 検察官請求証拠等の開示手続（刑訴316条の14）　検察官が公判前整理手続において取調べを請求した証拠について，証拠書類又は証拠物，人証に関連する供述調書等の開示手続（詳しくは**第5章**以下を参照）。

② 類型証拠開示手続（刑訴316条の15）　検察官請求証拠の証明力を判断するために重要な特定の類型に該当する証拠の開示手続（詳しくは**第7章**を参照）。

③ 主張関連証拠開示手続（本条）　被告人側の予定主張と関連する証拠の開示手続。

上記のように，公判前整理手続において予定されている証拠開示手続のうち，①検察官請求証拠等開示手続，及び，②類型証拠開示手続は，主として検察官の主張立証構造を早期に明らかにし，被告人側の防御（検察官の主張に対する反論や，証拠の弾劾など）に資する証拠の収集としての役割を有する。また，これにより争点の整理・明確化を行うという役割も有する。

③本条による主張関連証拠の開示手続も，基本的には被告人側の防御準備と争点整理・明確化という役割を有している。しかしながら，本条では，検察官の主張に対する反論や証拠の弾劾のみならず，被告人側に有利な積極的証拠（被告人側の主張を根拠づける証拠など）の収集をも目的としており，前二者とは異なる役割も与えられている。

第2節　開示の対象

被告人側は，その予定主張と関連すると認められる証拠について，検察官に開示を請求することができる。

開示請求の対象は，検察官請求証拠開示手続（刑訴316条の14）及び類型証拠開示手続（刑訴316条の15）で開示された証拠以外の証拠であり，それ以外に制限はない。

第3節　開示請求の時期

　本条による開示手続は，被告人側の予定主張を前提としているので，開示請求は，必然的に，被告人側の予定主張を明示するのと同時か，又は，明示した後に行わなければならない。
　それ以外に，開示請求の時期について制限はない。公判前整理手続中であれば，いつでも請求が可能である。
　検察官は，被告人の有罪を主張しこれを立証すべき責任を負うから，公判前整理手続においても，まず，検察官の主張及び証明すべき事実が明確にされるべきである。このことから，公判前整理手続では，まず，検察官から証明予定事実と，これを証明するための証拠（検察官請求証拠）の開示が予定されている。
　被告人側の主張は，公訴事実に対する被告人側からの求釈明，類型証拠の開示などを経て，初めて具体的かつ明確になりうるものであるから，通常，予定主張事実の明示や被告人側証拠の開示は，検察官が証明予定事実を開示し，検察官請求証拠や類型証拠を開示した後に（あるいは，併行して）行われることが多い。
　条文上も，本条による開示の対象となる証拠を検察官請求証拠開示手続及び類型証拠開示手続で開示された証拠以外の証拠としており，類型証拠の開示が行われた後に主張関連証拠の開示手続が行われることを想定している。
　このようなことから，主張関連証拠の開示請求は，公判前整理手続がある程度進行してから行われることが多いが，規定上，開示請求の時期がこのように制限されているわけではない。
　公判前整理手続の当初から予定主張事実を明示し，主張関連証拠の開示を請求を行うことも，無論，可能である。例えば，正当防衛の成立などは，その当初から主張が可能であろう。
　また，後述するように，予定主張については，公判前整理手続が終了するまでの間，追加や変更が認められているから（刑訴316条の22），主張関連証拠の開示を受けた後，予定主張の維持が困難と判断した場合，被告人側は当該主張を撤回することもできると考えられる（**第15章**を参照）。

ただし，検察官の主張が明確にならないうちから予定主張事実を明示すると，検察官が早期にこれに対する反論を準備したり，主張を修正したり，新たな証拠調べ請求を行ったりするなど，被告人側の防御に不利に働く場合もあるので，開示請求を行う時期については留意が必要である。

第4節　開示要件

I　形式的要件——被告人側からの開示請求

(1) 請求の方式

被告人側から検察官に対し，開示請求を行うことを要する。

法文上，書面によることは求められていないが，後述する明示事項を特定する必要もあることから，通常は，書面により請求を行う。

また，これも法文上は求められていないが，証拠不開示の際の裁定請求に備え，あらかじめ開示請求書の写しを係属裁判所に参考送付することも実務上行われている。

検察官は，被告人側から開示請求があった証拠を開示しない場合には，被告人側に対し，開示しない理由を告げなければならない（刑訴規217条の24）。

(2) 明示すべき事項

開示請求の際には，以下の事項を明らかにしなければならない（刑訴316条の20第2項）。

(a)　識別事項（刑訴316条の20第2項1号）　「開示の請求に係る証拠を識別するに足りる事項」を明示すべきとされる。意義は，類型証拠開示手続における「開示の請求に係る証拠を識別するに足りる事項」（刑訴316条の15第2項第1号）と同様である。

すなわち，開示を求める対象となる証拠と他の証拠とを区別して識別できる事項を明示すれば足りるとされる。証拠の標目等によって個別に特定することまでは不要である。

(b)　関連性，必要性等（刑訴316条の20第2項2号）　「第316条の17第1項の主張（註：予定主張）と開示の請求に係る証拠との関連性その他の被告人の防

御の準備のために当該開示が必要である理由」を明示すべきとされる。

　予定主張との関連性が明示される必要があるが，Ⅱ（実質的要件）で述べるように，本条での開示請求は「その関連性の程度その他の被告人の防御の準備のために当該開示をすることの必要性の程度並びに当該開示によつて生じるおそれのある弊害の内容及び程度を考慮し，相当」と認められる必要がある。なお，当該開示要件の終局的判断権は，検察官が証拠を開示しないとした場合には裁判所に対する裁定請求や即時抗告などの手続が予定されていることから，裁判所にあると考えられる。

　単に予定主張との関連性を記載すれば自ずと必要性が認められる場合には，関連性を示すのみで足りるが，そうではない場合（関連性が弱い，又は関連性がわかりにくい）には，当該証拠の開示を求める必要性を明示する必要がある。

　また，上記のように実質的要件として「相当」と認められる必要があることから，実務上，開示請求の時点で相当性についても言及しておくことが多い。

Ⅱ　実質的要件——開示の相当性

　予定主張関連証拠の開示については「その関連性の程度その他の被告人の防御の準備のために当該開示をすることの必要性の程度並びに当該開示によつて生じるおそれのある弊害の内容及び程度を考慮し，相当と認めるときは，……開示しなければならない。」と定められている。

　条文上，本条に基づく開示請求の対象となる証拠の種類及び範囲に制限はないが，証拠開示の実質的要件として，予定主張との関連性，開示の必要性と，開示によって生じるおそれのある弊害を比較衡量した上で「相当」と認められることを要する。

　予定主張との「関連性の程度その他の被告人の防御の準備のために当該開示をすることの必要性の程度」及び「当該開示によって生じるおそれのある弊害の内容及び程度」を考慮して，「相当」と認められることを要する。

　検察官の裁量によるものではなく，最終的には，裁定請求（刑訴316条の26）により裁判所が相当性を判断することになる。

(1) 関連性・必要性

予定主張との関連性が認められる証拠とは，予定主張の裏付けとなるものに限定されず，予定主張の当否を判断するのに資する証拠も含まれると解される。

したがって，例えば，被告人がアリバイを主張している場合には，アリバイの根拠となる証拠のみならず，アリバイを否定する証拠についても，本条に基づく開示の対象となりうる。

「関連性」は，開示の必要性が認められる場合の例示と考えられており，通常，関連性が認められれば開示の必要性は認められる。

ただし，主張関連証拠の開示については，次項に述べる「開示によって生じるおそれのある弊害の内容及び程度」との総合衡量によって，開示が「相当」であることを要する。

開示の必要性の程度は証拠によってまちまちであろうが，開示による弊害の程度が高い場合には，開示を受けるより高度な必要性が求められる。

(2) 弊害の内容及び程度

「開示によって生じるおそれのある弊害」とは，開示によるプライバシーの漏洩や名誉の毀損，罪証隠滅や証人威迫の危険性などが考えられる。

弊害がある場合には，「関連性の程度」あるいは「必要性の程度」が，「弊害の内容及び程度」と比較して高いと認められる場合には開示されることになる。

第5節　裁　定　例

主張関連証拠について，開示の許否が争われた事例をいくつか紹介する。

Ⅰ　肯　定　例

(1) **被告人に係る警察官作成の取調べメモ，備忘録等**（最〔三小〕決平19・12・25（特別抗告審）刑集61巻9号895頁・判時1996号157頁・判タ1260号102頁）

「公判前整理手続及び期日間整理手続における証拠開示制度は，争点整理と証拠調べを有効かつ効率的に行うためのものであり，このような証拠開示

制度の趣旨に鑑みれば，刑訴法316条の26第１項の証拠開示命令の対象となる証拠は，必ずしも検察官が現に保管している証拠に限られず，当該事件の捜査の過程で作成され，又は入手した書面等であって，公務員が職務上現に保管し，かつ，検察官において入手が容易なものを含むと解するのが相当である。

　公務員がその職務の過程で作成するメモについては，専ら自己が使用するために作成したもので，他に見せたり提出することをまったく想定していないものがあることは所論のとおりであり，これを証拠開示命令の対象とするのが相当でないことも所論のとおりである。しかしながら，犯罪捜査規範13条は，『警察官は，捜査を行うに当り，当該事件の公判の審理に証人として出頭する場合を考慮し，および将来の捜査に資するため，その経過その他参考となるべき事項を明細に記録しておかなければならない。』と規定しており，警察官が被疑者の取調べを行った場合には，同条により備忘録を作成し，これを保管しておくべきものとしているのであるから，取調警察官が，同条に基づき作成した備忘録であって，取調べの経過その他参考となるべき事項が記録され，捜査機関において保管されている書面は，個人的メモの域を超え，捜査関係の公文書ということができる。これに該当する備忘録については，当該事件の公判審理において，当該取調べ状況に関する証拠調べが行われる場合には，証拠開示の対象となり得るものと解するのが相当である。』

(2) 被告人が身柄拘束中の留置施設からの出入時間が記載されている簿冊類（大阪地決平20・9・26裁判所ウェブサイト）

「本件は，傷害，覚せい剤取締法違反の事案であるところ，弁護人は，傷害の事実を否認し，覚せい剤事件については，傷害事件の取調べ中の５月３日に警察官から暴行を受け，畏怖して５月４日に尿を提出したもので，採尿手続は違法で，得られた証拠は違法収集証拠で証拠能力がない旨主張する。

　そして，弁護人は，『５月３日の取調べが午後２時ころまで行われ，その中で被告人に対して暴行が加えられたことを立証する予定である。これに対して，検察官が開示した当日の取調べ状況報告書には，取調べ時間について「午前11時33分～午前11時50分」と記載されており，警察官はわずかな時間しかなく暴行などできなかったと抗弁することが予想される。そのため，留

置人出入簿を検討して，事件当日の取調べの終了時間がいつであったのかを明らかにする必要がある。警察官の暴行の有無は，尿の鑑定書の証拠能力を左右する事実であるから，被告人の防御にとって重要である。』旨主張する。

　以上によれば，本件において，開示請求されている留置人出入簿は，弁護人の主張との関連性及び開示の必要性があると認められる。また，開示することによる弊害は特に窺われない。

　ところで，証拠開示命令の対象となる証拠は，必ずしも検察官が現に保管している証拠に限られず，基本的には，当該事件の捜査の過程で作成され，又は入手した書面等であって，公務員が職務上現に保管し，かつ，検察官において入手が容易なものは含まれる（最高裁平成19年12月25日決定）。

　本件において，留置人出入簿は，公務員が職務上現に保管し，検察官において入手が容易なものであるとみられる。

　なお，検察官は，警察署における捜査と留置の分離は徹底されているので，留置人出入簿は，捜査の過程で作成された書類には該当せず，開示の対象にならない旨主張する。しかし，留置人出入簿は，被告人の身体拘束という捜査に関連して作成された書面である（被告人が本件捜査のために身柄拘束されなければ，留置人出入簿が作成されることはない）ことは明らかであり，『当該事件の捜査の過程で作成された』ものに準じた性格を有するもので，弁護人の主張との関連性，開示の必要性が認められ（検察官主張のように，警察署における捜査と留置の分離が徹底されているのであれば，捜査と関係なく中立的に作成され，証拠としての価値は高くなるともみられる），被告人記載部分に限定すれば，開示の弊害も認められないから，開示の対象になると解される。なお，弁護人は，対象期間について主張していないが，弁護人主張内容に照らすと，5月3日から同月4日までの期間で足りると解される。」

(3) **各供述者が被疑者として取調べを受けた際に作成された身上経歴等を内容とする警察官調書**（東京高決平20・7・11（抗告審）裁判所ウェブサイト）

　「別紙〔1〕記載の各証拠（いずれも既開示分の各供述者が会社に入社した経緯や，身長，利き手又は視力等の身体的特徴を含む）は，各供述者がPに対する殺人被疑者（DについてはPに対する傷害被疑者としての場合を含む）として取調べを受けた際に作成された身上経歴等を内容とする警察官調書（以下「身上調書」ともい

う）であり，各供述者により一様に網羅されているわけではないが，出生地，前科前歴の有無，学歴や職歴等の経歴，家族関係や交遊関係，財産関係を含む生活状態，不良集団等との関わり合いの有無，資格や趣味嗜好，性格及び健康状態や身体の特徴が主な項目となっている。そして，……（中略）……検察官請求証拠の内容にもかんがみれば，別紙〔1〕記載の各証拠のうち，D及びAの各身上調書は傷害事案及び傷害致死事案，C，E，F，H及びGの各身上調書は傷害致死事案，Bの身上調書は傷害事案のそれぞれの関係で類型証拠に該当すると認められる。

　……（中略）……各証拠のうち，各供述者の学歴や職歴等の経歴，前科前歴の有無，家族関係や交遊関係，財産関係を含む生活状態，不良集団等との関わり合いの有無，資格，性格及び健康状態や身体の特徴に関する部分は，供述の証明力の判断に当たって重要であると認められ，開示の必要性も肯定することができる。なお，それらの事項は各供述者のプライバシーや名誉に関わるものではあるが，各供述者自身の公判で明らかにされるものである上，被告人の公判における証人尋問に際しては，刑訴規則199条の6ただし書に基づき，尋問の必要性はもとより，尋問の程度や表現等についても適切な配慮がなされると見込まれることに照らし，開示による弊害は少ないと考えられる。

　以上を総合すれば，別紙〔1〕記載の各証拠中，各供述者の学歴や職歴等の経歴，前科前歴の有無，家族関係や交遊関係，財産関係を含む生活状態，不良集団等との関わり合いの有無，資格，性格及び健康状態や身体の特徴に関する部分は，黙秘権の告知の点を含め，開示するのが相当である。

　もっとも，別紙〔1〕記載の各証拠のうち，各供述者の出生地，趣味嗜好及び親族の氏名・年齢・職業に関する部分は，供述の信用性に直ちに影響を与えるようなものではなく，供述の証明力を判断するために重要とはいえず，開示は認められない。これに対し，弁護人は，証拠開示命令請求書において，刑訴法316条の15第1項の類型証拠に該当する以上，同項にいう弊害が重大である場合を除き，すべて開示の対象となる旨主張するかのようであるが，同項の文理に反しており，採用できない。」

(4) **警察官が私費で購入した大学ノートに記載したメモ**（最〔一小〕決平20・9・30判タ1292号157頁）

「……（中略）……本件大学ノートは，B警察官が私費で購入して仕事に利用していたもので，B警察官は，自己が担当ないし関与した事件に関する取調べの経過その他の参考事項をその都度メモとしてこれに記載しており，勤務していた新宿警察署の当番編成表をもこれにちょう付するなどしていた。

本件メモは，B警察官がAの取調べを行う前ないしは取調べの際に作成したものであり，B警察官は，記憶喚起のために本件メモを使用して，Aの警察官調書を作成した。

なお，B警察官は，本件大学ノートを新宿警察署の自己の机の引き出し内に保管し，練馬警察署に転勤した後は自宅に持ち帰っていたが，本件事件に関連して検察官から問合せがあったことから，これを練馬警察署に持って行き，自己の机の引き出しの中に入れて保管していた。

(5) 原々審である東京地方裁判所は，本件メモの提示を受けた上で，その証拠開示を命じたため，その命令の適否が争われている。

2 以上の経過からすると，本件メモは，B警察官が，警察官としての職務を執行するに際して，その職務の執行のために作成したものであり，その意味で公的な性質を有するものであって，職務上保管しているものというべきである。したがって，本件メモは，本件犯行の捜査の過程で作成され，公務員が職務上現に保管し，かつ，検察官において入手が容易なものに該当する。また，Aの供述の信用性判断については，当然，同人が従前の取調べで新規供述に係る事項についてどのように述べていたかが問題にされることになるから，Aの新規供述に関する検察官調書あるいは予定証言の信用性を争う旨の弁護人の主張と本件メモの記載の間には，一定の関連性を認めることができ，弁護人が，その主張に関連する証拠として，本件メモの証拠開示を求める必要性もこれを肯認することができないではない。さらに，本件メモの上記のような性質やその記載内容等からすると，これを開示することによって特段の弊害が生ずるおそれがあるものとも認められない。

そうすると，捜査機関において保管されている本件メモの証拠開示を命じた原々決定を是認した原判断は，結論において正当として是認できるものと

いうべきである。」

(5) 被告人方を撮影した電磁データ等（大阪高決平20・12・3判タ1292号150頁）

「1　……（中略）……弁護人の予定主張は，(1)被告人に殺意はなかった，(2)被告人は，犯行当時，精神疾患又はその治療のために服用していた薬物の影響により，心神喪失ないし心神耗弱の状態であった，(3)被告人の捜査段階の供述調書（供述録取書）には任意性がない，(4)被告人には自首が成立する，旨いうものである。

2　弁護人が開示を求める証拠は，〔1〕捜査官が被告人方建物の内外，その室内の状況及び現場にあった物等をデジタルカメラで撮影して記録した電磁データ，〔2〕被害者の遺体写真をデジタルカメラで撮影して記録した電磁データ，〔3〕被告人について作成された取調状況記録書面（捜査官が作成した取調べ時の状況を記録したメモを含む。既に開示済みのものを除く）及び取調状況を録画したビデオテープ及び電磁データである（裁定請求書等での証拠の特定がやや不明確な部分もあるが，上記のとおりと解する）。〔1〕は検察官請求の写真撮影報告書（甲6号証）及び検証調書（同8号証）に添付された写真の画像データであり，〔2〕は鑑定書（甲2号証）に添付された写真の画像データである。

……（中略）……。

検察官は，同年10月16日付け意見書において，〔1〕及び〔2〕について，検察官の手持ち証拠ではなく，捜査機関においても保管しておらず，消去済みである旨，〔3〕については，既に開示済みの記録のほかは存在しない旨主張しており，原決定は，『検察官作成の意見書によれば，〔1〕及び〔2〕はいずれも捜査機関において保管しておらず，〔3〕については既に開示済みの記録の他には存在しないとのことからすると，〔1〕から〔3〕までは，検察官はもとより公務員が職務上保管するものとはいえないから，刑訴法316条の26第1項の証拠開示命令の対象となる証拠には該当せず，本件請求は理由がなく，いずれも棄却を免れない』旨説示している。

3　しかし，事件が現に係属中であるのに，捜査機関が〔1〕及び〔2〕を消去するなどというのは通常考え難いことであって，裁判所としては，検察官の上記のような不合理な主張を容易に受け入れるべきではなく，検察官に対

し，消去の経緯や時期，その理由等について具体的な説明を求め，場合によっては担当者の証人尋問などの事実取調べを行うなどして事の真偽を確かめる必要があるというべきであり，それによって納得のいく説明等がなされなければ，それらの証拠は捜査機関が保管しており，検察官において入手が容易なものとみなすべきであると解される。

また，被告人は，犯行当日に現行犯逮捕され，その翌日に，身上関係を内容とする警察官調書（乙1号証）及び被害者を包丁で数回刺した事実の自認などを内容とする警察官調書（同2号証）が作成されているのであるから，捜査官において，被告人の取調状況をビデオテープ等に記録していないとしても，被告人のこの間の取調状況に関する報告書等を作成していたことが想定されるところ，前述のとおり，検察官は，この点に関し，『既に開示済みの記録の他には存在しない』旨主張しており，要するに，乙1号証及び2号証と被告人の署名のない弁解録取書のほかにはない旨いうものと解されるが，この点についても，裁判所としては，検察官のそのような主張を容易に受け入れるわけにはいかない。

4　もっとも，原決定は，〔1〕及び〔2〕について，『仮にそれらのデータが何らかの形で存在して，証拠開示命令の対象になる証拠に該当する余地があるとしても，既に開示済みの犯行直後の現場の状況や遺体の負傷状況等を明らかにした前記検証調書，鑑定書等の原本が開示されている以上，更に前記各電磁データを被告人の防御のために開示する必要性までは認められず，同条項（刑訴法316条の26第1項）の要件を満たさない。また，弁護人は，主張関連証拠開示請求における主張として，被告人に殺意はなかったというにとどまり，前記検証調書等の原本に加えて更に前記各電磁データを開示する必要性の理由として述べるところは説得力に乏しく，証拠漁りの懸念もうかがわれるものであって，開示の必要性も相当性も認められないから，同法316条の20第1項の要件も満たさない』旨説示している。

しかし，〔1〕及び〔2〕は，それ自体は無体物であるものの，何らかの記憶媒体に保存された上で証拠として取り扱われるものであり，刑事訴訟法316条の15第1項1号の『証拠物』に該当すること，検察官は，上記検証調書等に添付された写真について，〔1〕及び〔2〕をパソコンの画面上等に画像とし

て表示し，それを拡大（画素数にもよるが，通常検証調書等に添付される印刷された写真よりは相当に大きく拡大できると解される）して検分することができるのに，弁護人にはそれができないのであって，〔1〕及び〔2〕の開示は，検察官請求証拠である上記検証調書等について検察官と弁護人を対等の立場に置くためのものでもあること，〔1〕及び〔2〕は本件において特に重要と思われる客観的証拠であること，他方，開示によって生ずるおそれのある弊害は特に見当たらないことなどからすると，〔1〕及び〔2〕については，類型証拠としての開示を相当とする余地が十分あるものというべきであり，原決定の上記判断は是認することができない。

……（中略）……。

6 以上のとおりであるから，原決定が〔1〕及び〔2〕について，類型証拠としてのその存在についての検察官の不合理な主張の真偽を確かめないまま，証拠開示に関する裁定請求を棄却した点は是認することができず，論旨はその限りにおいて理由がある。」

(6) **警察官が作成したメモ**（最〔三小〕決平20・6・25（特別抗告審）判時2014号155頁）

「所論は，原々決定が開示を命じた『本件保護状況ないし採尿状況に関する記載のある警察官A作成のメモ』（以下「本件メモ」という。）は，同警察官が私費で購入してだれからも指示されることなく心覚えのために使用しているノートに記載されたものであって，個人的メモであり，最高裁平成19年（し）第424号同年12月25日第三小法廷決定・刑集61巻9号895頁にいう証拠開示の対象となる備忘録には当たらないから，その開示を命じた原々決定を是認した原決定は違法であると主張する。

しかしながら，犯罪捜査に当たった警察官が犯罪捜査規範13条に基づき作成した備忘録であって，捜査の経過その他参考となるべき事項が記録され，捜査機関において保管されている書面は，当該事件の公判審理において，当該捜査状況に関する証拠調べが行われる場合，証拠開示の対象となり得るものと解するのが相当である（前記第三小法廷決定参照）。そして，警察官が捜査の過程で作成し保管するメモが証拠開示命令の対象となるものであるか否かの判断は，裁判所が行うべきものであるから，裁判所は，その判断をするた

めに必要があると認めるときは，検察官に対し，同メモの提示を命ずることができるというべきである。これを本件について見るに，本件メモは，本件捜査等の過程で作成されたもので警察官によって保管されているというのであるから，証拠開示命令の対象となる備忘録に該当する可能性があることは否定することができないのであり，原々審が検察官に対し本件メモの提示を命じたことは相当である。検察官がこの提示命令に応じなかった本件事実関係の下においては，本件メモの開示を命じた原々決定は，違法ということはできない。したがって，本件メモの開示を命じた原々決定を是認した原決定は結論において相当である。」

(7) **司法警察員作成の被害者の病状等に関する報告書等**（東京高決平21・9・15（抗告審）裁判所ウェブサイト）

「本件においては，被害者が死亡していることも考えると，被告人と被害者の関係，生活状況，被害者の精神状態，言動等を立証する上で，精神科医の被害者に対する問診内容やその際の被害者の言動は，被告人の供述と並んで重要であるというべきである。本件報告書等の不開示部分は，弁護人の予定主張と関連性を有することが認められる。そして，弁護人の予定主張が情状事実に関するものであること，検察官が弁護人の主張を積極的に争う予定ではないこと，弁護人が立証として被告人質問を予定するほか多数の書証を請求していることを考えても，開示の必要性が小さいとはいい難い。

他方，本件報告書等の不開示部分には，精神科医による問診内容として，被害者の生活歴や病状等のプライバシーや名誉に関する事項が記載されており，これを開示することにより，被害者のプライバシーや名誉が侵害されるおそれがある。さらに，原決定が指摘するように，精神科医による問診内容がみだりに公開されることとなれば，精神科医による問診が困難になったり，そのことを危惧する精神科医が捜査に協力することをちゅうちょするおそれのあることも否定し得ない。しかしながら，本件報告書等に記載されている具体的な内容のほか，簡略で問診の概要を示すにとどまる記載の仕方等にかんがみると，本件報告書等に関する限り，これが開示されることにより生じる被害者のプライバシーや名誉に対する侵害する弊害の程度は高くないし，精神科医による捜査への協力一般の支障，ひいては，精神科医による問診行

為一般への支障の弊害もその程度は相当低いものと考えられる。」

II 否 定 例

(1) **供述者に関する留置人金品出納簿，留置人接見簿，留置人出入簿，留置人文書発受簿，留置人診療簿，看守勤務日誌等の簿冊類**（千葉地決平20・2・12裁判所ウェブサイト）

「弁護人らは，本件公判前整理手続において，『……（中略）……Aらは捜査協力者であり，同人らの上記調書の証拠能力は否定されるべきであり，また，本件公訴提起自体が不適法であると主張する予定である。そして，Aらが捜査協力者であることを立証するためにはその捜査過程を詳細に調査する必要がある。また，Aらの供述調書の信用性に関連して，Aらの健康状態，精神状態（違法薬物の摂取等）についても主張する予定である。そして，これらの検討のためには本件証拠の開示を受ける必要がある。』と主張している。

……（中略）……本件証拠のうち，留置関係書類については，被留置者の留置に関する規則に基づき，被留置者に対する処遇の適正を図るためその管理の必要上作成され，留置施設に備え置かれているものであって，捜査の過程で作成され又は入手したものとはいえず，このような書類についてまで，検察官において，これを取寄せるなどしてその内容を開示する義務があるとはいえない。」

(2) **被害者の前科・前歴等に関する証拠**（東京高決平22・1・5判夕1334号262頁）

被告人側が過剰防衛を主張しており，弁護人が，被害者の前科・前歴の有無とその粗暴性を立証する為の証拠として，被害者の前科・前歴等に関する証拠（犯罪経歴照会結果報告書，前科調書，判決書等）の開示を請求した事案。

① 関連性についての判断　被害者の前科・前歴の有無及びその内容とその粗暴性とは，一般的には関連がないとはいえない。

② 開示の必要性　開示請求された証拠は被害者の最近の前科・前歴を示すものではなく，本件当時の被害者の粗暴性を判断する際の資料としては価値が乏しく，関連性は低い。

③ 開示による弊害　一般的に，ある人物の前科・前歴の有無及びその内容に関する情報は，プライバシー情報の中でも特に重要なものとして保護されるべきであり，本件各証拠の開示により相応の内容・程度の弊害が生じるおそれがあることは否定できない。

　以上を総合的に考慮すると，本件各証拠については開示が相当であるとはいえない。

(3) 警察官が作成した備忘録等（水戸地決平20・4・3（第1審）裁判所ウェブサイト）

「1　Nシステム関連証拠について

　Nシステムは，機器の下を通過する車両のナンバー等の画像を記録化するものであるが，Nシステムの性質上，その記録は警察の内部資料に止めておくべきものであって，他に見せたり提出することを想定していないものというべきである。したがって，Nシステムの記録は，証拠書類とされたり，公判において証拠として利用されることが想定されておらず，検察官に対して送致書等とともに送付されるべき証拠には当たらない。

　以上のことからすると，Nシステム関連証拠の開示請求は認められない。

　2　Dらの不起訴裁定書について

　弁護人らは，Dらが捜査官の『話をしたら不起訴にする。』との発言を信じて虚偽供述をしている旨主張するが，結局のところ，その主張は，Dらの供述の信用性を弾劾することに尽きると思われる。そうすると，被告人の防御のためには，Dらの供述録取書が作成された経緯，同人らがそのような供述をした動機等が問題となるところ，同人らの不起訴裁定書は，検察官が同人らを不起訴処分にした理由を示すものにすぎないのであるから，被告人の防御に資する証拠とはいいがたい。

　これらのことからすると，Dらの不起訴裁定書の開示が相当であるとは認められない。

　3　13条備忘録について

・13条備忘録は，Dらの取調経過等が記載されているものと考えられ，弁護人予定主張に関連する証拠であるということができる。

・ところで，検察官は，警察に照会した回答を根拠として，13条備忘録は

存在しないと主張しているところ，弁護人は，証拠の標目の提示を命じるべきであると主張しているので，この点について検討する。

弁護人の主張が，検察官が現に保管している証拠の標目の提示を求めるべきであるという趣旨であれば，検察官が13条備忘録を保管していることをうかがわせる事情はないのであるから，無意味である。

また，警察が保管している備忘録等の標目の提示を求める趣旨であれば，裁判所において，警察が保管する一切の備忘録等の標目の提示を求め，それらが13条備忘録に当たるかどうかを判断することは相当ではないというべきである。犯罪捜査規範13条が，取調官に備忘録の作成を命じているのは，取調官が将来当該事件の公判審理に証人として出廷する場合に，捜査経過等を正確に供述するためであると解されるところ，そうすると，警察官が作成した備忘録等が犯罪捜査規範13条に基づくものであるかどうかは，作成した警察官が判断すべきものであって，裁判所が客観的に判断するようなものではないと考えるのが自然である。また，13条備忘録については，特別の様式などは定められていないのであるから，証拠に接していない裁判所が，警察官が作成した備忘録等が13条備忘録に当たるかどうかを判断するのは，実際上困難である。

以上のことから，当裁判所は，特段の事情のない限り，13条備忘録の存否については警察の判断を尊重すべきものと考える。

・よって，証拠の標目の提示を命じるまでもなく，13条備忘録は存在しないといわなければならず，その開示請求は認められない。

4　N事件の検証調書，実況見分調書等

本件とN事件は，いずれもBが上申書を作成して殺人を自白している事件であるが，そもそも別個の事件であり，N事件に関する供述が虚偽であったからといって本件に関する供述も虚偽であると推認できる関係にはない。また，検証調書，実況見分調書等のみによってB供述の真偽が判断できるものでもない。そうすると，これらの証拠が弁護人予定主張と関連するということはできない。他方，N事件は現在も捜査中であって，証拠開示により，当該事件の捜査に支障が生ずる弊害も看過できない。

以上のことからすると，これらの証拠の開示を命ずることは相当でない。

5 共犯者Bが上申書を作成した各事件に関する一切の証拠

弁護人の開示請求は，開示請求の対象となる証拠が特定されていない上，弁護人予定主張との関連性も明らかではないから，失当である。」

(4) **被告人に係る取調べメモ**（大阪地決平20・3・26（第1審）判タ1264号343頁）

殺人未遂被告事件の弁護人から，被告人の捜査段階における自白の任意性を争う証拠として，刑事訴訟法316条の20に基づき，取調べに当たった警察官による取調べメモの証拠開示命令請求がなされた事案において，犯罪捜査規範13条は，もともと，警察官の作成する捜査書類の証拠能力が公判で争われたりして，当該警察官が公判での証言を求められる場合のことを慮り，捜査経過等の証言を行う可能性のある事項につき記憶を喚起することができるよう，明細な記録を備忘録に残すことを求めたものであり，当該警察官が備忘録が同条に基づいて作成されたかどうか判断すべきであり，第三者たる裁判所が客観的に判断するような性質の事柄ではないとしつつ，後に行われるべき取調べ警察官の証人尋問に際し，捜査官側が13条該当取調べメモは存在しないと回答した場合，その証言の信用性評価に大きな影響を及ぼす可能性はあるとし，結論において請求を棄却した事例。

(5) **①犯人特定ないし捜査の端緒に関する捜査報告書，②被告人の取調べに際して作成された捜査メモないし備忘録，被告人の取調べ状況に関する捜査報告書**（東京高決平18・12・28（抗告審）東高時報57巻1＝12号77頁）

公訴事実に関する主たる争点は，本件当日に被告人と被害者との電話を通じて会話中で被告人が脅迫文言を言ったか否かであり，これに関連する証拠として開示を検討されるべきものとしては，特段の事情のない限り，被告人と被害者とのやりとりを聞知した可能性のある者に関する証拠で十分というべきであって，捜査報告書等における捜査機関の初動段階における認識の程度と脅迫文言の有無の立証とは関連性に乏しく，その解明の必要性の程度もきわめて低いといわざるを得ず，証拠開示の必要はない。

第6節　開示請求例

I　取調べメモ

［開示対象の特定］
　被告人の取調べに係る警察官ないしは検察官作成の取調べ小票，取調べメモ，手控え等備忘録（犯罪捜査規範に基づくメモか否かを問わない）。
［理　由］
　弁護人は，被告人の自白調書（乙○）の任意性及び信用性を争い，その根拠として，被告人に対する取調べの過程において捜査官から「○○」などの利益誘導や「○○」などの自白に向けた威迫があったと主張することを予定している。そして，弁護人らは，既に被告人の供述録取書等の開示を受けているが，上記自白調書（乙○）が作成されるまでの取調べ経過を検討するには，開示対象となる諸資料の検討が必要であるから，その開示は，上記主張と関連し，被告人の防御準備に必要である。

II　共犯者の資料

(1) 電子メールの履歴等

［開示対象の特定］
　Bが使用していた携帯電話の電子メールの履歴，発信者，受信者，内容を記録したすべての書類又は写真。
［理　由］
　弁護人らは，Bに覚せい剤を譲り渡したのは，Aではなく，A以外の第三者であることを主張する予定であるが，同主張を裏付け，立証するためには，本件当時，Bが真犯人と連絡を取り合っていた可能性のある，同人の携帯電話の電子メールの履歴，発受信者，内容等を確認することが重要である。そして，検察官は，Bの供述を，被告人による犯行を立証する証拠として取調べを請求しているのであるから，同供述の証明力を判断するための標記開示は被告人の防御の準備のための必要性が高い。

(2) 携帯電話の通話記録

［開示対象の特定］

Ｂが使用していた携帯電話の通話履歴等を記録したすべての書面若しくは写真。

［理　由］

弁護人らは，Ｂに覚せい剤を譲り渡したのは，被告人Ａではなく，Ａ以外の第三者であることを主張する予定であるが，同主張を裏付け，立証するためには，本件当時，Ａが真犯人と連絡を取り合っていた可能性のある，同人の携帯電話の通話履歴等を確認することが重要である。そして，検察官は，Ａの供述を，被告人による犯行を立証する証拠として取調べを請求しているのであるから，同供述の証明力を判断するための標記開示は被告人の防御の準備のための必要性が高い。

(3) 証人の取調べ状況記録書面

［開示対象の特定］

Ｂについて作成された取調べ状況記録書面のすべて。

［理　由］

検察官請求甲第○号証から甲第○号証のＢの供述調書の証明力を判断するには，Ｂについて作成された取調べ状況記録書面の開示を受けて取調べの状況を検討することが重要である。そして，上記各供述調書は，本件が被告人の犯行であり，覚せい剤を譲り受けた経緯及び状況等を証明するものとされているから，その証明力を判断するための標記開示は，被告人の防御準備のための必要性が高い。

Ⅲ　過去の事件での被告人の供述内容等

・　被告人が作成した上申書

［開示対象の特定］

被告人が○○地方裁判所○○支部平成○年○月○日判決（平成○年(わ)第○号ほか○件）記載の各罪（以下，「前刑事件」という）の取調べの際に作成した，いわゆる「上申書」（被告人が余罪に関して自ら記載した書面で，「上申書」という表示の有無若しくは被告人の署名又は指印の有無に関わらない）。

［理　由］

　弁護人らは，「被告人は本件犯罪を行っていないため，無罪である。」と主張する予定である。そして，同主張を立証するためには，被告人が前刑事件の取調べの際，余罪について自供した前記「上申書」の中に本件犯罪事実に関する記載があるかどうかを確認することが重要であり，それらの開示は被告人の防御の準備のために特に必要性が高い。なぜなら，被告人は，弁護人に対して，「前刑事件の取り調べの際，前刑事件のほかにも自身が関与したすべての犯罪を自供し，その内容を上申書にまとめた。」と説明しているが，前記「上申書」に本件事件に関する言及がなければ，被告人は前刑事件の取調べの段階（本件犯行と近接する段階）から一貫して「本件犯罪を行っていない。」という態度を取っていることになり，「本件犯罪を行っていない。」という現在の被告人の主張の信用性を高めることになるからである。なお，被告人の記憶によれば，被告人は平成○年○月○日に前刑事件で逮捕された後，同○年○月○日までの間に多数回「上申書」を作成したということであるので，それらすべてについて速やかに開示されたい。

第7節　開示の時期・方法の指定等

　検察官は，必要と認めるときは，開示の時期若しくは方法を指定し，又は条件を付することができる。
　これについても，最終的に必要性が認められるか否かは，証拠開示の裁定を通じて，裁判所が判断することになる（刑訴316条の25）。
　検察官は，開示すべき証拠を，刑事訴訟法316条の14第1号に定める方法（「証拠書類又は証拠物　当該証拠書類又は証拠物を閲覧する機会（弁護人に対しては，閲覧し，かつ，謄写する機会）を与えること。」）により開示しなければならない。弁護人は，閲覧及び謄写することができる。

I　趣　　旨

　刑事訴訟法316条の26第1項が，証拠の開示を命じる場合において，「裁判所は，開示の時期若しくは方法を指定し，又は条件を付することができる。」

としたのは，無条件かつ速やかに証拠を開示すると弊害を生じるおそれがあり，あるいはその程度が大きく，開示の必要性の程度を勘案しても，開示は相当でないと判断されるが，特定の時期，方法を指定し，あるいは，一定の条件を付すことによって，上記弊害の発生を防止することができ，あるいはその程度が小さくなり，開示するのが相当であると判断することができるような場合には，裁判所が，時期等を指定し，あるいは条件等を付した上で開示させることができるようにしたものと解される（後掲東京高決平22・3・17）。

II 具 体 例

(1) **東京高決平22・3・17（抗告審）判夕1336号284頁**
(a) 刑事訴訟法316条の26第1項が，証拠の開示を命令する場合において，「裁判所は，開示の時期若しくは方法を指定し，又は条件を付すことができる」としたのは，無条件かつ速やかに開示すると弊害を生じるおそれがあり，あるいはその程度が大きく，開示の必要性の程度を勘案しても，開示は相当でないと判断されるが，特定の時期，方法を指定し，あるいは，一定の条件を付すことによって，上記弊害の発生を防止することができ，あるいはその程度が小さくなり，開示するのが相当であると判断することができるような場合には，裁判所が，時期等を指定し，あるいは条件等を付したうえで開示させることができるようにしたものと解されるところ，そのためには，複製等の利用方法に条件を付すことが必要かつ相当なことがあるから，同条項の文言に照らしても，同条項に基づき裁判所が付すことができる条件には，開示後の複製などの利用方法に関するものも含まれる。
(b) 原決定が付した，被告人の取調べ状況を撮影したDVDに関する謄写枚数の制限，複写の禁止，外部に接続したパソコンによる再生の禁止，弁護活動終了時のデータ消去等の条件は，刑事訴訟法281条の3ないし5が存在しているにも関わらず，さらに証拠の性質などから条件を付さなければ証拠の損壊や流失のおそれがある場合に限って付すことができるとの前提に立って，開示によって生じる弊害のおそれ，その程度を具体的に検討し，さらに弁護人らが主張する弁護活動上の支障について具体的に検討した上で，必要かつ相当なものと認められる。

(2) **東京高決平21・5・28（抗告審）判夕1347号253頁**

検察官は，事案の性質，内容，被告人と供述者との関係，供述者の状況等を踏まえ，供述録取書等の証拠書類に記載された供述者の特定に係る住居，職業，本籍，電話番号等の事項を除外して証拠調べ請求することも許される。

第8節　捜査段階で作成される証拠（参考文献）

捜査機関が捜査段階で作成する証拠資料については，以下の文献において詳細な情報が記載されているので，参照されたい。

- 『これでわかる！実例火災調査書類』（東京法令出版，2004年）
- 日本弁護士連合会裁判員本部編『公判前整理手続を活かす』〔第2版〕巻末付録（現代人文社，2011年）

【大辻　寛人】

第14章

類型証拠不開示・主張関連証拠不開示に対する裁定の申立て，証拠開示裁定，即時抗告

第1節　裁定請求

条文

第316条の26　裁判所は，検察官が第316条の14若しくは第316条の15第1項（第316条の21第4項においてこれらの規定を準用する場合を含む。）若しくは第316条の20第1項（第316条の22第5項において準用する場合を含む。）の規定による開示をすべき証拠を開示していないと認めるとき，又は被告人若しくは弁護人が第316条の18（第316条の22第4項において準用する場合を含む。）の規定による開示をすべき証拠を開示していないと認めるときは，相手方の請求により，決定で，当該証拠の開示を命じなければならない。この場合において，裁判所は，開示の時期若しくは方法を指定し，又は条件を付することができる。
2　裁判所は，前項の請求について決定をするときは，相手方の意見を聴かなければならない。
3　第1項の請求についてした決定に対しては，即時抗告をすることができる。

I　条文の趣旨

検察官請求証拠（刑訴316条の14），類型証拠（刑訴316条の15），被告人側請求証拠（刑訴316条の18），主張関連証拠（刑訴316条の20）の開示請求において，検

察官と被告人側の意見が一致せずに開示が実現しない場合に，当事者からの請求に基づいて，裁判所が証拠開示等の可否を決定できることとした。

Ⅱ 要件（1項）

(1) 当事者が証拠を開示しないとき

条文上は検察官請求証拠（刑訴316条の14），類型証拠（刑訴316条の15），被告人側請求証拠（刑訴316条の18），主張関連証拠（刑訴316条の20）のそれぞれについて開示がなされない場合が規定されているが，検察官請求証拠と被告人側請求証拠が開示されないというケースは少ないと考えられるので，専ら，類型証拠と主張関連証拠の開示について問題となることが多い。

(2) 当事者からの請求

裁判所に書面を差し出し，反対当事者に対し謄本を送付する（刑訴規217条の25第1項及び第2項）。

Ⅲ 裁定手続（2項）

裁判所は，前項の請求について決定をするときは，相手方の意見を聴かなければならない。

関連性の有無，必要性の有無，弊害の有無，開示条件の当否などの意見が考えられる。

Ⅳ 即時抗告（3項）

裁判所の決定に対し異議がある場合には，上級裁判所に対し即時抗告をすることができる。

即時抗告期間は，棄却決定謄本が送達された日から起算して3日間である（刑訴422条）。公判前整理手続において，弁護人による証拠開示命令請求を棄却した決定の謄本が，被告人と弁護人に日を異にして送達された場合，証拠開示命令請求の主体は弁護人であり，開示を受ける相手方として予定されているのも弁護人であったこと等に照らすと，棄却決定を受けたのは弁護人と解されるから，棄却決定に対する即時抗告の提起期間は，決定謄本が弁護人に送達された日から進行する（最〔三小〕決平23・8・31（特別抗告審）刑集65巻

5号935頁)。

　即時抗告に対する決定に対しては原則として不服申立てはできないが，①憲法の違反があること又は憲法の解釈に誤があること，②最高裁判所の判例と相反する判断をしたこと，③最高裁判所の判例がない場合に，大審院若しくは上告裁判所たる高等裁判所の判例又はこの法律施行後の控訴裁判所たる高等裁判所の判例と相反する判断をしたことを理由とする特別抗告を行なうことができる（刑訴433条1項・405条）。特別抗告の提起期間は，5日である（刑訴433条2項）。

第2節　証拠又は一覧表の提示

条文

第316条の27　裁判所は，第316条の25第1項又は前条第1項の請求について決定をするに当たり，必要があると認めるときは，検察官，被告人又は弁護人に対し，当該請求に係る証拠の提示を命ずることができる。この場合においては，裁判所は，何人にも，当該証拠の閲覧又は謄写をさせることができない。
2　裁判所は，被告人又は弁護人がする前条第1項の請求について決定をするに当たり，必要があると認めるときは，検察官に対し，その保管する証拠であつて，裁判所の指定する範囲に属するものの標目を記載した一覧表の提示を命ずることができる。この場合においては，裁判所は，何人にも，当該一覧表の閲覧又は謄写をさせることができない。
3　第1項の規定は第316条の25第3項又は前条第3項の即時抗告が係属する抗告裁判所について，前項の規定は同条第3項の即時抗告が係属する抗告裁判所について，それぞれ準用する。

I　条文の趣旨

　裁判所は，刑事訴訟法316条の25に基づき，証拠の開示の必要性の程度並びに証拠の開示によって生じるおそれのある弊害の内容及び程度その他の事

情を考慮して，必要と認めるときは，証拠開示の時期や方法を指定し，又は条件を付することができる。

本条は，裁判所が上記の指定をするに当たり必要があると認めるときは，検察官，被告人又は弁護人に対し，請求に係る証拠の提示を命じることができる旨を定めた。

裁判所が，証拠開示に関する裁定を適正に行うために，判断に必要な資料を収集することを目的とした規定である。

II 内　　容

(1) 1項――提示命令と閲覧・謄写の禁止

本条は，公判前整理手続において予定されている証拠開示手続において，当事者において不開示との判断がなされ，裁判所に対し裁定請求がされていることを前提とした規定である。

すなわち，証拠保持者側が「開示の弊害」を考慮し開示を不相当と判断した場面であるので，このような「弊害」が現実化することを防止するため，裁判所は，「何人にも，当該証拠の閲覧又は謄写をさせることができない」とされている。

(2) 2項――一覧表の提示

開示請求の対象とすべき証拠が存在する場合には，前項に基づく提示命令によって，その目的は達する。

一方で，証拠保持者が「そのような証拠は存在しない」ことを理由に開示を拒否した場合には，当該証拠の存否を判断するために，証拠の一覧表を提示すべきことになる。

なお，裁判所は，一覧表を提示すべき証拠の範囲を指定することができる。

一覧表についても，当該一覧表の閲覧又は謄写をさせることができないと定められている。

前項と趣旨は同一である。

(3) 3項――抗告裁判所への準用

1項，2項の規定は，即時抗告審においても準用される。

【大辻　寛人】

第15章

主張立証の追加・変更

第1節　検察官による証明予定事実の追加・変更（刑訴316条の21）

条文

第316条の21　検察官は，第316条の13から前条までに規定する手続が終わつた後，その証明予定事実を追加し又は変更する必要があると認めるときは，速やかに，その追加し又は変更すべき証明予定事実を記載した書面を，裁判所に提出し，及び被告人又は弁護人に送付しなければならない。この場合においては，第316条の13第1項後段の規定を準用する。

2　検察官は，その証明予定事実を証明するために用いる証拠の取調べの請求を追加する必要があると認めるときは，速やかに，その追加すべき証拠の取調べを請求しなければならない。この場合においては，第316条の13第3項の規定を準用する。

3　裁判所は，検察官及び被告人又は弁護人の意見を聴いた上で，第1項の書面の提出及び送付並びに前項の請求の期限を定めることができる。

4　第316条の14から第316条の16までの規定は，第2項の規定により検察官が取調べを請求した証拠についてこれを準用する。

I　条文の趣旨

公判前整理手続の過程で，検察官は，その主張や立証計画を追加・変更する必要があると認めた場合，その追加・変更をしなければならないとされた。

また，被告人側についても，同様の規定が次条（刑訴316条の22）に設けられている。

Ⅱ 内　　容

(1) １　項

(a) 追加・変更の時期（１項）　　以下の手続が終了した後。

・316条の13……検察官による証明予定事実記載書面の提出及び証拠調べ請求
・316条の14……検察官請求証拠等の開示
・316条の15……類型証拠開示
・316条の16……被告人側の検察官請求証拠に対する意見
・316条の17……被告人の予定主張明示及び証拠調べ請求
・316条の18……被告人側の請求証拠等の開示
・316条の19……検察官の被告人側請求証拠に対する意見
・316条の20……主張関連証拠開示

ただし，上記手続のすべてが終わった後という趣旨ではなく，手続として進行していれば足りるとされる。

(b) 追加・変更の必要があるとき　　公判前整理手続の進行により，被告人側の予定主張へ対応すること（予定主張の否定や，従前の証明予定事実の補強など）が考えられる。

(c) 手　　続　　書面を裁判所に提出して，被告人側に送付しなければならない。

書面には，証拠とすることができず，又は証拠としてその取調べを請求する意思のない資料に基づいて，裁判所に事件について偏見又は予断を生じさせるおそれのある事項を記載してはならない（刑訴316条の13第１項後段）。

(2) ２項――証拠調べ請求

検察官は，その証明予定事実を証明するために用いる証拠の取調べ請求を追加する必要があると認めたときは，速やかに，その請求をしなければならない。

第2節　予定主張の追加・変更（刑訴316条の22）

条　文

第316条の22　被告人又は弁護人は，第316条の13から第316条の20までに規定する手続が終わつた後，第316条の17第1項の主張を追加し又は変更する必要があると認めるときは，速やかに，裁判所及び検察官に対し，その追加し又は変更すべき主張を明らかにしなければならない。この場合においては，第316条の13第1項後段の規定を準用する。

2　被告人又は弁護人は，その証明予定事実を証明するために用いる証拠の取調べの請求を追加する必要があると認めるときは，速やかに，その追加すべき証拠の取調べを請求しなければならない。この場合においては，第316条の13第3項の規定を準用する。

3　裁判所は，検察官及び被告人又は弁護人の意見を聴いた上で，第1項の主張を明らかにすべき期限及び前項の請求の期限を定めることができる。

4　第316条の18及び第316条の19の規定は，第2項の規定により被告人又は弁護人が取調べを請求した証拠についてこれを準用する。

5　第316条の20の規定は，第1項の追加し又は変更すべき主張に関連すると認められる証拠についてこれを準用する。

Ⅰ　条文の趣旨

公判前整理手続においては，争点整理や証拠開示を通じて，公判での主張が変わりうることを予定している。

本条は，被告人側に，予定主張の追加及び変更を認めた規定である。

Ⅱ　内　容

(1)　1　項

(a)　「必要があると認めるとき」　予定主張事実について，争点整理や証拠開示に影響を及ぼすべき追加・変更事由が生じたときを意味する。

(b)　「速やかに」　上記のような事由が生じた場合には，速やかに裁判所

及び検察官に明らかにしなければならない。

(2) **2項──取調べ請求の追加**

刑事訴訟法316条の21第2項と同様である。

(3) **3項──予定主張の追加・変更期限**

裁判所は，主張の追加・変更を明らかにすべき期限を定めることができる。

(4) **4項──証拠開示及び検察官の意見聴取**

刑事訴訟法316条の18及び316条の19が準用されており，弁護人が予定主張事実の追加又は変更により証拠調べ請求を追加した場合には，その証拠を検察官に開示し，検察官の証拠意見を述べるべきことになる。

(5) **5項──追加・変更された予定主張に関連する証拠の開示請求権**

追加・変更した主張についても，これに関連する証拠の開示を検察官は求めることができる。

第3節　公判前整理手続終了後の主張制限について

公判前整理手続終了後に行う新たな証拠調べ請求については明文で制限規定が存在する（刑訴316条の32）。

これに対し，公判前整理手続終了後に，あらたな主張を追加できるか否かについては，明文がなく，主張制限の有無について争いがある。

主張制限を否定する見解は，法に明文規定が存在しない以上，主張制限効は認められないとするものである（松本時夫ほか編・松尾浩也監修『条解刑事訴訟法』〔第4版〕788頁）。検察官側の主張についてではあるが，公判前整理手続後の訴因変更を認めた裁判例も存在する（東京高判平20・11・18判タ1301号307頁）。

一方では，主張制限効を原則として肯定する以下の裁判例も存在する。

① 東京高判平21・2・20高等裁判所刑事裁判速報集（平21）号90頁

「公判前整理手続は，当事者双方が公判においてする予定の主張を明らかにし，その証明に用いる証拠の取調べを請求し，証拠を開示し，必要に応じて主張を追加，変更するなどして，事件の争点を明らかにし，証拠を整理することによって，充実した公判の審理を継続的，計画的かつ迅速に行うこと

ができるようにすることを目的として創設された制度である。このような公判前整理手続の制度趣旨に照らすと，公判前整理手続を経た後の公判においては，充実した争点整理や審理計画の策定された趣旨を没却するような主張の変更は原則として許されないものと解される。」として，追加的主張や追加的証拠調べを控訴審段階で認めることは，特段の事情がない限り許容されていないと判断した裁判例。

② 東京高判平22・10・4 東高時報61巻1＝12号224頁

「公判前整理手続の制度趣旨に照らすと，公判前整理手続を経た後の公判においては，充実した争点整理や審理計画の策定された趣旨を没却するような主張の変更は，やむを得ない事由によって同手続においてすることができなかった場合等を除き，原則として許されないものと解される。」として，原則として主張制限効を肯定しつつ，「原裁判所としては，少なくとも抗てんかん薬と記憶喪失に関する被告人の供述が出てきた時点において，期日間準備手続を活用するなどし，改めて，被告人の責任能力判断の基礎となるべき事実関係について，当事者に求釈明するとともに，必要に応じ，立証を促すことも考えられたというべきである。」ことを理由として，控訴審における主張の変更を認めた裁判例。

原則としては，明文の制限規定が存在しない以上，公判前整理手続後に追加的主張をしたり，主張を変更したりすることは制度上許容されていると考えるべきである*1。

しかしながら，このような解釈によれば，弁護人側からの追加的主張や主張の変更のみならず，検察官側からも追加的主張，主張の変更が許容されることになる。

制度上の制限はないとしても，手続後の主張追加や変更については，主張の変遷等の事情による信用性低下のリスクもあることから，公判前整理手続等の制度趣旨に鑑みれば，公判前整理等の手続中に考え得る主張を尽くすべきである（**第16章第3節**も参照）。

*1　松本時夫ほか編・松尾浩也監修『条解刑事訴訟法』〔第4版〕788頁以下によれば，「法の立案段階では，公判前整理手続等の終了後に，証拠制限のみではなく，主張を変更したり新たな主張をしたりすることを制限するいわゆる主張制

限の制度も検討されたが，最終的には法案化されなかった。」とされている。

【大辻　寛人】

第16章

公判前整理手続における証拠調べ請求の制限

条文

第316条の32　公判前整理手続又は期日間整理手続に付された事件については，検察官及び被告人又は弁護人は，第298条第1項の規定にかかわらず，やむを得ない事由によつて公判前整理手続又は期日間整理手続において請求することができなかつたものを除き，当該公判前整理手続又は期日間整理手続が終わつた後には，証拠調べを請求することができない。
2　前項の規定は，裁判所が，必要と認めるときに，職権で証拠調べをすることを妨げるものではない。

第1節　規定が設けられた趣旨

　公判前整理手続等に付された事件について，検察官，被告人又は弁護人は，やむを得ない事由によって公判前整理手続等において請求することができなかったものを除き，当該手続が終わった後には，証拠調べを請求することができないものとされるが（刑訴316条の32第1項），上記規定は，公判前整理手続等において策定された審理計画の実現を実効性あらしめるために，設けられたものである。
　すなわち，公判前整理手続において，訴訟当事者は，各々，証明予定事実等を明らかにした上（刑訴316条の13第1項・316条の17第1項），当該事実を証明するために用いる証拠の取調べを請求することとされ（刑訴316条の13第2項・

316条の17第2項），裁判所は，上記に基づいて，当該事件の審理計画を策定することとなる。

ところで，刑事訴訟法298条1項によれば，「検察官，被告人又は弁護人は，証拠調を請求することができる」とされ，訴訟当事者の証拠調べ請求権が認められているから，公判前整理手続終了後にも，新たな証拠調べ請求がなされる可能性がある。

しかし，訴訟当事者によって，公判前整理手続等において請求されなかった新たな証拠の証拠調べ請求がなされると，それに関わる新たな主張が，対立当事者からなされ，それに伴い，争点の状況が，公判前整理手続等の終了にあたって確認された整理結果から変動することとなる。

この点，裁判所は，公判前整理手続等においてなされた争点等の整理結果を前提として，当該事件の審理計画を立てるのであるが，公判前整理手続後も，訴訟当事者において新たな証拠調べ請求が許され，事件の争点が，公判前整理手続終了後にも際限なく変化する可能性があるということになると，上記の審理計画の実現が困難になるおそれがある。

そして，裁判員裁判対象事件については，第1回公判期日前に，これを公判前整理手続に付さなければならないものとされるが（裁判員49条），裁判員裁判において，計画どおりの審理が行えない事態が生じると，裁判員に過度の負担を強いることとなり，制度自体が立ち行かなくなる可能性もありうる。

そこで，刑事訴訟法316条の32第1項は，公判前整理手続等において策定された審理計画の実現を担保するため，整理手続終了後の証拠調べ請求を制限することとしたものである。

第2節　証拠調べ請求が制限されることとなる時期

訴訟当事者による新たな証拠調べ請求が制限されることとなるのは，「当該公判前整理手続又は期日間整理手続が終わつた後」である。

刑事訴訟法316条の24によれば，公判前整理手続を終了するにあたっては，検察官及び被告人又は弁護人との間で，事件の争点及び証拠の整理の結果を確認するものとされているから，争点・証拠の整理結果が確認された後に，

訴訟当事者が証拠調べ請求をしようとする場合には、刑事訴訟法316条の32による証拠調べ請求の制限の問題が生じる。

では、いったん、争点・証拠の整理結果の確認がなされた後、第1回公判期日前の間に、新たに争点整理等の必要が生じ、公判前整理手続が続行されたという場合には、どのように考えるべきか。

この点、既に争点・証拠の整理結果が確認されていれば、手続は一度終了しているものと考えられるから、その後、公判前整理手続が続行されたとしても、「当該公判前整理手続が終わった後」に該当し、原則として、証拠調べ請求の制限が及ぶものと思われる。

もっとも、新たな争点整理が行われた結果、相手方の主張等との関係上、別途、他の証拠を証拠調べ請求する必要が生じたような場合には、そもそも、かかる証拠は、やむを得ない事由によって従前の手続中に請求できなかった証拠であるといえるから、刑事訴訟法316条の32第1項によって制限される「証拠調べ請求」には、該当しないと考えるべきである。

よって、弁護人としては、公判前整理手続がいったん終了した後の争点整理の結果、新たに証拠調べ請求を行う必要が生じたような場合には、証拠調べ請求を躊躇するべきではないと考えられる。

また、検察官側が、単に公判前整理手続が続行されたとの理由で、やむを得ない事由もないのに、従前の手続中に証拠調べ請求することができたはずの証拠を提出しようとする場合には、検察官の証拠調べ請求に対し、異議を述べるべきである。

なお、証拠調べ請求の制限は、公判前整理手続が終わった後だけではなく、期日間整理手続が終了した後にも及ぶことになるが、かかる場合には、争点等の整理が終了した後に公判前整理手続が続行した場合と同様に考えれば足りるものと思われる。

第3節　整理手続終了後の新たな主張について

I　整理手続終了後に新たな主張を行うことができるか

　刑事訴訟法316条の32の規定は，公判前整理手続等が終了した後の新たな証拠調べ請求を制限するものであるが，公判前整理手続等が終了した後に，新たな主張を追加することの可否については，特に言及されていない。

　よって，公判期日における尋問等を通じて，証人の供述内容が変化した場合や，尋問によって重要な事実が明らかになった場合等，新主張を行うべき合理的理由がある状況下においては，公判前整理手続ないし期日間整理手続（以下，「整理手続」という）が終了した後に新たな主張を行うことも，許容されるものと考えられる。

　もっとも，公判前整理手続等終了後の新たな証拠調べ請求が制限されると，整理手続中に提出された証拠の範囲内でしか立証活動ができないことになるから，新たな証拠による立証を要する主張については，仮に主張を追加したとしても，その主張を裏付ける立証活動が十分にできなくなるという可能性がある。

　例えば，自白の任意性が問題となるような事案においては，弁護人としては，取調べ状況の立証のため，留置人出入簿や留置人診療簿，被疑者ノート等の証拠調べ請求を検討するべきこととなるところ，公判前整理手続において，自白の任意性がないことを予定主張として掲げず，上記のような書証の証拠調べ請求も行わないまま，公判段階に至って，新たに，自白に任意性がない旨の主張を行ったとしても，新主張を裏付ける証拠の証拠調べ請求が制限される結果，立証活動が不十分となり，主張が排斥されるということにもなりかねない。

　以上のように，刑事訴訟法316条の32によって新たな証拠調べ請求が制限される結果，事実上，新たな主張の追加についても，一定の制限を受けることは免れないものと考えられる。

　よって，弁護人が，公判前整理手続等において，公判で弁護側からいかなる主張を行い，いかなる証拠調べを請求するかということを検討するにあた

っては，整理手続終了後，上記のような事実上の制約が生じるということに十分留意しておく必要がある。

なお，弁護側の主張は，被告人自身の認識や意向等を尊重しつつ構築するべきものであるから，被告人本人にも，整理手続終了後の新たな主張の追加について，事実上の制限がかかることを説明し，認識の共有を図るべきものと思われる。

例えば，犯人性が争点となっている事案において，被告人にアリバイがあるが，被告人本人が，何らかの事情でアリバイ主張を行うことを望んでいないというような場合，関係者の供述録取書や裏付けとなるメモ等についての事後的な証拠調べ請求が，刑事訴訟法316条の32によって制約されることになる結果，審理状況に応じて後からアリバイを主張しても，十分な立証活動が困難になるおそれがあるので，被告人にその旨を説明し，訴訟においていかなる主張を行うのか，事前によく打ち合わせをしておく必要がある。

Ⅱ 整理手続終了後に新たな主張を行う場合の留意点

前述のとおり，公判前整理手続等の終了後であっても，新主張を行うべき合理的理由がある場合は，公判において，整理手続中に主張していなかった主張を行うことも，許容されるものと考えられる。

もっとも，弁護人が，公判段階に至って，整理手続中に主張していなかった主張を行う場合，検察官側から，刑事訴訟法316条の32により，整理手続終了後の新たな証拠調べ請求が制限されている趣旨や，訴訟当事者が主張明示義務及び証拠調べ請求義務を負い（刑訴316条の17），整理手続中に，自らの主張・立証内容を明らかにすべきとされていること等に鑑み，訴訟当事者が，公判に至って，何らの理由もなく，整理手続中に主張していなかった主張を行うことは望ましくない等として，異議が述べられる可能性もありうる。

しかし，整理手続終了後に，従前確認されていた証拠関係が変化したような場合にまで，新たな主張を差し控えるべき理由はないのであって，仮に検察官から異議が述べられたような場合は，新主張を行うに至った合理的理由について説明を行い，反論するべきである。

なお，整理手続終了後，弁護側からではなく，検察官側から，整理手続中

に主張していなかった主張がなされる可能性もありうる。

　この場合，弁護人としては，検察官による新主張が，整理手続終了後になされたことについて，合理的理由があるのかどうか，検討する必要があるところであって，証拠関係等の変更の有無・程度に鑑み，検察官が新たな主張を行うことについて，合理的理由がないと判断される場合には，異議を述べるべきである。

第 4 節　同意の撤回

　公判前整理手続等に付されていない公判手続において，相手方の証拠調べを請求した書証について，いったん，同意意見を述べた後，事後的に同意意見を撤回し，不同意とできるかどうかという問題については，①当該書証の証拠調べが終了する前であれば撤回可能とする説，②当該書証の証拠調べが実施される前であれば撤回可能とする説，③当該書証の証拠調べが実施される前であって，意見を撤回しなければならない特別の事情があり，かつ，裁判所から裁量的に許可を受けた場合には撤回可能とする説がある。

　では，訴訟当事者が，公判前整理手続等において，いったん，相手方の取調べ請求にかかる書証の取調べについて同意意見を述べ，手続の終了後に，自らの同意意見を撤回することは許されるか。

　まず，前提として，刑事訴訟法316条の32によって制限されるのは，公判前整理手続等終了後の新たな証拠調べ請求であって，証拠意見の撤回の可否については言及されておらず，公判前整理手続等終了後の同意意見の撤回が，当然に制限されているわけではない。

　もっとも，公判前整理手続等の終了後に，書証の取調べについての同意意見が撤回されると，相手方当事者において，供述者の尋問手続等，新たな証拠調べ請求の必要が生じる可能性があり，その結果，裁判所が計画どおり審理を行うことが困難になるおそれもある。

　そのため，公判前整理手続等終了後の同意意見の撤回については，意見を撤回しなければならない特別の事情があり，かつ，裁判所から裁量的に許可を受けた場合にのみ，撤回可能とする説がある。

この点，刑事訴訟法316条の32によって，公判前整理手続等が終了した後の新たな証拠調べ請求が制限されていることの趣旨に鑑みれば，公判前整理手続等が終了した後の同意意見の撤回は，たとえ証拠調べの実施前であっても，ある程度制約されざるを得ないものと考えられる。

もっとも，刑事訴訟法316条の32によれば，「やむを得ない事由」がある場合には，整理手続終了後の新たな証拠調べ請求も許されるものとされているところ，伝聞証拠の取調べに同意した場合であっても，整理手続終了後，相手方当事者の主張等が変化したとき等，同意証拠の供述者に対して，反対尋問を行う必要が新たに生じるような場合がありうるのであって，そのような場合は，整理手続終了後であっても，同意を撤回することができるものと解するべきである。

なお，公判前整理手続等が終了する前であれば，証拠意見が変更されたとしても，計画審理の実効性が害されるという問題は生じないのであるから，証拠意見の変更が制約されるべき理由はないものと考えられる。

第5節　検察官から新たな証拠調べ請求がなされた場合の対応

刑事訴訟法316条の32第1項は，「検察官及び被告人又は弁護人」による新たな証拠調べ請求を制限するものであるから，検察官が，公判前整理手続終了後に新たな証拠調べ請求を行った場合，弁護人としては，検察官の請求にかかる証拠が，「やむを得ない事由によつて公判前整理手続又は期日間整理手続において請求することができなかつたもの」であるかどうか，吟味する必要がある。

上記の検討に当たっては，検察官が請求しようとする新たな証拠について，①その存在が検察官にとって既知のものであったかどうか，②検察官が従前の手続の際に当該証拠を請求することについて，何らかの障害があったか，③従前の主張整理等の状況において，検察官が当該証拠を請求しなかったことについて合理的理由があるかどうかといった点を考慮することになるものと思われる。

上記の事情のうち，③については，刑事訴訟法316条の32の規定が，公判

前整理手続において策定された審理計画の実現が困難になることを避けることを趣旨とするものであることに鑑み，検察官が請求しようとする新たな証拠が訴訟に提出されることによって，弁護側の主張・立証内容にどの程度の影響が及ぶのかという観点から，特に慎重に検討するべき点であると思われる。

そして，検察官が請求しようとする新たな証拠が，「やむを得ない事由によって公判前整理手続又は期日間整理手続において請求することができなかったもの」でないと判断される場合には，弁護人として，書面等により，明確に異議を述べておくのが望ましいと考えられる。

もっとも，公判前整理手続後に新たに請求された証拠が，仮に，やむを得ない事由によって請求できなかったものではなくとも，裁判所が必要と認める場合には，職権で証拠調べを行うことは可能である（刑訴316条の32第2項）。

よって，検察官による新たな証拠調べ請求が不当と判断される場合には，「やむを得ない事由」によるものであるかどうかという点についてのみならず，証拠調べの必要性についても，反論を行う必要があるものと思われる。

なお，弁護人が，公判前整理手続後に新たな証拠調べ請求を行おうとする場合，検察官から，上記のような点について反論されることが予想されるので，新たな証拠調べの請求に当たっては，その証拠が「やむを得ない事由」によって請求できなかったものであり，かつ，証拠調べの必要性があることを主張するべきである。

第6節 「やむを得ない事由」の意義

刑事訴訟法316条の32によれば，やむを得ない事由によって公判前整理手続等において請求することができなかった証拠調べについては，手続終了後においても請求することができるものとされる。

この点，「やむを得ない事由」というのが具体的にいかなる事情を指すのかという点については，条文上明示されておらず，解釈に委ねられることとなるところ，上記の点については，証拠調べ請求を制限する本条項が，公判前整理手続における弁護側の主張明示義務及び証拠調べ請求義務の実効性を

担保する趣旨で設けられたことに鑑みて、「やむを得ない事由」の解釈は厳格に行われるべきであるとの指摘がある。

もっとも、弁護人において、請求するべき証拠の存在自体を知らなかったとか、その所在が不明であったという場合には、当該証拠について、証拠調べ請求を行うことがそもそも不可能なのであるから、そのような場合には、問題なく、「やむを得ない事由」が存在するものと考えられる。

また、公判前整理手続時点での証拠関係や、両当事者の主張内容に鑑み、当該証拠を請求しないという判断に合理性がある場合には、「やむを得ない事由」が存在するといえるものと考える。

なお、刑事訴訟法316条の32にいう「やむを得ない事由」という語については、控訴趣意書への事実の援用について定めた刑事訴訟法382条の2第1項にも同じ文言が用いられているところ、同条の解釈にあたっては、従前、いわゆる物理的不能説（「やむを得ない事由」とは、①証拠の存在を知らなかった場合か、②証拠の存在は知っていたが、その取調べ請求が物理的に不可能だった場合を指し、請求をする必要がないと考えた場合など、心理的に不能である場合を含まないとする考え方）が通説であるといわれていた。

しかし、刑事訴訟法382条の2は、控訴審の事後審たる性質を踏まえて設けられた規定である一方、刑事訴訟法316条の32は、第1審公判前の争点整理に実効性を有らしめることを趣旨とするものであって、両者は性質がまったく異なっており、刑事訴訟法382条の2の解釈に関する上記の議論が、刑事訴訟法316条の32にそのまま妥当するとはいえないと考えられる。

第7節　整理手続終了後に新たな証拠調べ請求をする場合の手続

I　請求の時期

刑事訴訟規則217条の31によれば、公判前整理手続又は期日間整理手続に付された事件について、やむを得ない事由により公判前整理手続又は期日間整理手続において請求することができなかった証拠の取調べを請求するとき

は，その事由がやんだ後，できる限り速やかに，これを行わなければならないものとされる。

以上のとおり，公判前整理手続後に新たに証拠調べ請求を行う場合については，時的制限が設けられており，例えば，検察官の主張が事後的に変更されたような場合，弁護人としては，まず，新たな証拠調べ請求を行う必要があるかどうかを，検討する必要がある。

そして，新たな証拠を請求する必要が生じたと判断されるときは，弁護人としては，検察官からの主張変更後，速やかに，新たな証拠調べの請求を行う必要がある。

他方，例えば，検察官から，弁護人の主張が事後的に変更されたということを理由として，新たな証拠調べの請求が行われた場合，弁護人としては，そもそも刑事訴訟法316条32にいう「やむを得ない事由」があるかどうかということに加え，検察官による新たな証拠調べの請求が，「やむを得ない事由」がやんだ後，できる限り速やかになされたものといえるかどうかという点についても，吟味する必要がある。

その上で，検察官からの新たな証拠調べの請求が，時期に遅れていると判断される場合，弁護人としては，検察官による証拠調べ請求に対し，異議を述べるべきである。

Ⅱ 請求の方法

刑事訴訟規則217条の30によれば，公判前整理手続又は期日間整理手続に付された事件について，公判前整理手続又は期日間整理手続において請求しなかった証拠の取調べを請求するには，やむを得ない事由によってその証拠の取調べを請求することができなかったことを疎明しなければならないものとされる。

よって，弁護人が，整理手続の終了後に，新たな証拠調べ請求を行う場合には，刑事訴訟法316条の32にいう「やむを得ない事由」を疎明する必要があり，例えば，検察官の主張が事後的に変更されたような場合，新たな証拠調べ請求の必要性を生ぜしめた変更点と，当該変更によって新たな証拠調べ請求の必要性が生じた理由を指摘することとなると思われる。

他方，例えば，検察官から，弁護人の主張が事後的に変更されたということを理由として，新たな証拠調べの請求が行われた場合，弁護人としては，弁護人のいかなる主張変更が，どのような理由で，新たな証拠調べ請求を必要とさせたのかという点が，検察官からの証拠調べ請求において明示されているか否か，吟味する必要がある。

その上で，検察官からの新たな証拠調べの請求において，「やむを得ない事由」の疎明がないと判断される場合，弁護人としては，検察官による証拠調べ請求に対し，異議を述べるべきである。

第8節　裁判例

刑事訴訟法316条の32の適用が問題となった裁判例は，下記のとおりである。

(1) **東京高裁平成20年3月26日判決**

(a)　事件名等

・偽証被告事件

・事件番号：平成19年(う)第1639号事件

・判タ1272号329頁

(b)　事案の概要　　公訴事実は，被告人が，長男であるAに対する強制わいせつ被告事件について，虚偽の不在証明により無罪判決を得ようと企て，Aが，平成17年9月13日（以下「本件当日」ともいう）午前10時ころから午後零時ころまでの間，被告人，B及びCと共に，さいたま市内所在の量販店等に赴くなどして被告人らと行動を共にしていた事実がないにもかかわらず，平成18年5月8日，さいたま地方裁判所におけるAに対する強制わいせつ等被告事件の公判期日において，宣誓の上，証人として証言した際，「私が，平成17年9月13日午前9時40分ころ，B及びCと共に買物のためにBの運転する自動車で外出したところ，同日午前10時過ぎころ，さいたま市内路上において，偶然，歩行中のAに出会ったので，同人を乗車させた。その後，被告人らは，買物のために，同車で，上記店舗に赴いたが，その際，Aも同行しており，被告人らがそれらの店舗で買物をする間，Aは，それらの

店舗の駐車場に駐車させた同車内で待っていた」旨述べ，自己の記憶に反した虚偽の陳述をして偽証した，というものである。

上記について，原判決は，被告人に対し，偽証の事実の証明がないとして無罪を言い渡したが，検察官が控訴した。

検察官は，Aが犯行を敢行した事実の有無について，原審では，そのような立証を試みていないのに，控訴審では，その立証が許される旨，主張した（結論：消極）。

(c) 裁判所の判断　「本件は，原審で公判前整理手続を経た事件であるから，本件客観的事実の立証に関する控訴審での有り様に関連して付言する。

検察官は，Aが本犯事件を敢行した事実の有無に関して，原審では，そのような立証を試みていないのに，控訴審では，その立証が許される旨主張する（控訴趣意書28～30頁，平成19年10月24日付け，同年11月5日付け及び同月21日付け各意見書）。

しかし，原審における公判前整理手続の結果に基づいて，原審段階では，検察官主張の点に関する立証は制限されていた（刑事訴訟法316条の32第1項）。

当審において，原審で証拠請求していない，本犯事件の被害者等の供述等を用いて，本件客観的事実の不存在を立証できるかについては，当裁判所は，既にした証拠決定で示したとおり，刑事訴訟法382条の2第1項にいう『やむを得ない事由』があるとは認められないとして，検察官の関係証拠の請求を却下している。

本件に即していえば，検察官は，本件客観的事実の存否に関しては，本犯事件に関する証拠を用いて立証する方法も当然に予定できるから，そういった立証をも行うのか否かについて，予め十分検討した上で，原審での公判前整理手続に臨むべきであったといえる。

そうであるのに，検察官は，公判前整理手続の全過程（打合せ期日をも含む）を通じて，本件客観的事実の立証に関して，本犯事件の具体的な事実関係の主張や，本犯事件の証拠を本件で請求するなどの立証方針を表明せず，最終的にも証拠請求しなかったから，自己の判断で本犯事件に関する証拠を用いた立証をしない選択をしていたものと推認される。

このような推認が可能であることは，本件に関する証拠だけで被告人が有

罪である旨の立証ができれば，本犯事件の立証に関連した証拠に格別の影響を及ぼさないで済むばかりか，本犯事件の立証にも有利な影響がもたらされることになる関係にあることからしても，裏付けられているといえる。

このような原審での検察官の立証態度を踏まえて，当裁判所は，前記決定をしたものであり，前記検察官の所論は採用できない。」

(2) 広島高裁岡山支部平成20年4月16日判決

(a) 事件名等

・住居侵入，強姦致傷，器物損壊被告事件
・事件番号：平成20年(う)第5号事件
・高等裁判所刑事裁判速報集(平20)号193頁

(b) 事実経過　弁護人は，被告人出頭の上で平成19年9月26日に実施された原審公判前整理手続期日において，公判期日においては，各公訴事実を争わず，①本件を除いては被害者に対して犯罪行為を行っていないこと，②強姦致傷の際に被害者の首を絞めていないこと，③その際に受話器で被害者を殴打した回数が5，6回より少ないこと，④器物損壊の際に被害者に害悪の告知をしていないことのほか，慰謝の措置を講じたことなどを主張する予定である旨書面により明らかにした。

そして，同手続を終了するにあたり，原裁判所は，検察官及び弁護人の間で，争点整理の結果，各公訴事実に争いはなく，本件の争点が①ないし④の4点であることを確認した。

その後，被告人は，同年11月2日の第1回公判期日における罪状認否の際，「事実はいずれも間違いありません。」と陳述した。ところが，弁護人は，被告人の同陳述に引き続き，「被告人は，強いて姦淫しようと企てて被害者方に侵入しようとしたのではなく，入浴しようとして侵入し，被害者が110番通報しているところを目撃し，これを制止しようともみ合いになった際，姦淫を決意したものです。」，「強姦致傷の公訴事実に関し，被告人が姦淫目的で被害者宅に侵入したのではなく，入浴目的で侵入し，もみ合ううちに姦淫を思い立ったとする点については，最近になって被告人が述べ始めたものです。」などと陳述した。

そして，原審裁判長は，検察官及び弁護人の各請求証拠の取調べが終了し

た後，被告人質問に先立ち，弁護人に対し，住居侵入の目的に関する上記主張は公判前整理手続において主張していなかった新たな主張であって，刑事訴訟法316条の32第1項にいう「やむを得ない事由」は認められないことを理由に，上記主張の点については被告人に供述を求めないよう命じたため，「やむを得ない事由」があるか否かが問題となった（結論：消極）。

　(c)　裁判所の判断　「被告人質問を制限した原審裁判長の訴訟指揮の適法性について検討すると，なるほど，刑事訴訟法316条の32第1項は，公判前整理手続に付された事件について，同手続終了後の新たな証拠調べ請求を制限しているところ，同項の『証拠調べ』は当事者の証拠調べ請求や証拠決定を経て実施される所謂狭義の証拠調べを意味し，これらの手続を要しない被告人質問は含まれないものと解されるから，原審裁判長が同項の『やむを得ない事由』の不存在を理由に被告人質問を制限したことは，その理由において不適切なものであったといわざるを得ない。」

　「しかしながら，刑事訴訟法が徹底した争点及び証拠の整理を通じて充実した公判審理を継続的，計画的かつ迅速に行うために公判前整理手続の規定を設け，当事者に主張明示義務及び証拠調べ請求義務を課し，さらには，同手続終了後の新たな証拠調べ請求を制限していることに照らせば，当事者は，同手続終了後，合理的な理由なく主張を追加・変更することを差し控えるべき義務を本来的に負っていることは明らかである。」

　「してみると，弁護人が，同手続終了後に合理的な理由なく追加・変更した主張に関して被告人に供述を求めることは，公判前整理手続の規定を設けて上記のような充実した公判審理を実現しようとした法の趣旨を没却するものであって相当でないから，刑事訴訟法295条1項により，裁判長は，訴訟関係人の本質的な権利を害しない限り，このような被告人質問を制限し得るものと解すべきである。」

(3)　**名古屋高裁金沢支部平成20年6月5日判決**

　(a)　事件名等
　・強盗致傷幇助被告事件
　・事件番号：平成19年（う）第149号事件
　・判タ1275号342頁

(b) 事案の概要　　弁護人が，第1審の手続において，証人尋問終了後に証人の捜査段階での供述調書等を弾劾証拠として請求したところ，裁判所が，刑事訴訟法316条の32第1項の「やむを得ない事由」があるということはできないとして，上記弾劾証拠調べ請求が却下されたため，「やむを得ない事由」があるか否かが問題となった（結論：積極）。

(c) 裁判所の判断　　「所論がいうように，同法328条による弾劾証拠は，条文上『公判準備又は公判期日における被告人，証人その他の者の供述の証明力を争うため』のものとされているから，証人尋問が終了しておらず，弾劾の対象となる公判供述が存在しない段階においては，同条の要件該当性を判断することはできないのであって，証人尋問終了以前の取調請求を当事者に要求することは相当ではない。

そうすると，同条による弾劾証拠の取調請求については，同法316条の32第1項の『やむを得ない事由』があるものと解すべきであって，原審裁判所がその証拠決定において，『やむを得ない事由があるということはできない。』としたことは，法律の解釈を誤ったものというべきである。」

「……同法328条は，公判準備又は公判期日における被告人，証人その他の者の供述が，別の機会にしたその者の供述と矛盾する場合に，矛盾する供述をしたこと自体の立証を許すことにより，公判準備又は公判期日におけるその者の供述の信用性の減殺を図ることを許容する趣旨のものである（最高裁平成18年11月7日第三小法廷判決・刑集60巻9号561頁参照）から，同条による弾劾証拠請求を採用するに当たっては，別の機会にした供述が公判準備又は公判期日の供述と矛盾するものであるとの要件が認定されることが必要である。」

「……同法328条の証拠請求の採否に関する判断要素について検討すると，〔1〕その供述者の立場（被害者，共犯者，第三者等，被告人），〔2〕その弾劾の対象となる供述者のした供述の重要性（犯罪事実の存否の認定に不可欠か否か），〔3〕弾劾の対象が供述者の供述全体の信用性にかかわるものか，供述中の特定の事項の信用性にかかわるものか，〔4〕公判準備又は公判期日における供述と，別の機会にした供述の矛盾の程度（明白に異なるか，意味合いの違いにとどまるか），〔5〕別の機会にした供述が複数あって，それらの相互の間にも矛盾がある場合などにおいては，その供述のなされた時期，変遷経緯，

〔6〕その公判期日等において，供述者の別の機会にした供述とのくい違いに関し，十分な尋問がなされているか否か，〔7〕供述者が，別の機会にした供述とのくい違いについて，十分な説明をしたか否か，等の諸点について，考慮することになる。」

「……弁護人や検察官が，供述者に対して，自己矛盾の供述について十分な尋問をしていない場合に，同法328条の弾劾証拠請求を許容することは，いたずらに，供述者の供述の信用性の判断を難解にすることにもなりかねないから，原則的には，公判期日等における反対尋問や補充尋問が十分になされることなく請求された場合には，それを許容すべきでないと考えるが，一方，弁護人としては，供述者に事前尋問をするために当該弁護人の事務所等に呼び出す権限が与えられているわけではないから，事前の準備にも一定の限度があり，公判期日等の審理の際に十分な反対尋問等ができないことも考慮すべきであって，公判期日等における反対尋問等がなされていないことのみで，弾劾証拠をすべて排斥するのは相当とはいい難い。」

(4) 東京高裁平成20年11月18日判決

(a) 事件名等

・業務上過失致死，道路交通法違反被告事件

・事件番号：平成20年(う)第1744号事件

・判タ1301号307頁

(b) 事案の概要　　本件は，交通事故による業務上過失致死罪等の成否が問題となった事案であり，検察官が公判前整理手続後に行った訴因変更請求（過失の態様に関するもの）が許容されるか否かが争われた（結論：積極）。

(c) 裁判所の判断　　「公判前整理手続は，当事者双方が公判においてする予定の主張を明らかにし，その証明に用いる証拠の取調べを請求し，証拠を開示し，必要に応じて主張を追加，変更するなどして，事件の争点を明らかにし，証拠を整理することによって，充実した公判の審理を継続的，計画的かつ迅速に行うことができるようにするための制度である。このような公判前整理手続の制度趣旨に照らすと，公判前整理手続を経た後の公判においては，充実した争点整理や審理計画の策定がされた趣旨を没却するような訴因変更請求は許されないものと解される。

「これを本件についてみると，公判前整理手続において確認された争点は，『被告人が，本件交通事故を引き起こして逃走した犯人であるかどうか』という点であり，本件交通事故を起こした犯人ないし被告人に業務上の注意義務違反があったかどうかという点については，弁護人において何ら具体的な主張をしていなかった。」
　「なお，弁護人は，公判前整理手続の過程において，被害者が自損事故により自ら転倒して死亡した旨を主張予定書面に記載しているものの，被害者運転の原動機付自転車（以下「被害者車両」という。）と本件交通事故を起こした自動車（以下「犯行車両」という。）が接触するという本件交通事故が発生していることを前提に，犯行車両の運転者に業務上の注意義務違反がなかった旨を具体的に主張するものではない。」
　「公訴事実の内容である過失を基礎付ける具体的事実，結果を予見して回避する義務の存在，当該義務に違反した具体的事実等に対して，弁護人において具体的な反論をしない限り，争点化されないのであって，実際にも争点とはなっていない。」
　「公判前整理手続における応訴態度からみる限り，本件交通事故が発生していることが認定されるのであれば，犯行車両の運転者に公訴事実記載の過失が認められるであろうということを暗黙のうちに前提としていたと解さざるを得ない。」
　「検察官が訴因変更請求後に新たに請求した実況見分調書2通は，公判前整理手続において，当初請求したものの，追って撤回した証拠であって，業務上の注意義務違反の有無が争点とならなかったために，そのような整理がされたものと考えられる。
　ところが，公判において，本件交通事故の目撃者等の証拠調べをしてみると，本件交通事故の態様が，訴因変更前の公訴事実が前提としていたものとは異なることが明らかとなったため，検察官は，原審の指摘を受け，前記のとおり，訴因変更請求をした。
　そして，その段階でその訴因変更請求を許可したとしても，証拠関係は，大半が既にされた証拠調べの結果に基づくものであって，訴因変更に伴って追加的に必要とされる証拠調べは，検察官立証については前記のとおり極め

て限られており，被告人の防御権を考慮して認められた弁護側立証を含めても，1期日で終了し得る程度であった。

……以上によれば，本件は，公判前整理手続では争点とされていなかった事項に関し，公判で証人尋問等を行った結果明らかとなった事実関係に基づいて，訴因を変更する必要が生じたものであり，仮に検察官の訴因変更請求を許可したとしても，必要となる追加的証拠調べはかなり限定されていて，審理計画を大幅に変更しなければならなくなるようなものではなかったということができる。

そうすると，本件の訴因変更請求は，公判前整理手続における充実した争点整理や審理計画の策定という趣旨を没却するようなものとはいえないし，権利濫用にも当たらないというべきである。検察官の本件の訴因変更請求を許可した原審には，判決に影響を及ぼすことが明らかな訴訟手続の法令違反は認められない。」

(5) **広島高裁平成20年12月9日判決**
(a) 事件名等
・強制わいせつ致死，殺人，死体遺棄，出入国管理及び難民認定法違反被告事件
・事件番号：平成18年（う）第180号事件
・高等裁判所刑事裁判速報集（平20）号259頁

(b) 事案の概要　　本件は，弁護人が，死体検案書の作成者の公判証言の信用性を争うべく，公判前整理手続にて請求していない死体検案書等を，刑事訴訟法328条の証拠として請求したという事案であり，上記請求について，刑事訴訟法316条の32第1項の「やむを得ない事由」があるか否かが問題となった（結論：積極）。

(c) 裁判所の判断　　「死体検案書を取り調べる必要が生じたのは，Bが，原審第2回公判期日において，証人として供述することにより，初めてその公判廷における供述内容が明らかになり，かつ，その内容が，上記死体検案書の記載と実質的に相反している上，その異なる理由について納得のいく説明がされなかったからである。」

「そうすると，原審第2回公判期日におけるBの証人尋問が終了するまで

は，弁護人が，刑事訴訟法328条の証拠として死体検案書の証拠調べを請求することは，不可能である。」

「したがって，公判前整理手続において，検察官が請求した死体検案書に，弁護人が不同意の意見を述べたことから，その証拠調請求が撤回され，その後公判前整理手続が終わるまでの間，弁護人がその証拠調べを請求しなかったことには，同法316条の32にいうやむを得ない事由があるというべきである。」

(6) 東京高裁平成21年2月20日判決

(a) 事件名等
・住居侵入，強盗強姦，窃盗被告事件
・事件番号：平成20年（う）第1030号事件
・高等裁判所刑事裁判速報集（平21）号90頁

(b) 事案の概要　本件は，弁護人が，第1審の公判前整理手続において，同審における事実認定の基礎となった証拠の証明力を争わなかった場合に，控訴審段階で，証人尋問をしなかった原審の訴訟指揮を捉え，審理不尽であると主張することができるか否かが問題となった事案である（結論：消極）。

(c) 裁判所の判断　「原審においては，いずれも被告人が出頭した上で，4回にわたって公判前整理手続期日が開かれ，第4回公判前整理手続期日において，最終的な争点及び証拠の整理が行われ，原判示第1（住居侵入，強盗強姦）についての争点は，被告人と犯人の同一性であり，弁護人の主張は，〔1〕被害者の供述する犯人の特徴（髪型）が，当時の被告人と異なる，〔2〕被告人に強姦事件を引き起こす動機がない，〔3〕本件現場に遺留されたナイフは，被告人が平成19年4月下旬から5月上旬ころ，車上荒らしに遭った際に盗まれたものである可能性があり，上記ナイフに被告人の指紋が付着していることをもって被告人と犯人との同一性を推認できない，というものであるとされた。」

「そして，これらの整理に至る過程において，原審弁護人は，〔1〕本件果物ナイフについては付着していた指紋が被告人の指紋であることは争わない旨を明確にし，〔2〕DNA型鑑定については，当初こそ鑑定資料の収集に関する疑問を表明し，鑑定書の証拠請求に対し不同意意見を述べていたもの

の，最終的には不同意を撤回して，特段の留保もなく証拠とすることに同意し，〔3〕携帯電話機のカメラ機能の使用に関する報告書についても特段の留保もなく同意の証拠意見を述べていたのである。」

「これらの経緯に照らせば，前記の争点整理は，被告人側において，〔1〕指紋関係については，指紋の採取経過等は主張しない，〔2〕DNA型鑑定については，その内容の実体的な証明力を争わないばかりでなく，鑑定資料の同一性などその証拠についての訴訟法的な事実関係を争わない，〔3〕被告人の携帯電話機については，事件発生時刻ころにシャッターが切られていること自体は争わないとの前提の下に行われたと見るべきものであり，このことは，出頭していた被告人にも明らかであったというべきである。」

「ところで，公判前整理手続は，当事者双方が公判においてする予定の主張を明らかにし，その証明に用いる証拠の取調べを請求し，証拠を開示し，必要に応じて主張を追加，変更するなどして，事件の争点を明らかにし，証拠を整理することによって，充実した公判の審理を継続的，計画的かつ迅速に行うことができるようにすることを目的として創設された制度である。このような公判前整理手続の制度趣旨に照らすと，公判前整理手続を経た後の公判においては，充実した争点整理や審理計画の策定された趣旨を没却するような主張の変更は原則として許されないものと解される。

そして，この理は，控訴審についても同様であり，事後審査審であることを考えると，公判前整理手続の結果をないがしろにするような追加的主張や追加的証拠調べを控訴審段階で認めることは，特段の事情がない限り許容されていないというべきである。

そのような観点から検討すると，弁護人のこれらの主張は，原審の公判前整理手続において容易に提出することができるものである。仮に，原審の公判前整理手続において主張されれば，これらの点について，裁判所と当事者間で主張と証拠の整理がなされ，検察官も容易に対応することができたのは，当審における検察官の対応や審理状況に照らせば明らかである。そのほか，控訴審においてその主張を認めるべき特段の事情があるとも認められない。被告人側として，証拠として同意しておきながら，証人尋問をしなかった原審の訴訟指揮を捉え，審理不尽であると主張すること自体，背理というしか

なく，したがって，所論において，実質的に訴訟手続の法令違反を主張する点については，主張自体失当というほかない。」

(7) **東京高裁平成21年3月19日判決**

(a) 事件名等

・殺人，銃砲刀剣類所持等取締法違反被告事件
・事件番号：平成20年（う）第1103号事件
・東高時報60巻1＝12号41頁

(b) 事案の概要　　本件は，殺意や責任能力が争点となった事案であり，公判前整理手続後，検察官が，公判前整理手続で弁護人に開示することも証拠請求することもしなかった鑑定書を，第1回公判期日の直前に弁護人に開示し，報告書の誤記が判明したなどという請求理由により，同期日において証拠調べ請求をした。

上記について，原審が，鑑定書を作成した医師及び解剖に立ち会った警察官の証人尋問を行った上，鑑定書を採用したため，上記鑑定書の証拠調べ請求について，刑事訴訟法316条の32第1項の「やむを得ない事由」があるかが問題となった（結論：消極）。

(c) 裁判所の判断　　「A鑑定は，公判前整理手続終了後に証拠請求されたものであり，上記経緯や本件記録に照らして検討しても，その証拠請求につき，刑事訴訟法316条の32第1項所定の『やむを得ない事由』があるとは認められない。」

「検察官は，この間の経緯につき，当審において，原審検察官は，本件報告書と本件目撃者の供述等により殺意の立証は十分と考え，公判前整理手続が行われている間に本件鑑定書が届いたが，本件鑑定書と本件報告書の記載内容の主要な部分は符合しているものと推測し，点検等をしないまま放置していたところ，その後，本件報告書と本件鑑定書とが死因，傷の深さ等につき相違していることに気付き，証拠請求に至ったと意見を述べている（略）。」

「しかし，そのような事情があったとしても，原審検察官の対応は不適切であったというほかなく，A鑑定について『やむを得ない事由』によって公判前整理手続において請求できなかったものとは認められない。」

「しかし，一般的に，司法解剖を担当した医師が作成する鑑定書は，その専門的知見に基づき，被害者の創傷の部位・程度や死因等を明らかにする客観的証拠であり，とりわけ本件のように殺意が争われている事案においては，争点の帰趨を左右し得る重要な証拠として，これを取り調べる必要性は大きい。」

「しかも，本件においては，本件鑑定書の記載内容の重要な部分が，取調請求済みの本件報告書のそれと異なることが判明したという特殊な事情があったのである。そこで，検察官等が公判前整理手続で証拠請求しなかったことが『やむを得ない事由』によるとはいえない場合でも，裁判所は，真実発見の見地などから，請求された証拠の取調べが必要と考えるときには，職権で証拠調べをすることができるところ（刑訴316条の32第2項），原審が，A鑑定の取調べを必要と認めて，Aの証人尋問のほか，弁護人請求のBの証人尋問も行い，本件鑑定書と本件報告書の内容に相違が生じた理由が明らかになるように配慮をした上，検察官請求の本件鑑定書を取り調べたのは，上記のような本件の具体的経緯や特殊事情にかんがみると，本件の争点である殺意の有無を解明するために相当であり，これを違法ということはできない。」

(8) 東京高裁平成21年4月28日判決

(a) 事件名等

・殺人，死体損壊被告事件

・事件番号：平成20年（う）第1390号事件

・東高時報60巻1＝12号48頁

(b) 事案の概要　本件の公判前整理手続では，争点が，各犯行の動機及び責任能力であると整理されたところ，検察官は，整理手続の段階では，被告人が作成した犯行状況等に関する上申書を証拠請求しなかった。

その後，第2回公判において，留保されていた精神鑑定が採用され，鑑定人が，被告人には犯行時の記憶がほとんどないなどとする鑑定書等を作成し，弁護人がその証拠調べ請求をしたことから，検察官において，その直後に，前記の各上申書を証拠調べ請求するに至った。

上記について，弁護人は，原審の公判前整理手続において，責任能力の存否に関し，被告人の犯行時の記憶が欠落していることが争点の1つとされな

がら，上記各上申書の証拠請求がされなかったのであるから，公判審理がかなり進行してから初めて請求されたこれらの各証拠を控訴審で取り調べることは，公判前整理手続の趣旨を没却することとなり，許されないと主張したため，「やむを得ない事由」があるかが問題となった。

(c) 裁判所の判断　原審の公判前整理手続では，被告人の責任能力が問題となってはいたものの，被告人に犯行時の記憶がほとんどないということは想定されておらず，被告人の捜査段階における供述調書等が前記のとおり同意書証として採用されていたが，公判審理の段階で採用した鑑定人が，前記のような見解を示したために，その段階で，検察官において，前記の各上申書を証拠調べ請求する必要が生じたということができる。

検察官は，やむを得ない事由によって公判前整理手続において前記の各上申書を請求することができなかったというべきである。前記の各上申書を採用することには，何ら問題はない。

(9) **高松高裁平成21年5月26日判決**
(a) 事件名等
・背任被告事件
・事件番号：平成21年(う)第16号事件
・高等裁判所刑事裁判速報集(平21)号321頁

(b) 事案の概要　本件においては，裁判所が，公判前整理手続終了後，訴因及び罰条の予備的追加を検察官に勧告することの可否，及び，上記勧告に基づきなされた検察官の訴因及び罰条の予備的追加を，裁判所が許可することの可否が問題となった（結論：いずれも積極）。

(c) 裁判所の判断　「平成16年法律第62号により，公判前整理手続の規定を設けるなどの刑訴法の改正が行われたが，その際，検察官，弁護人，被告人の主張を制限する旨の規定は設けられず，訴因及び罰条の変更や裁判所の命令に関する刑事訴訟法312条の規定も変更されなかったから，公判前整理手続を経た事件についても，無限定であるかどうかはともかくとして，訴因及び罰条の変更が許され，一定の場合には，裁判所がこれを命じ，あるいは勧告することができる。」

「そうして，横領罪と背任罪は，横領罪が成立するときには背任罪は成立

しないという法条競合の関係にあり，横領罪が成立しないと判断されるときには，背任罪が成立するか否かを検討することになる。」

「そうすると，裁判所は，それまでの審理の結果，横領罪は成立しないが，背任罪が成立する可能性があると認めた際，予想される背任の訴因の重大性，これまでの審理等の経過，訴因の変更により被告人の防御に支障をきたすおそれの有無，程度，変更ないし付加された訴因に関する証拠調べの必要性の有無，程度，審理に要する期間などを考慮して，その旨の勧告をすることができると解される。

これを本件でみると，まず，追加された訴因は，土地改良区の理事長であった被告人が，県から支払われた換地清算金の原資となるべき土地代金から合計1億9186万8291円を生産組合等に贈与して，土地改良区に同額の損害を与えたというもので，巨額な背任事件であって，重大な事件である。

次に，審理等の経過などをみると，原審裁判所は，業務上横領罪の成否に関して，不法領得の意思の有無を判断するに当たり問題となる主な事項として，上記〔1〕ないし〔4〕の点を掲げたが，これらの点は，背任罪の成否の要件である，自己又は生産組合等の利益を図る目的があったか否か，任務違背があったか否か，土地改良区に損害を与えたか否かを判断するに当たり問題となる事項であり，背任罪の訴因が加わったからといって，新たに問題となる事項はなく，新たに証拠調べをする必要も少ない。

現に，原審検察官は，上記訴因及び罰条の予備的追加をしたのみで，何らの証拠請求もしていない。」

「原審弁護人は，被告人の防御の機会を不当に奪うと反対したが，背任罪の成否の判断のために審理すべき新たな事項を具体的に主張せず，証拠関係についても，以前に却下された書証を再度請求した（却下）以外には，土地改良区の平成16年度以降の決算書，補正予算書，予算書（証拠番号略）を請求し（同意，採用），既に尋問を終えたYを別の立証趣旨で請求し（却下），補足的に被告人質問をしたにすぎない。

訴因及び罰条変更後の論告弁論をみても，具体的な事実関係の主張は業務上横領に関する従前の論告弁論と同様であり，背任罪の構成要件に即して主張し直されたにすぎない。」

「以上のように，業務上横領罪の審理を通じて，背任罪に関する審理も十分されており，被告人の防御にも支障を来すことはなかったと認められ，新たな証拠調べのための殊更日時を要した形跡もない。
　なお，原審弁護人は，公判前整理手続に強く反対し，同手続中に，原審検察官には土地改良法の解釈適用に誤りがあり，業務上横領の成否に疑問があるとして，釈明を重ねているが，土地改良事業に伴う業務上横領では，前提となる法律関係が複雑であって，このような事件こそ公判前整理手続に親しむものであり，釈明が重ねられても異とするに足りない。」
「次に，公判前整理手続終了後，検察官，弁護人，被告人は，十分な理由なく主張を変更せず，それに伴う新たな証拠調べを請求しないことが義務付けられているのに，判断者に徹する裁判所だけ審理計画からの逸脱を自由にできるのは不合理で，裁判所も同様の制約に置かれるべきである，ともいう。」
「しかし，検察官あるいは弁護人において，当該事件の捜査あるいは調査を尽くすべきであるのに，通常なら行われるような捜査あるいは調査を怠り，後日，これに気付いて主張を変更するようなことは制約されるとしても，捜査あるいは調査を尽くしても解明できず，公判前整理手続後，公判途中で何らかの事由で新たに重大な証拠を発見し，これに伴い主張を補充ないし変更する場合があるが，このような場合には主張を変更する理由及必要があり，裁判所もその変更を許可するのが相当である。」
「次に，検察官が起訴した訴因を立証できると見込んでいたが，公判審理では立証が功を奏さず，訴因変更あるいは予備的訴因を追加する必要が生ずるときにも，変更の請求をすることが可能であって，相手方に異議がないとき，あるいは異議があっても，その訴因自体が重要な事実であるなど上記のような事由があるときには，裁判所はこれを許可すべきである。
　他方，検察官が訴因の立証がされていると考えていても，認定が困難であるが，他の訴因なら認定可能と認められる場合に，上記の事由があるときには，訴因変更あるいは予備的訴因の追加を勧告する必要が生じる事態は避けられず，これができないとする合理的理由はない。
　なお，検察官及び弁護人は，手持ち証拠のほか，相手方の証拠も法にのっ

とり開示を受け検討できるのに対し，公判前整理手続の段階では裁判所は証拠を見ていないから，その段階でそのような勧告はできないし，当初の訴因に対し，これが成立しないときに備え，あらかじめ法条競合等の関係にある他の訴因も加えて整理手続きを進める必要も乏しい。そうすると，裁判所が審理の結果に応じて，訴因変更を勧告する理由も必要もあるから，所論のような制約を受けるとしても勧告もできないなどとはいえない。

したがって，原審裁判所が，訴因及び罰条の予備的追加を勧告し，これに基づきなされた検察官の訴因及び罰条の予備的追加を許可したことは，いずれも適法であって，証拠調べの結果，業務上横領の主たる訴因を排斥し，背任の予備的訴因を認定して刑を言い渡したことに訴訟手続の法令違反はない。」

⑽ **東京高裁平成21年8月6日判決**

(a) 事件名等
・監禁，保護責任者遺棄致死被告事件
・事件番号：平成20年(う)第1369号事件
・東高時報60巻1＝12号119頁

(b) 事案の概要　　本件では，公判前整理手続後，検察官から訴因変更請求がなされ，第1審裁判所が変更を許可したことについて，訴訟手続の法令違反があるかどうかが問題となった（結論：違法なし）。

(c) 裁判所の判断

(イ) 公判前整理手続終了後の訴因変更の可否についての考え方　　「公判前整理手続は，当事者双方が公判においてする予定の主張を明らかにし，その証明に用いる証拠の取調べを請求し，証拠を開示し，必要に応じて主張を追加，変更するなどして，事件の争点を明らかにし，証拠を整理することによって，充実した公判の審理を継続的，計画的かつ迅速に行うことができるようにするための制度である。確かに刑訴法312条は訴因変更の時期について明文の制限規定を置いていないが，刑訴法316条の32が，公判前整理手続終了後の新たな証拠調べ請求をやむを得ない事由に限定しているのは，公判前整理手続中に必要な主張と立証準備をすべて終え，計画的で充実した公判審理を実現するという制度の目的を達成するための規定であると解される

ところ，特別の事情がないのに，公判前整理手続終了後に，単に立証にとどまらず，立証の対象となる訴因そのものまで変更することは，同手続が設けられた趣旨を没却する可能性が高く，このような訴因変更請求は原則として許されないというべきである。」

「まして，公判前整理手続において当事者間で詰めた議論をし，検察官において『本件ではAの事実は主張しない。』旨を明示的に述べたという経緯があったときは，このAの事実を主張することを制限すべきことは論を待たないところである。」

　(ロ)　本件訴因変更請求を許可したことの当否　「本件における経緯は上記のとおりであり，検察官が，公判前整理手続の段階から第2回公判期日に至るまで，被告人らがトタン板の上にプラスチックのカゴ等を吊した行為を監禁の手段として位置づけておらず，これを裁判所にも弁護人にも表明していたことは明らかである。」

「しかも，トタン板の上にプラスチックのカゴ等を吊していた事実は，公判前整理手続の段階から検察官の手持ち証拠から明らかとなっていた事実であって，公判廷における証拠調べの結果初めて出てきたという事実ではない。」

「したがって，本件のように検察官が，公判前整理手続及び第1回公判期日までの段階で，トタン板の上にプラスチックのカゴ等を吊していた事実については『監禁の手段としては主張しない』としていながら，第3回公判期日において，これを『監禁手段として』付け加えるような訴因変更の請求を行うことは，基本的には許されないものといわざるを得ない。」

「……しかしながら，本件では，以下のとおりの事情が認められ，原審の措置に違法があったか否かを検討するにあたっては，これらの事情も併せ検討すべきものと考えられる。

すなわち，本件において，プラスチックのカゴ等を吊していた事実は，被害者を入れていた土間の周囲の状況に関する1事実であり，土間の周囲の状況に関する他の事実（トタン板の状況等）には検察官に主張の変更はなく，上記1点の事実を加えたことによって，公判前整理手続において整理された主張・立証の基本構造が，公判前整理手続の制度趣旨を没却するほど大きく変

更されたとはいえない。」

　また，検察官は，第1回公判期日において，監禁の手段としては主張しないと釈明したものの，トタン板の上にプラスチックのカゴを吊すなどしていた事実自体は冒頭陳述内で主張しており，第2回公判期日までに，プラスチックのカゴを吊すなどしていた状態を被告人及び原審相被告人のA（以下，被告人及びA両名を「被告人ら」という。）が説明している写真が取り調べられ，被告人らも，被告人質問に答えて，そのような事実があったと供述している。」

「そして，このような立証状況においては，裁判所が，監禁罪の成否を検討するにあたって，当初の検察官の主張に拘束されて，あえてプラスチックのカゴを吊すなどしていた事実を無視して監禁罪の成否を判断することは，事案の真相を明らかにするという刑事訴訟の重要な目的に照らしても，むしろ不自然なものと考えられる。」

「さらに，原審は，検察官による訴因変更の請求後，これを期日間整理手続に付し，裁判所より弁護人に対し，上記訴因変更により，弁護側の立証の負担がどの程度となるかとの釈明を求めた上，弁護人が訴因変更の許可後に明らかにするとの回答を受けて，訴因変更を許可し，その後の審理では弁護側に訴因変更に伴う反証の機会を十分に与えている。」

「そして，本件訴因変更の許可により公判審理が大幅に遅延したり，弁護側に立証上の不利益が生じたといった事情も認められない。

　そうすると，本件のような検察官の訴訟追行態度は，公判前整理手続を経た事件の運用としては適切であったとはいい難いが，上記のような特別な事情があることを考慮すると，検察官の訴因変更請求を許可した原審裁判所の措置に判決に影響を及ぼすことが明らかな訴訟手続の法令違反があるとはいえない。」

(11) **東京高裁平成23年2月8日判決**

(a) 事件名等
・暴行，逮捕監禁，殺人，死体遺棄被告事件
・事件番号：平成22年（う）第1221号事件
・高等裁判所刑事裁判速報集（平23）号61頁

(b) 事案の概要　本件は，弁護人が公判前整理手続で争点としなかった論点について，共犯者らの証言内容が予想外であったことを理由に弁論で主張を変更したことについて，やむを得ない事由があるかどうかが問題とされた事案である（結論：消極）。

(c) 裁判所の判断　「原審弁護人が弁論で主張を変更したことの適否についてみると，十分な争点と証拠の整理を行うという公判前整理手続の趣旨・目的，その実効性を確保するために主張明示義務や証拠調べ請求義務，証拠請求制限の規定が置かれていることなどからすると，公判前整理手続終了後は，特別な理由のない限り，争点整理の結果を無にするような主張の変更をすることは許されないというべきである。」

「本件において，原審弁護人は，捜査段階におけるＢ及びＡの供述内容から，被害者の死亡時期等を争点とすることが十分可能であったのに，あえて争点としなかったのであるから，公判前整理手続終了後に，これらの点につき主張を変更することについて合理的な理由があったとは認められない。」

「したがって，所論が，Ｂ及びＡの原審証言内容が原審弁護人において予想外であったことを理由に，弁論で被害者の死亡時期等について主張を変更したのはやむを得なかったというのは，その前提を欠いている。」

⑿　**東京高裁平成23年12月26日判決**

(a) 事件名等
・殺人，殺人未遂，殺人予備，鉄砲刀剣類所持等取締法違反事件
・事件番号：平成22年(う)第903号事件
・東高時報62巻1＝12号155頁

(b) 事案の概要　本件では，公判前整理手続後，第４回公判期日に至って，弁護人が被告人の精神鑑定を請求したという事案であり，上記請求について，刑事訴訟法316条の32第１項の「やむを得ない事由」があるか否かが問題となった（結論：消極）。

(c) 裁判所の判断　「刑訴法316条の32第１項にいうやむを得ない事由については，公判前整理手続において証拠調べ請求をすることが義務付けられ，その手続終結後の証拠調べ請求が制限された趣旨に鑑みると，公判前整理手続における争点及び証拠整理の実効性を担保するため，その規定は限定的に

解釈せざるを得ず，いわゆる物理的不能として，証拠は存在していたが，その存在を知らなかったことがやむを得なかったといえる場合や，証人が所在不明であるなど，証拠の存在は知っていたが，物理的にその証拠調べ請求が不可能であった場合のほか，いわゆる心理的不能として，公判前整理手続における相手方の主張や証拠関係などから，証拠調べ請求を行う必要がないと判断した場合にも，やむを得ない事由を肯認する余地があるとはいえ，公判前整理手続終結後に証拠調べ請求が必要となった事情等をも考慮して，そのような判断をすることについて合理的な理由がある場合に限り，これを肯定するのが相当である。

　そして，このような観点から，原審における鑑定請求について見ると，原審弁護人は，前示（略）のような事情を指摘して，やむを得ない事由が認められる旨主張し，所論も同様の主張をしているのであるが，このうち，動機が了解不能であると主張する点については，既に被告人が捜査段階からその動機を語っているところであるから，公判前整理手続の段階で，弁護人においてこの点を疑問視して責任能力を争い，鑑定請求を行っておくことは，もとより十分に可能であったと見ざるを得ない。」

「その上，第4回公判期日までの事情を見ても，元次官らの証人尋問で，原審弁護人から，被告人の語る動機が理解できるかと尋問し，理解できない旨の証言を引出したにすぎず，しかも，このような証言は既に想定の範囲内であったと見られることなどからすると，この事情をもって，やむを得ない事由を認めるべき合理性は肯認し難い。」

「また，A鑑定は，被告人との間でまったく信頼関係が築けず，不十分な診察によるとすることや，妄想性障害の可能性があることに関する主張については，上記のとおり，そもそも被告人は，公判前整理手続の段階から既に，A鑑定につき，でたらめであるなどとして，批判的な態度を示していたことが明らかであることなどを考えると，A医師の証人尋問を待つまでもなく，被告人，弁護人から，公判前整理手続の段階で，必要とするならば，鑑定請求を行うことが求められていたというべきである。」

「しかも，A医師の原審証言の内容及びその鑑定結果が信用できることは，後述のとおりであるから，これらもやむを得ない事由を根拠付けるに足りな

い。事件の重大性等に関する主張も，公判前整理手続で鑑定請求を行わず，上記のように公判期日で突如，その請求に及んだ理由にならないことは，その内容からして明らかである。」

「さらに，被告人の公判での言動が原審弁護人の予測を超える言動であったという主張も，そもそも被告人の無罪主張は，捜査段階から基本的に述べられていたものと見られ，原審弁護人において被告人の公判供述等が予測を超えるものであったとはいえないし，被告人からの強い反対があったという点も，そのことをもって直ちに，やむを得ない事由に当たるものとはいえない上，実際に公判期日に至って鑑定請求に及んだことからしても疑問が残り，採用し難い。」

【寺﨑　裕史】

第17章

公判前整理手続終了から第1回公判期日まで

> **条　文**
>
> 第316条の24　裁判所は，公判前整理手続を終了するに当たり，検察官及び被告人又は弁護人との間で，事件の争点及び証拠の整理の結果を確認しなければならない。
> 第316条の31　公判前整理手続に付された事件については，裁判所は，裁判所の規則の定めるところにより，前条の手続が終わつた後，公判期日において，当該公判前整理手続の結果を明らかにしなければならない。
> 2　期日間整理手続に付された事件については，裁判所は，裁判所の規則の定めるところにより，その手続が終わつた後，公判期日において，当該期日間整理手続の結果を明らかにしなければならない。

第1節　争点と証拠整理結果の確認

I　確認される事項等

(1) 概　　要

裁判所は，公判前整理手続を終了するに当たり，検察官及び被告人又は弁護人との間で，事件の争点及び証拠の整理の結果を確認しなければならないものとされる（刑訴316条の24）。

上記規定の趣旨は，争点及び証拠の整理結果について関係者の認識を共通

にし，公判前整理手続の実効性を確保することにあるとされているところ，確認される「結果」とは，①公判において各当事者が行う予定の主張や，②双方の主張を照らし合わせることによって明らかになった争点，③公判において取り調べるべき証拠・取調べ順序・方法等を指すと考えられる（辻裕教「刑事訴訟法等の一部を改正する法律について(2)」曹時57巻8号93頁参照）。

(2) 予定主張・争点の確認

刑事訴訟法316条の32の規定による証拠調べ請求の制約等との関係上，公判前整理手続において，争点等の整理がどのような結果となったのかということは，弁護人において十分留意しておくべき点であるから，公判前整理手続の終了に伴う整理結果の確認に際しては，裁判所から確認を受けた内容に，弁護人の認識と齟齬する点がないかどうか，注意しておく必要がある。

また，検察官側の主張内容についても，公判前整理手続の終了前の段階で，再度点検を行い，防御権の行使の観点から，釈明を求めるべき点がないかどうか，検討しておくべきである。

争点が多岐に亘る事件の場合，争点整理の結果を明確化するため，弁護側において，整理された争点を列挙した予定主張書面を改めて作成・提出しておくという方法も考えられると思われる（弁護人冒頭陳述書）。

(3) 裁判において取り調べるべき証拠等の確認

刑事訴訟法316条の32により，公判前整理手続後は，公判前整理手続ないし期日間整理手続（以下，「整理手続」という）中に証拠調べ請求を行わなかったことについてやむを得ない事由がない限り，新たな証拠調べ請求が制限されることとなる。

したがって，弁護人としては，公判前整理手続が終了するに際して，弁護人の主張との関係で証拠調べ請求を行うべき証拠のうち，整理手続段階において証拠調べ請求が可能であるものについて，証拠調べ請求の遺漏・見落としがないかどうかを確認するべきである。

また，例えば，被害者との示談交渉が進行中であり，整理手続終了後に示談が成立する可能性がある場合等，公判前整理手続後に新たな証拠調べ請求を行う可能性が事前に判明しているときは，公判前整理手続が終了する前の段階で，その旨を裁判所と検察官に伝えておくのが望ましいと思われる。

裁判員裁判に先立つ公判前整理手続の場合，実務上，整理手続を終了するに際して，書証の取調べや証人尋問等の順序・所要時間を予め確定し，審理のタイムテーブルを作成する例が多いと思われるので，弁護人としては，証拠調べ請求を行った証拠について，どの程度の取調べ時間を要するのか，予め検討しておくべきである。

情状のみが争点となる事件の場合，罪体について，検察官から証拠提出されるであろう被告人供述調書の取調べのみをもって罪体立証とする方法と，被告人質問によって，当時の詳しい状況を被告人自身に語ってもらう方法のどちらをとるかという問題を検討する必要がある。

この点について，特に裁判員裁判の場合には，直接主義の趣旨をふまえ，被告人自身に犯行状況を語ってもらうのが原則となると思われるが，事件の特性や他の証拠の状況等によっては，被告人供述調書の取調べのみによって罪体立証を行うという選択肢もあり得る。

(4) 被告人との認識の共有について

公判前整理手続が終盤に差し掛かった局面では，弁護人と被告人との間においても，検察側・弁護側の予定主張内容の確認や，訴訟において争点となる事項について，認識を共有するよう，注意を払っておくことが重要である。

この点，被告人が公判前整理手続に出席している場合，争点整理等の結果確認の状況を，被告人自身が確認することが可能であるが，事前に十分に認識の共有を図っていない状態で，被告人が公判前整理手続の状況を聞いたとしても，結果確認の状況及びそれが被告人自身にもたらす影響を，被告人が理解できない可能性がある。

また，被告人が公判前整理手続に出席しない場合，被告人が争点整理等の結果確認を現場で確認できなくなるから，上記のような方針をとる場合，弁護人において，争点整理の結果等を被告人に事前に十分説明しておくことが，いっそう重要となるというべきである。

予定主張や争点に関して，弁護人と被告人の間で認識の共有を図るためには，接見等で状況を随時説明することに加え，公判前整理手続終了前に，整理手続の結果を整理した書面を作成した上，被告人に送付しておくことが有用であると考えられる。

そして，公判前整理手続終了後に新たな証拠調べ請求を行うことが制限される可能性があるということは，被告人の防御権にとって重要な事項であるので，公判前整理手続の終了前に，改めて，被告人に注意喚起しておくのが望ましい。

特に，裁判における主張・立証方針について，被告人と弁護人の間で，見解の相違があるような場合，公判前整理手続が終了するまでの間に，十分な協議を重ねるべきである。

Ⅱ 調書への記載

公判前整理手続調書には，事件の争点及び証拠の整理の結果を確認した旨並びにその内容が記載されることとされている（刑訴規217条の14第1項17号）。

この点，争点等が複雑である事件については，各当事者の認識に齟齬が生じる可能性が否定できないので，可能であれば，整理手続調書の内容を確認しておくことが望ましいものと思われる。

第2節　公判前及び期日間整理手続の結果顕出

公判前整理手続に付された事件については，裁判所は，手続が終わった後，公判期日において，当該公判前整理手続の結果を明らかにしなければならないものとされており（刑訴316条の31第1項），期日間整理手続についても，同様とされる（同条2項）。

整理結果を明らかにするための手続は，公判前整理手続調書若しくは期日間整理手続調書を朗読し，又はその要旨を告げて行うものとされる（刑訴規217条の29）。

ここでいう整理手続の結果とは，争点及び証拠の整理の最終的な結果だけを意味するものではなく，個々の段階ごとにおける手続の結果（公判前整理手続期日等が開かれた場合には，期日ごとに作成される調書の記載内容）を意味するものとされており，公判において明らかにされた整理手続の結果は，補助証拠となりうるとの指摘がある（辻・前掲110頁）。

したがって，公判前整理手続において，被告人の主張が，当初の内容とは

相容れないような形で変遷した場合，信用性が減殺されるおそれがあるから，弁護人としては，公判前整理手続において，既に行った主張の内容を変更する必要が生じたような場合，主張を変更することについて，合理的説明を行う必要があることに留意しておくべきであると考えられる。

第3節　冒頭陳述

I　公判前整理手続と冒頭陳述

公判前整理手続に付された事件については，被告人又は弁護人において，証拠により証明すべき事実その他の事実上及び法律上の主張があるときは，検察官の冒頭陳述の手続に引き続き，冒頭陳述を行わなければならないものとされる（刑訴316条の30）。

上記規定は，公判前整理手続に付された事件につき，被告人又は弁護人において，事実上及び法律上の主張があるときは，これを明らかにしなければならないものとされていること（刑訴316条の17）を受けて，証拠調べにおける争点をより明確化する趣旨から，設けられたものである。

II　冒頭陳述の必要性

公判前整理手続に付された事件における弁護側の冒頭陳述は，条文上，「証拠により証明すべき事実その他の事実上及び法律上の主張があるとき」に行うべきものとされており，弁護人等があらゆる場合において冒頭陳述義務を負うとされているものではないが，弁護人において，何らの「事実上及び法律上の主張」（刑訴316条の30）もないということは，通常，考えられない。

また，弁護人が，公判前整理手続に付された事件について，冒頭陳述を行わなかったにも関わらず，弁論で，上記のような「事実上及び法律上の主張」を行ったような場合には，刑事訴訟法316条の30に違反することとなる可能性もある。

特に，裁判員裁判においては，弁護人が冒頭陳述を行わなかった場合，裁判員は，弁護側の主張をまったく把握できないまま，証拠調べ手続に入るこ

とになるのであって、裁判員が、被告人にとって有利な心証を形成することができなくなる事態にもなりかねない。

よって、弁護人としては、公判前整理手続に付された事件について、原則として、冒頭陳述を行うべきであると考えられる。

Ⅲ 冒頭陳述における留意事項

弁護人の冒頭陳述については、刑事訴訟法296条但書が準用されるので（刑訴316条の30後段）、検察官の冒頭陳述と同様、証拠とすることができず、又は証拠としてその取調べを請求する意思のない資料に基づいて、裁判所に事件について偏見又は予断を生ぜしめるおそれのある事項を述べることはできない。

この点、被告人又は弁護人は、公判前整理手続において、証明予定事実を証明するために用いる証拠の取調べを請求しておかなければならないものとされており（刑訴316条の17第2項）、かつ、公判前整理手続終了後は、やむを得ない事由によって公判前整理手続において請求できなかったものを除き、新たな証拠調べ請求が制限される（刑訴316条の32）。

そのため、冒頭陳述において、刑事訴訟法316条の32にいうやむを得ない事由もないのに、公判前整理手続の際に取調べ請求をしなかった資料に基づく陳述を行うと、刑事訴訟法296条但書に違反するものとされるおそれがありうる。

したがって、弁護人としては、公判前整理手続を終えるにあたって、証明予定事実を証明するために用いる証拠の取調べ請求に不備がないかどうか、十分に注意しておくべきであり、見落としを防ぐため、公判前整理手続終了前に、冒頭陳述の文案を作成しておくのが望ましいと思われる。

なお、刑事訴訟法316条の30で準用される刑事訴訟法296条但書では、「証拠とすることができず、又は証拠としてその取調を請求する意思のない資料」に基づく陳述も、制限されている。

よって、刑事訴訟法321条以下の規定では証拠能力が認められない弁護側請求証拠について、検察官が不同意とした場合、弁護人としては、上記請求証拠で証明しようとする事実を、いかなる方法で立証するのか、公判前整理

手続の段階から，よく検討しておく必要がある。

Ⅳ　冒頭陳述において述べるべき内容

(1)　証拠により証明すべき事実

　冒頭陳述は，公判手続において，弁護人等が証拠により証明すべき事実を明らかにする最初の手続であるから，弁護人としては，上記事実を裁判所に十分印象付けられるよう，工夫すべきである。

　とりわけ，裁判員裁判の場合，冒頭陳述は，裁判員が初めて弁護人の具体的主張等に触れることとなる手続なのであるから，裁判員が被告人に共感し，有利な心証を持つことができるよう，特に工夫を凝らすべきである。

　この点，弁護人が，単に，証明予定事実記載書面に記載した事実を引き写し，それらを羅列するような方法で，冒頭陳述を作成すると，裁判所が，事件についての具体的イメージを抱くことができず，その結果，弁護側の主張に対する理解・共感を得られなくなってしまうおそれがある。

　冒頭陳述の作成にあたっては，争点を明確化するという要請以外に，裁判所の理解・共感を得られるかどうかという点にも留意する必要があるのであって，弁護側が証拠により証明すべき事実を，物語として説明することは，有用な方法の1つである。

(2)　その他事実上及び法律上の主張

　検察官の冒頭陳述は，「証拠により証明すべき事実」を明らかにするために行われるものであるが（刑訴296条本文），公判前整理手続に付された事件についての弁護人の冒頭陳述は，「証拠により証明すべき事実その他の事実上及び法律上の主張」を明らかにするために行われるものとされており，条文の文言が異なっている。

　よって，特に，裁判員裁判等においては，冒頭陳述において，立証責任の配分や無罪推定原則等の「法律上の主張」を行うことも許されると考えるべきであり，むしろ，弁護人としては，積極的にそれらの主張を行うべきである。

第4節　裁判員裁判対象事件の場合

Ⅰ　概　　要

　裁判員裁判対象事件の場合，公判前整理手続において，事件の争点・証拠を整理する以外に，裁判員裁判特有の事項に関する打ち合わせがなされるのが通常である。
　具体的には，無罪推定原則等の概念の説明方法や，裁判員選任時の当日質問票，審理当日の被告人の着座位置，被告人の腰縄・手錠を外すタイミング，冒頭陳述・論告・弁論の際にパワーポイントや書画カメラを用いるかどうか，書画カメラを使用した証拠取調べの際，傍聴席向けモニターを切ったほうがよい証拠があるかどうか等といった点について，打ち合わせがなされることとなる。
　したがって，弁護人としては，上記のような事項を事前に検討した上で，整理手続期日に臨めるよう，準備しておく必要がある。
　以下，詳述する。

Ⅱ　法律概念の説明方法について

　否認事件や違法収集証拠の排除，責任能力の欠如等の主張を行う事件においては，裁判員に対して，無罪推定原則等の法律概念に関する適切な説明が行われる必要がある。
　裁判員に対する説明内容については，実務上，公判前整理手続の段階で，裁判所より，法律概念の説明を記載した書面の案文が，弁護人と検察官に示され，意見を求められるという手順で決定される例が多い。
　そのため，弁護人としては，弁護側の予定主張の内容との関係で，裁判員に対し，いかなる法律概念について，どのような点を正確に理解しておいてもらう必要があるのか（例えば，制度趣旨まで遡った説明を事前に行っておく必要があるかどうか等），公判前整理手続の時点から，予め検討しておくべきである。
　なお，法律概念の説明については，実務上，当該事件に関連する範囲に限定して行われる例が多い。

そのため，例えば，公判前整理手続の段階では証拠の収集過程に違法がある事実が判明していなかったが，本番の審理の過程で，違法捜査の事実が判明し，新たな主張を追加する必要が生じたというような場合に，裁判員が，評議に必要な法律概念（違法収集証拠排除の法理等）について，十分な説明を受けていない状況になることがあり得る。

この点，裁判長は，裁判員及び補充裁判員に対し，その権限及び義務のほか，事実の認定は証拠によること，被告事件について犯罪の証明をすべき者及び事実の認定に必要な証明の程度について説明するものとされるが（裁判員39条），弁護人としては，前述のような状況となった場合，裁判員に対し，法律概念に関する適切な説明がなされるよう，裁判所に要請するべきである。

Ⅲ 裁判員に対する質問票について

裁判所は，裁判員等選任手続に先立ち，裁判員候補者に対し，①選任資格の有無，②欠格事由の有無，③就職禁止事由の有無，④不適格事由，⑤辞退事由，⑥不公平な裁判をするおそれの有無に関する質問をするため，質問票を用いて質問を行うことができるものとされる（裁判員30条）。

この点，実務上，公判前整理手続の段階において，裁判所より，上記質問票の案文が検察官及び弁護人に示され，意見を求められる例が多い。

そのため，弁護人としては，上記質問事項のうち，特に，⑥不公平な裁判をするおそれのある裁判員候補者が裁判員に選任されることのないよう，事件の特性や被告人の属性等，諸般の事情を考慮の上，質問票の案文に対する意見を述べる必要があるかどうか，公判前整理手続の段階から，検討しておく必要がある。

裁判員に対する質問票には，裁判員候補者に対し，選任手続に先立って郵送される事前質問票と，裁判員選任手続当日に，裁判員候補者に回答を求める当日用質問票があり，実務上，弁護人及び検察官が意見を尋ねられるのは，後者の質問票である。

事前質問票には，辞退の希望の有無及びその理由を記載するものとされ，裁判所ホームページ（平成26年12月11日閲覧）によれば，上記質問票の記載により，辞退が認められる場合には，選任手続の呼出状が送付されないものと

される。

よって，当日質問票の質問に回答する裁判員候補者は，辞退を希望しなかったか，あるいは事前質問票の記載だけでは辞退が認められなかった候補者であることになる。

当日質問票には，実務上，被告人と関係があるかどうか，事件の捜査と関係したことがあるかどうか，報道等で事件の内容について知っているかどうかといった質問が記載されることが多い。

上記質問事項のうち，例えば，報道に関するものについて，裁判員裁判対象事件は，重大事件であることが通常であるため，事件内容が事前に広く報道されていることがあり，事案によっては，訴訟において無罪主張を行う予定であるにも関わらず，あたかも被告人が有罪であることは間違いないかのような報道がなされている場合もありうる。

また，いわゆる自白事件であっても，例えば，共犯事件において，被告人が実際には従属的立場であったにも拘らず，首謀者として広く報道されてしまっている場合等，報道による影響に関して配慮する必要があるケースがある。

このような場合，弁護人としては，事件に関する報道に触れたことがあるかどうかを尋ねる質問のみならず，それに対してどのような感想を持ったかといった質問を追加する必要性について，検討しておくべきであると思われる。

Ⅳ 被告人の着座位置等について

裁判員裁判対象事件における公判前整理手続では，実務上，被告人の着座位置や，腰縄，手錠を外すタイミング等についての打ち合わせもなされることが多い。

被告人の着座位置については，審理中の打ち合わせの便宜を図るという観点や，被告人が罪を犯したとの偏見を裁判員に与えることを防止する観点から，弁護人と並んで着座させるべきであるとの意見が述べられるのが通常であると思われるが，実際には，被告人の両隣りを警護担当者が挟み込むような形で，着座する例も多い。

腰縄，手錠については，実務上，裁判員が在廷中のみ解除され，裁判員が休憩等で退廷している間は，再度拘束されるという扱いがなされることが多いと思われる。

なお，裁判員が偏見を持つことを防止するという観点からは，被告人の服装にも配慮することが必要である。

通常，公判前整理手続の場では，被告人の服装について打ち合わせを行うことはないと思われるが，拘置所等で，ネクタイの様な外観のフック式装飾品や，一見革靴のように見えるサンダル等の貸出しを行っている場合があるので，被告人が着用を希望する場合には，確認・手配を指示しておく必要がある。

V 優先傍聴席について

裁判員裁判対象事件における公判前整理手続では，実務上，優先傍聴席を確保するかどうか，打ち合わせがなされる場合がある。

裁判員裁判対象事件の場合，通常の刑事事件と比べて，一般傍聴の希望者が多い傾向があり，親族や情状証人等，審理の傍聴を希望する関係者がいる場合には，事前に，裁判所において優先傍聴席を確保してもらったほうがよい場合がある。

特に傍聴を希望する関係者がいない場合，優先傍聴席を確保してもらう必要はないと思われるので，事前に，被告人ないし関係者の意向を確認しておくとスムーズである。

なお，裁判員裁判対象事件の経験がない被告人の場合，傍聴人の多さに動揺してしまう可能性があるので，事前に説明をしておくことが望ましいと思われる。

VI パワーポイント・書画カメラ等の使用について

裁判員裁判対象事件の審理では，証拠調べ等を実施する際に，裁判員による事案の理解を助けるために，パワーポイント等のプレゼンテーションソフトや，書画カメラ等の器具が使用されることがあり，公判前整理手続の段階で，それらを利用する予定の有無の確認がなされる例が多い。

この点，裁判員裁判において，弁護人の主張を的確に理解してもらうためには，効果的なプレゼンテーションを行うことが必須であり，弁護人としては，パワーポイント等の利用を積極的に検討するべきである。

もっとも，いかに華美なスライド等を作成したとしても，要点の整理・指摘が不適切であったり，主張自体が十分に練られていないような状態であれば，裁判員の理解を得ることが到底困難であることは，いうまでもない。

弁護人としては，裁判員に伝えるべきポイントを十分に検討した上で，必要十分なプレゼンテーションを行うよう，心がけるべきである。

なお，東京地裁では，弁護人がパワーポイントを使用する場合，弁護人のパソコンを裁判所に持ち込み，正常に作動するかどうかをテストする機会を与えられる運用となっている。

パソコンを使用してプレゼンテーションを行う場合，パソコンが正常に作動しないと，プレゼンテーションの計画が大きく狂ってしまうこととなるので，弁護人としては，必ず動作確認を行うべきである。

また，万が一，パソコンが正常に作動しなかった場合に備えて，使用予定であるスライドを予めプリントアウトして必要部数用意しておく等の準備を行っておくことも検討するべきである。

Ⅶ 証拠調べの時間等の調整について

既述のとおり，裁判員裁判に先立つ公判前整理手続の場合，実務上，整理手続を終了するに際して，書証の取調べや証人尋問等の順序・所要時間を予め確定し，審理のタイムテーブルを作成する例が多いと思われる。

裁判員裁判は連続開廷がなされるが，裁判員の負担を考慮せずにタイムテーブルを決定してしまうと，裁判員が疲弊してしまい，審理に集中できなくなるおそれもあるので，適切なタイミングで休憩時間を挟むなど，裁判員への一定の配慮が求められる。

また，例えば，被告人質問の実施方法についても，罪体に関する質問と一般情状に関する質問を分離する等の工夫も検討する必要がある。

証拠調べの時間に関する工夫は，事案や証拠状況等によってさまざまなものがあり得るが，基本的には，裁判員が事案を理解しやすい状況を整えると

いう観点から，検討がなされるべきである。

Ⅷ 冒頭陳述・弁論要旨の要約書面について

　裁判員裁判対象事件における公判前整理手続では，実務上，冒頭陳述や弁論要旨の要約書面をどのような形式で作成するか，打ち合わせがなされる場合があるため，弁護人としては，事前に，上記の要約書面の形式について，検討を行っておくべきである。

　要約書面の具体的な作成形式については，事件の内容によって千差万別であると思われるが，いわゆる自白事件の場合，通常，冒頭陳述についてはＡ４用紙１枚程度，弁論要旨についてはＡ３用紙１枚程度のボリュームで作成されることが多いようである。

　　　　　　　　　　　　　　　　　　　　　　　　【寺﨑　裕史】

第18章

期日間整理手続

条文

第316条の28　裁判所は，審理の経過にかんがみ必要と認めるときは，検察官及び被告人又は弁護人の意見を聴いて，第一回公判期日後に，決定で，事件の争点及び証拠を整理するための公判準備として，事件を期日間整理手続に付することができる。

2　期日間整理手続については，前款（第316条の2第1項及び第316条の9第3項を除く。）の規定を準用する。この場合において，検察官，被告人又は弁護人が前項の決定前に取調べを請求している証拠については，期日間整理手続において取調べを請求した証拠とみなし，第316条の6から第316条の10まで及び第316条の12中「公判前整理手続期日」とあるのは「期日間整理手続期日」と，同条第2項中「公判前整理手続調書」とあるのは「期日間整理手続調書」と読み替えるものとする。

第1節　規定の趣旨

　裁判所は，審理の経過に鑑み必要と認めるときは，検察官及び被告人又は弁護人の意見を聴いて，第1回公判期日後に，決定で，事件の争点及び証拠を整理するための公判準備として，事件を期日間整理手続に付することができる（刑訴316条の28第1項）。

　公判期日における証人尋問によってそれまで認識されていなかった新たな

事実が判明したり，当初は事実関係を争っていなかった被告人が，公判に至って事実関係を争う主張を始めたといった場合，当事者が，従前の主張や立証方針を変更する必要が生じることがある。

その場合，第1回公判期日後であっても，事件の争点や証拠の整理を行う必要が生じることがありうるのであり，かかる状況に対応するため，期日間整理手続制度が設けられたものである。

第2節　手続の内容

期日間整理手続については，公判前整理手続に関する規定の多くが準用される（刑訴316条の28第2項。ただし，黙秘権告知等に関する規定は除外される）。

したがって，事件が期日間整理手続に付された場合，公判前整理手続と同様の整理手続が行われることとなるので，検察官側から，証明予定事実の明示や証拠開示がなされる一方，弁護側からも，証明予定事実の明示等を行い，争点・証拠整理を行っていくこととなる。

また，期日間整理手続に付する決定がなされる前に取調べ請求がなされていた証拠については，期日間整理手続において取調べを請求した証拠とみなされる（刑訴316条の28第2項第2文）。

そのため，上記の証拠は，証拠開示の対象となるし，当該証拠が検察官請求証拠である場合には，類型証拠開示の必要も生じることとなる。

裁判所が期日間整理手続に付する決定をなすにあたっては，訴訟関係人の意見が聴かれることとなるが，上記決定は裁判所の職権でなされ，訴訟関係人には，請求権はない。

第3節　「審理の経過にかんがみ必要と認めるとき」

期日間整理手続は，争点・証拠整理を行うことを目的とするものであるから，期日間整理手続に付する必要性は，第1回公判期日後の事情変更が，争点・証拠整理を改めて実施すべき程度のものであるかどうかという観点から判断されるべきものと思われる。

この点，例えば，被告人が，公判に至って初めて，事実関係を争う主張を始めたという場合には，争点及び主張・立証の構造が大きく変化することとなるから，争点・証拠整理を改めて実施すべき必要性が高いことは明らかであると考えられる。

もっとも，事件が公判前整理手続に付されている場合，刑事訴訟法316条の32の規定による立証制限が働くことになるので，公判前整理手続に付された事件において，被告人が主張を変更したことに伴い，期日間整理手続の実施を求めていく際は，同条にいう「やむを得ない事由」が存在するか否かを検討しておく必要があると思われる。

第4節　弁護人としての対応

I　証拠開示機能の活用について

前述のとおり，期日間整理手続においては，公判前整理手続と同様の整理手続が行われる結果，弁護人は，各種の証拠開示請求を行うことができることになる。

そのため，弁護人としては，弁護側の主張・立証内容を変更する必要が生じた場合に，上記の証拠開示機能を活用するべく，期日間整理手続に付する決定を積極的に求めていくということも考えられる。

もっとも，事件が期日間整理手続に付された場合，争点・証拠の整理のために訴訟進行がいったん中断することとなるので，期日間整理手続を積極的に活用しようとする場合には，かかる側面にも留意する必要があると思われる。

II　手続に付された後の対応

期日間整理手続は，公判前整理手続と異なり，整理手続に先行して公判での審理がなされているので，証明予定事実等については，従前の主張・立証の内容や，主張を変更することとなった経緯を踏まえて，検討する必要がある。

また，前述のとおり，期日間整理手続に付する決定がなされる前に取調べ請求がなされていた証拠については，期日間整理手続において取調べを請求した証拠とみなされるので，弁護人としては，検察官請求証拠に関する類型証拠開示請求を行い，証拠開示を受けるべきである。
　その他，弁護側の証明予定事実の立証のため，主張関連証拠の開示請求を行う必要があれば，積極的に開示請求を行うべきであることは，公判前整理手続の場合と同様である。

第5節　控訴審段階における期日間整理手続の利用について

　期日間整理手続の証拠開示規定が控訴審段階においても準用されるか否かという点については，法文上，明示的な規定がなく，準用の可否が問題となりうる（遠藤邦彦＝花崎政之＝秋田真志＝松代剛枝「共同研究・刑事証拠開示のあり方」判タ1387号65頁以下参照）。
　この点，控訴審が，原則，原審に現れた証拠による認定の当否を問題にする事後審であることに鑑み，整理手続の性質上，控訴審段階では，証拠開示を含めた期日間整理手続の規定は準用されないとして，準用を否定する見解がある。
　しかし，控訴審においても，一定の場合には，事実の取調べがなされる場合があり得る以上（刑訴382条の2），控訴審段階の事実取調べの過程で，それまで判明していなかった真実が判明し，新たに争点及び証拠を整理する必要性が生じる可能性はある。
　また，刑事訴訟法上，期日間整理手続に関する規定を控訴の審判に準用することを明示的に否定する条文はないのであるから，控訴審段階でも，証拠開示を含めた期日間整理手続の規定は準用されると考えるべきである。
　したがって，弁護人として，控訴審の審理において，新事実が判明するなどして，争点及び証拠の整理を行う必要が生じたと判断される場合には，積極的に，事件を期日間整理手続に付するべき旨の意見を述べるべきである。

第6節　裁　判　例

　東京高決平21・8・19東高時報60巻1＝12号124頁は，盗品に関する知情性が争点となった事案に関する裁判例であるところ，第1審で実施された期日間整理手続において確認された最重要の間接事実と異なり（ただし，まったく別異の事象ともいえない），かつ，上記手続で主張されていなかった間接事実を証人尋問から認定し，これと証明予定事実で明示されていた他の事実とを総合して知情性を推認した原審の判断について，不意打ち等には当たらず，争点整理手続の趣旨にも違背しないと判断した。

【寺﨑　裕史】

第19章

自白事件の特徴

第1節　はじめに

　自白事件の場合，被告人に対する量刑が主たる争点となることが多いと思われるが，以下，自白事件の公判前整理手続において，弁護人が留意すべき点について，検討を行う。

第2節　証拠調べ請求の制限（刑訴316条の32）との関係

Ⅰ　示談に関する証拠について

　被害者が存在する自白事件の場合，公判前整理手続と並行して，被害者との示談交渉を進めるケースが多いと思われるが，公判前整理手続ないし期日間整理手続（以下「整理手続」という）終了前に示談が成立するとは限らない。
　この点，公判前整理手続に付された事件については，やむを得ない事由によって整理手続中において請求することができなかったものを除き，整理手続終了後には，証拠調べを請求することができないものとされるから（刑訴316条の32第1項），以下では，上記の証拠調べ請求の制限と，示談に関する証拠提出の関係について，検討する。

(1)　示談書，弁償金の領収証

　整理手続終了後に示談が成立した場合において，示談書や弁償金の領収証を証拠調べ請求できるか。

この点，示談が成立するかどうかは，被害者の意向や弁償金の調達状況等，被告人ないし弁護人がコントロールできない事情によって大きく左右されるのであり，被害者が示談書等の作成に応じなければ，そもそも，被告人ないし弁護人は，示談書を作成することができない。
　したがって，整理手続の段階では未だ被害者と示談交渉中であったが，手続終了後に示談が成立したという場合，被告人ないし弁護人が，やむを得ない事由により，整理手続中に示談書等の証拠調べ請求を行うことができなかったことは明らかであり，そのような場合の示談書ないし弁償金の領収証については，整理手続終了後であっても，証拠調べ請求が認められるべきであると考えられる（もっとも，実務上は，職権で証拠として採用されるケースが多いようである）。
　なお，示談の成否については，被告人ないし弁護人においてコントロール不能であるにしても，示談交渉の着手時期については，通常，被告人ないし弁護人においてコントロール可能であることが多いと考えられる。
　そのため，何らかの事情により示談交渉への着手が遅れたような場合，整理手続終了後に示談書等の証拠調べ請求を行うに際して，やむを得ない事由があったかどうかが問題となる可能性があるものと思われるので，弁護人としては，上記の点に留意するべきと思われる。

(2)　**示談交渉経過の報告書**
　被害者が存在する自白事件において，最終的に示談が成立しなかった場合に備えて，被告人が被害回復のために努力したことを証明するため，弁護人において，示談交渉の経過に関する報告書を作成・提出することがある。
　示談交渉は，整理手続の前後で大きく経過が変わる可能性もありうるので，交渉状況によっては，整理手続終了後の証拠調べ請求も認められるべきであると思われる。

II　情状証人について

　自白事件の場合，被告人の親族等に情状証人となってもらい，裁判後の監督等について証言を行ってもらうケースが多い。
　この点，裁判員裁判対象事件等の重大事件の場合，情状証人候補となる親

族等において，法廷で証言を行うかどうか，整理手続中に決心がつかず，整理手続終了後に，ようやく情状証人となることを決意したという場合もありうるところ，かかる場合においては，整理手続終了後に，情状証人候補者の心理的障害の解消という事情が新たに生じたのであるから，証拠調べ請求が認められるべきであると思われる。

　また，整理手続後，情状証人候補であった親族等が体調不良等の事情により，公判期日に出廷することが事後的に困難になり，他の者を情状証人として請求する必要が生じる場合がありうる。

　この場合，当初の情状証人候補者が，整理手続時には予見しえない事情により出廷が不能になったのであれば，整理手続時点で代替的な情状証人候補者の証拠調べ請求を行わなかったことについては，合理的理由があるといえるから，他の情状証人の証拠調べ請求が認められるべきであると思われる。

第3節　証拠開示について

　自白事件においても，関連証拠を精査する必要があるのは，否認事件の場合と同様であり，情状として犯行態様を争う場合や，共犯者間で主張が食い違っている場合には，関連証拠の精査が必要不可欠であるといえる。

　したがって，自白事件においても，類型証拠開示請求や主張関連証拠開示請求を，積極的に行うべきである（特に，自白事件の場合，検察官が任意で証拠を開示するケースも多い）。

　なお，裁判員裁判対象事件では，弁護人による内容確認を経た上で，検察官により，検察官提出証拠を統合した証拠（捜査報告書の表題で作成されることが多い）が作成・提出されるケースがある。

　上記の作成にあたって，被告人に有利な情状事実に関する記載が省かれる可能性もあるので，案文の確認の際は，弁論でいかなる主張を行うかを念頭に置いて，弁護側の主張を裏付けるために必要な記載が漏れていないか，十分精査を行う必要がある。

【寺﨑　裕史】

第20章

責任能力を争う事件における，公判前整理手続での活動

第1節 手　　続

I　序　　論

　刑事事件を担当していると，時折，責任能力が問題となる事件に遭遇する。
　責任能力に関する主張についても，原則として，他の主張と同様，公判前整理手続に付された事件については，「証明予定事実その他の公判期日においてすることを予定している事実上及び法律上の主張」を明らかにしなければならない（刑訴316条の17第1項）。
　しかし，言うは易し，行うは難しで，実際に，被告人のこれまでの生活歴等を精査し，事件との関係を理解し，具体的な責任能力主張に結びつける作業は難解であり，非常に迷いを感じることも多い。
　そこで，責任能力の主張を要する裁判員裁判対象事件における，公判前整理手続での対応について述べる。

II　証拠の収集

(1)　鑑定書の開示請求

　類型証拠開示により，被告人の供述調書等すべての開示を求めることは当然であるが，場合によっては，検察官が簡易鑑定若しくは起訴前鑑定を行っていることもある。
　その場合，簡易鑑定や起訴前鑑定において作成された医師の鑑定書は，必

ず開示の請求を行うべきである。

　昨今，検察庁は，類型証拠に該当する証拠に関しては，弁護人による類型証拠開示を待たず，弁護人の要請があれば，任意で証拠を開示する方針を採用しているようである。そのため，鑑定書に関しても，まずは任意での開示を求めるべきであるが，仮に検察官が任意での開示に応じない場合には，類型証拠開示を請求することとなる（いわゆる4号開示を行うこととなる。刑訴316条の15第1項4号）。

(2) 私的鑑定を行うべきか

　起訴前に，検察官が簡易鑑定若しくは起訴前鑑定を行っていない事案でも，弁護人から見れば，被告人の精神状態に疑問を感じざるを得ないものも多い。

　また，簡易鑑定や起訴前鑑定が行われていても，その結論に納得できないこともある。

　この場合，裁判所に鑑定請求を採用させるために，弁護人独自で私的鑑定を行うべきかどうかを検討することとなる。

　私的鑑定を行うに際しては，当然協力医を探したり，費用を捻出する必要がある。これらの点について，弁護人の力のみで解決を図るのは困難であるため，場合によっては，刑事弁護委員会などに協力を依頼することも検討すべきである（弁護士会によっては，私的鑑定費用を助成する場合もある。詳しくは所属の弁護士会に確認されたい）。

(3) その他の証拠

　上記(1)，(2)で述べた鑑定書や私的鑑定のほか，収集できる証拠を収集すべきなのは当然である。精神病が疑われる被告人の場合，鑑定書のほかに，検察官が所持していると考えられる証拠は，医療機関の医療記録などであり，これらの証拠についても，4号開示を求めるべきである（詳しくは，日本弁護士連合会編『裁判員裁判における弁護活動――その思想と戦略――』206頁以下〔金岡繁裕〕を参照されたい）。

Ⅲ　予定主張における注意

(1) 序　　論

　責任能力の主張については，「法律上の主張」に該当するので，弁護人は，

公判前整理手続中に，その予定主張を明らかにしなければならない（刑訴316条の17第1項）。

よって，公判前整理手続中に，弁護人は，具体的にどのような責任能力の主張をするのか（心神喪失なのか，心神耗弱なのか）の判断を迫られることとなる。

(2) 安易な予定主張は行わないこと

上述したとおり，責任能力についても，公判前整理手続中に予定主張を行わなければならない。

しかし，このことを意識するあまり，具体的主張の中身を十分吟味することなく，公判前整理手続の序盤の段階で，断定的な予定主張を行ってはならない。

現在，公判前整理手続の迅速化の要請から，裁判官から，早期に予定主張記載書面を提出するよう求められることが多い。

しかしながら，上述のとおり，責任能力主張に関しては，難解な点が多く，十分な証拠の収集・検討や，被告人からの聞き取りをすることなく，合理的な主張を行うことはできない。

筆者の経験では，裁判官から，責任能力に関する主張について，早期に明らかにするよう何度も迫られたため，予定主張記載書面にて，「心神耗弱の主張をする予定である。」とだけ記載し，その後，責任能力に関する検討を十分に行った上で，責任能力の主張を根拠付ける事実を記載した予定主張記載書面を改めて提出した。

裁判官のペースに乗り切ってしまい，安易に詳細な予定主張を行い，あとで撤回するような事態は，被告人の不利益にもつながりかねないので，避けるべきである。

Ⅳ 鑑定請求

(1) まずは予定主張

弁護人が，責任能力の主張を決断した場合には，責任能力の主張及び，その根拠となる事実を予定主張として明確にしなければならない。

精神鑑定は，あくまで①犯行当時，被告人が精神病に罹患していたか，②

犯行当時,被告人が精神病に罹患していた場合,当該精神病が,本件犯行に及ぼした影響の程度,という「事実」を明らかにする証拠であるので,弁護人の予定主張の存在が前提とされる。

なお,予定主張記載書面は,あくまで弁護人の「予定主張」を明確にすれば足り,詳細な書面を提出する必要はない,という意見がある。

筆者も,この点を否定するものではなく,予定主張記載書面には,弁護人の予定主張を明確化できる情報が記載されていさえすればよいと考えているが,責任能力の主張の場合,ある程度具体的な事実が記載されていないと,その評価(心神喪失なのか,心神耗弱なのか)のしようがないので,重要な間接事実は記載すべきである。

具体的に記載すべき事項は,被告人の具体的病名及び,犯行の原因となった症状の概要となろう。

(2) 鑑定請求書の書き方（鑑定請求書の記載事項）

(a) 立証趣旨の記載　　鑑定についても,立証趣旨を明らかにする必要があることは,他の証拠と同様である（刑訴規189条1項）。

なお,責任能力自体の評価(心神喪失等)は,「事実」ではなく,あくまで法的評価と考えられているため鑑定の対象とはならない（特に起訴前鑑定においては,責任能力の評価まで行っている鑑定が散見されるが,もし,起訴前鑑定を行った医師が証人として出廷する場合,責任能力についてまで質問を行わないよう,検察官に釘を刺すべきである）。

(b) 鑑定の必要性に関する記載　　鑑定請求が行われた場合,裁判所は,鑑定の採否を決する。

裁判官を説得するためには,裁判官に,犯行当時被告人の精神状態に問題があったという疑いを抱かせるよう,説得的な鑑定請求書を提出する必要がある。

具体的には,①精神状態に問題があったことを疑わせる重要な間接事実の記載,②①を裏付ける疎明が存在する場合には,その摘示,③存在する事実のあてはめ（①の事実が,心身喪失・心神耗弱に当たるとの評価）を記載する必要があると考えられる。

精神鑑定は,精神病院に被告人を留置し,鑑定することになるので,時間

も手間もかかる。そのため，事案にもよるが，裁判所が鑑定請求を採用するハードルは低くはない。

安易に情報を開示しないという要請もあろうが，鑑定請求に際しては，詳らかな論述を心がけるべきである。

(c) 以上に述べた事項のほかに，通常は，「弁護人の推薦する鑑定人」を記載する。特段の事情がない限り，「裁判所に一任する。」と記載することが多い。

(3) 再鑑定請求の場合

(a) **鑑定請求書に書くべき事項**　既に起訴前鑑定が存在している場合に，公判前整理手続において，弁護人が鑑定請求を行う場合というのは，すなわち，起訴前鑑定の結果に納得できない場合である。

この場合，起訴前鑑定の結論・理由をよく理解し，いかにその結論が不当であるかを説得的に説明し，既に起訴前鑑定が存在しているにも関わらず，再度鑑定が必要であることを，裁判所に理解させる必要がある。

具体的には，起訴前鑑定について，①結論と理由の間に論理的整合性・合理性はあるか否か，②鑑定資料は適当であったか，③鑑定医は公平・中立な姿勢で鑑定を行ったか否かなどを記載すべきこととなる。

特に，起訴前鑑定は，裁判所ではなく検察庁の依頼により行われるものであるから，上記③の公平・中立性の検討に留意すべきである。

(b) **再鑑定請求をすべきか否かの判断のための活動**　再鑑定をするか否かの判断は，非常に悩ましいものである。

なぜなら，ただでさえ難解な精神鑑定に対し，それが本当に不当なのかどうかを判断しなければならないわけであるし，専門家ではない弁護士が，専門家である精神科医の鑑定に対し，どこまで争えるのか否か，不安であることが多いからである。

よって，再鑑定の可否の判断の際には，鑑定書を精査し，医学書などにも当たり，検討を行うことは当然であるが，当該鑑定医への面会が可能なのであれば，積極的に接触し，鑑定内容についての質問を試みるべきである。

ただし，弁護人とは接触しないようにしている鑑定医も多い（筆者は，接触を試みた際，「弁護人は精神科医の意見を曲解するので，弁護人とは会わないようにして

いる。」と言われ，接触を拒否されたことがある)。

　鑑定医が接触を拒否する以上，接触をしないことはやむを得ないが，本来，誰の依頼であろうと公平・中立であるべき鑑定医が，弁護人にだけ会わない(依頼者である検察官からの質問などには当然答える)という姿勢には問題がある。鑑定医がこのような姿勢を取った場合，鑑定医の姿勢に問題があることを裏付ける材料として使用することを検討すべきである。

(4)　鑑定請求に対する検察官の対応

　裁判所に，弁護人からの鑑定請求書が提出されると，裁判所は，検察官に意見を求める。

　これを受け，検察官は，鑑定請求の採否に関する意見書を提出する場合が多い。必要に応じ，弁護人は，検察官の意見に対し再反論を行う。

　裁判官は，検察官・弁護人双方の意見を踏まえ，最終的な採否を判断する。

V　いわゆる「カンファレンス」について

(1)　鑑定意見書について

　鑑定人による精神鑑定が終了すると，一定期間経過後，鑑定人から，鑑定意見書が提出されることが多い。これには，鑑定主文や，鑑定理由が記載される。また，鑑定人は，通常，鑑定の根拠となった検査記録も提出してくる。

　ここで注意を要するのは，鑑定結果の取調べは，あくまで公判廷における鑑定人に対する尋問であるということである。鑑定意見書は，あくまで参考資料に過ぎない。

(2)　カンファレンスの実施

　最高裁は，精神鑑定が行われた場合には，「鑑定人が鑑定を終えた段階(鑑定メモを提出した段階)において，問題点と尋問事項を整理するため，鑑定人との間で打合せを行うべきである。」と考えており(司法研修所編『難解な法律概念と裁判員裁判』46頁)，実務上も，カンファレンスの実施がなされることが多い。

　カンファレンスでは，鑑定人に対し，公判での鑑定結果の報告の方法について打ち合わせがなされる。

　現在では，交互尋問方式ではなく，まず，鑑定医がプレゼンをする形で報

告をし，その後，検察官・弁護人から，質問がなされるという方式がほとんどである。

なお，検察官，弁護人からの質問の機会が与えられる。

カンファレンスは，鑑定人に対し，鑑定結果に関する疑問や，微妙な言い回し，使用された医学用語の正確な意味などを確認できる貴重な機会である。

また，鑑定医によっては，鑑定意見書では，被害者や家族に配慮し，必ずしも被害者や家族に不利な事実の記載がないが，実際は，鑑定医がそのような事実も鑑定資料により把握しており，鑑定結果に反映させていることもある。このような事実は，弁護人にとって有用な情状事実であることがある。このような事実についても掘り起こすことができる貴重な機会であり，弁護人としては，カンファレンスを最大限利用するべきである。

(3) カンファレンスの過程すべてに，裁判官が関与すべきか

上述したように，カンファレンスでは，鑑定結果の報告の方法や，質問の順序が決められるほか，検察官，弁護人からの質問がなされる。

ところで，検察官，弁護人からの質問の際，裁判官もその場に同席させるべきかどうか。

最高裁は，「鑑定についての共通認識を形成し，三者が問題点を把握することが重要であること，裁判員にとって分かりやすい尋問の順序・方法や責任能力を判断する上で必要な尋問事項が何かを検討するためには，裁判所の立会いがなければ難しい場合が多いことからすると，裁判所及び両当事者の三者が一堂に会した上で，公判前整理手続の中で行うカンファレンスが最も適当であると思われる。」と述べている（司法研修所編・前掲47頁）。

しかし，予断排除の原則との関係に鑑みれば，検察官や弁護人からの，鑑定人に対する質問の際にまで，裁判官がカンファレンスに同席することは，原則としては否定的に考えるべきだと思われる。なぜなら，鑑定人に対する質問の際には，鑑定意見の内容について，両当事者から具体的な質問が行われるのであるから，まさに被告人の犯行当時の精神状態について，裁判官が情報を耳にすることになるからである。

検察官，弁護人から，鑑定人に対する質問が行われる際には，原則として，裁判官には退席を求めるべきかと思われる。

VI 鑑定人が使用するパワーポイント等のチェック

現在，鑑定人は，公判における尋問で，プレゼンをする際，パワーポイントを使用することが多い。

パワーポイントも，証人尋問調書に添付され，証拠となるものであるので，公判前整理手続の終結までに，パワーポイントの原稿を提出してもらうよう，裁判所に促すべきである。

そして，パワーポイントの内容に不備があったり，わかりにくいなどの問題点があれば，公判前整理手続において，裁判所にその点を指摘し，裁判所から，鑑定人に対し，修正を求めるように指摘すべきである。

第2節　ストーリー

I　序　論

第1節では，責任能力が問題となる事案における，公判前整理手続での対応について述べた。

ここでは，よりわかりやすくするために，ストーリーを交え，説明することとしたい。以下は，架空の事件について，できる限り実際に近い経過をまとめたものである。

なお，本稿では，責任能力に関わる活動のみについて述べるので，責任能力に関係のない部分について行われた公判前整理手続期日については，適宜省略することを，予めお断りする。

II　事　案

(1) 概　要

平成25年2月1日未明に，被疑者A（62歳，以下，「A」という）が，隣で就寝中だった被疑者の実母V（85歳，以下「V」という）の首を突然絞め，殺害した。

Vは，約2年前に脳梗塞を患い，寝たきりとまではないものの，歩行能

力が著しく減退し，移動は車いすが必要不可欠となっていた。Aには，V以外に家族はなく，昼は，AがVを介護施設に運び，そこでVの面倒を見てもらい，夕刻，AがVを引き取った後は，Aが，Vの日常生活すべてについて面倒を見ている状態であった。

Aは個人タクシーの運転手であり，その収入月約20万円と，母の国民年金でやっと生活している状況だった。

このようにして，AがVの日常生活の面倒を見ている中，平成24年6月に，Aが重度の糖尿病に罹患していることが発覚し，Aも通院生活を続けることとなった。

Aは，自身の糖尿病の罹患を知った後，「俺もいつまで働けるかわからない。」，「俺が働けなくなったら，おふくろはどうなるんだ。」と悩むようになり，いつしか，「死にたい。」，「自分が死んだら，母親も路頭に迷うから，一緒に連れて行くしかないな。」などと考えるようになり，その思いは日増しに強くなっていた。

そして，事件当日，いつもの通り，Vを隣に寝かせ，その横にAも寝ていたが，Aはいつものように，「死にたい。」，「心中しかないな。」などと思い，眠れなかった。

そして，ふとVの顔を見るや否や，AはVの首を絞め，Vを殺害してしまった。

接見した甲弁護士に対し，Aは，「母親の顔を見たら，勝手に腕が動く感じで首を絞めてしまい，そのまま死なせてしまった。」，「何がきっかけで心中を決意し，母親の首を絞めたのか思い出せない。」などと申し向け，結局，起訴後もその供述に変化はなかった。

このため，甲弁護士は，Aのうつ病の罹患と，そのうつ病が，本件犯行に大きく影響していると考えた。

(2) **時系列**

① 平成25年2月1日午前1時20分ころ　　事件発生
② 同日午前2時ころ　　K警察署に任意同行
③ 同日午前7時30分　　逮捕
④ 2月3日　　勾留

⑤ 2月14日より3月末日まで，H病院にて鑑定入院
⑥ 4月9日　　　　　　　　起訴（罪名は殺人）

Ⅲ 公判前整理手続での活動

(1) 第1回公判前整理手続前の活動

(a) **証明予定事実記載書面の受領**　平成25年4月20日に，検察官より，「証明予定事実記載書面」が提出された。さらに，証拠等関係カードも送られてきたので，甲弁護士は，早速，検察官請求証拠の謄写請求を行った。

証明予定事実記載書面を読むと，事前に捜査担当検察官から聞かされていたが，やはり，捜査段階での鑑定では，「完全責任能力」だったようだ。

(b) **裁判所からの要求**　甲弁護士は，既に検察官に対し，類型証拠に当たる証拠については，任意に開示するよう書面を出していたので，第1回公判前整理手続においては，検察官がどの程度任意に開示するか様子をみようと考えていた。そして，検事の回答及び，開示された証拠を見て，さらなる任意開示の請求か，類型証拠開示請求を行うか検討しようと思っていた。

そのような中，第1回公判前整理手続期日の1週間前に，本件の担当裁判部の書記官より，以下の電話があった。

書記官　「甲先生，裁判長が，第1回の前に，主張予定事実記載書面を出して欲しいと言っています。具体的には，検察官の証明予定事実に対する認否が知りたいようですが，お願いできますか？」

甲　　　「そんなこと仰られても，まだ請求証拠も，類型証拠も見ていません。認否と言っても無理ですよ。」

書記官　「しかし，裁判長が，早く事案を見定めて，審理を迅速に進めたがっているのですよ。書けるところまででも書けませんか？」

甲　　　「はっきり言って中身があるものは書けませんが，それでもいいのなら検討します。」

書記官　「できるかぎりでいいので，お願いします。」

甲弁護士は，類型証拠開示も済んでいないのに，認否なんて不可能だろうと思いつつ，「現時点で，公訴事実を争う予定はない。責任能力主張について検討中である。」とだけ書いた主張予定事実記載書面を提出した。

(2) 第1回公判前整理手続期日

 案の定，第1回公判前整理手続期日にて，裁判長より，「もう少し主張予定事実記載書面を詳しく書けないのか。」，「責任能力主張を行うのかどうか，いつ決められるのか。」と指摘を受けた。

 甲弁護士は，「類型証拠開示もまだなく，起訴前鑑定の鑑定書も読んでいないので，まだ詳細な主張予定事実は書けません。」と述べ，現段階でこれ以上詳しい主張予定事実を明らかにすることは不可能であることを強く述べた。

 そのため，裁判長は，検察官に対し，できる限り早く類型証拠開示を行うよう指示し，この日は終了した。

(3) 再鑑定請求の決断

 第1回公判前整理手続期日から2週間後，甲弁護士は類型証拠開示を受けた。

 その中に，起訴前鑑定の鑑定書（鑑定医はD医師）も入っていた。

 甲弁護士は，起訴前鑑定の内容には納得できなかったので，再鑑定請求をすることを決断した（鑑定請求書の内容は，**巻末資料11 書式・鑑定請求書（責任能力）**を参照されたい）。

 そのため，第2回公判前整理手続前に，犯行当時の被告人の精神状態及び，心神耗弱を根拠づける主張予定事実記載書面と，鑑定請求書を提出した。

(4) 第2回公判前整理手続期日

 第2回公判前整理手続期日では，裁判長から，検察官に対し，弁護人による鑑定請求に対する意見を求められた。検察官は，「鑑定不必要の意見を述べる予定であるが，意見の具体的内容は，次回までに意見書を提出します。」と述べた。

(5) 第3回公判前整理手続期日

 裁判長より，鑑定採用が告げられた。甲弁護士は，ハードルが低くない再鑑定請求が採用されたことにホッとした。

 鑑定人尋問の日は，平成25年7月25日と指定された。

 鑑定人尋問といっても，鑑定人に具体的な事実を尋ねる期日ではなく，刑事訴訟法166条，刑事訴訟規則128条に基づき，鑑定人に宣誓をしてもらう期

日のことを指す。

　どこで鑑定人尋問を行うかは，鑑定人の都合によるところもあり，裁判所で行うこともあれば，鑑定人が所属する医療施設で行うこともある。

(6) 再鑑定期間中の，甲弁護士の対応

　再鑑定は，平成25年8月10日から，8月24日までとなった。

　被告人が再鑑定先のG病院に移送された旨，裁判所から連絡があったので，同病院のN医師に連絡を取り，被告人と面会したい旨，申出をしたが，N医師より，なるべく外部からの刺激がない状態で鑑定したいため，鑑定中の面会はお断りしている旨，回答があった。

　甲弁護士は，病院によっては面会が許されることもあることを知っていたが，病院の方針もあるので，自重することとした。

　なお，再鑑定における鑑定書は，平成25年11月5日に提出された。

　その内容は，「①被告人は，本件犯行当時，重度のうつ病エピソードに罹患していた。」，「②重度のうつ病エピソードにより，被告人は，本件犯行当時，特に行為制御能力に大きな影響を受けていた。」というものであった。この鑑定結果に，甲弁護士は満足し，このまま，再鑑定の結果を根拠に，心神耗弱の主張を続けることとした（なお，鑑定請求において，満足な結果が得られなかったものの，その内容には納得せざるを得ない場合の対応は後述する）。

(7) カンファレンス

　再鑑定の結果も出たので，暮れも押し迫った平成25年12月17日に，カンファレンスが行われることとなった。

　甲弁護士は，カンファレンスで，再鑑定を行ったN医師に何を聞くべきか，周到な準備を行った。特に，①起訴前鑑定と再鑑定の結果が異なった理由についての見解や，②起訴前鑑定の不合理性の有無，③鑑定書記載の用語で，理解が困難な点の確認に重点を置いた。

　カンファレンス当日は，裁判官は，カンファレンスの説明を行ったあと，退室した。予断排除の点からも，裁判官のこの措置は妥当だと甲弁護士は感じた。

　カンファレンスでは，上記①〜③の点を中心に質問した。N医師は，①，②については，率直に「評価の違いであり，起訴前鑑定の鑑定書の結論が不

合理とまでは言えない。ただ，Aの犯行前の様子や，犯行の瞬間のAの心の動き（AがVの顔を見ると同時に，Vの首を絞めてしまい，そこに逡巡の形跡が全く見られないこと）からして，再鑑定の結果とした。」と説明した。

　甲弁護士は，もう少しD医師を叩く材料が欲しいと率直に思ったが，N医師は非常に誠実な受け答えをしているし，弁護士でも，評価に関する意見が割れても，どちらの意見も不合理とはいえない場合も多いので，そういうものかなあ，と思い，N医師の答えに納得した。

　何より，N医師は，甲弁護士や，検察官からの質問にまったくぶれることなく回答していたので，公判廷においても，裁判官・裁判員を納得させることは十分できるのではないか，と思った。

　反面，検察官は，N医師の鑑定結果に対し，何とか不合理性を出そうと，議論に及ぶような質問をしていた。

　甲弁護士は，このような検察官の質問には大いに疑問を抱いた。専門家証人に対しては，その専門分野の内容について議論をしても，その知識の絶対量の違いから，絶対に適わないことは理解していた。

　専門家証人を弾劾する場合，本件に則していえば，そもそもAに対する検査の内容の適否や，鑑定に使用した情報の信用性，鑑定医の姿勢（公平かどうか），変遷はないかなど，形式的な問題点をあぶり出すことに終始すべきである。専門内容を攻撃しても，絶対にかわされてしまうのに，と切に感じていた（実際，検察官は，公判廷でも，N医師の鑑定内容ばかりを弾劾しており，N医師がまったくぶれることなく回答していたため，逆にN医師の鑑定の信用性を上塗りする形になっていた。判決も，N医師の再鑑定を採用していた）。

(8) 公判直前の公判前整理手続期日

(a) **鑑定人尋問で使用するパワーポイントのチェック**　カンファレンスの後の公判前整理手続期日において，事前に，再鑑定を行ったN医師と，起訴前鑑定を行ったD医師から，鑑定人尋問（正確には，D医師は証人尋問）で使うパワーポイントの開示があった。

　甲弁護士は，D医師が，パワーポイントでも，「責任能力あり」と記載していたので，この部分は削除するよう求めた。裁判長はこの点に同意し，検察官に対し，D医師に，「責任能力あり」と記載されている部分を削除する

よう指示して欲しい，と述べた。
　検察官は，渋々同意した。
　その他，若干裁判員にはわかりにくいのではないか，と思われる表現等の修正を求めることとなった。
　(b)　その他，「責任能力」や「心神耗弱」の定義の説明について三者間で合意が図られ，合意した定義で説明をするように決められた。

Ⅳ　鑑定で目標とした結果が得られなかった場合の対応

(1)　はじめに
　責任能力について争う場合，精神鑑定の結果が重要な立証方法となることは論を俟たない。しかし，精神鑑定の結果が，当初弁護人が望んでいた結果ではないこともよくあり，その場合，再鑑定請求を行うか，鑑定結果を受け入れ，責任能力に関する主張を変更するかの判断を迫られる。
　再鑑定請求を行う場合の対応は，起訴前鑑定が存在する場合とほぼ同様であるので，ここでは，心神耗弱の主張をしていたものの，それが否定される鑑定結果が出た場合について述べる（以下のストーリーは，起訴前鑑定が存在しなかったことを前提とする）。

(2)　鑑定結果と甲弁護士の憂鬱
　(a)　甲弁護士の決断　　甲弁護士は，分厚い書面を前に，頭を抱えていた。
　平成25年11月5日に，被告人Aの鑑定結果を記載した鑑定書が届けられていた。
　その結果は，「①被告人は，本件犯行当時，軽うつ状態に罹患していた。」。「②被告人が罹患していた軽うつ状態は，本件犯行にはほとんど影響していない。」というものであった。
　甲弁護士は，これまで主張していた心神耗弱の主張を裏付ける証拠がまったく獲得できないという事実に直面し，再鑑定請求をするか，鑑定結果を受け入れるか悩んでいた。
　しかし，鑑定書の内容は，どれも合理的といわざるを得ず，検査の内容についても，特段疑義を感じるところはなく，再鑑定請求を行っても，本件鑑定書を弾劾する根拠に乏しいので，採用される見込みはほぼないと思った。

そこで，甲弁護士は，やむなく心神耗弱主張を断念することとした。

(b) 情状証拠としての活用の模索　甲弁護士は，Aに事情を話し，納得を得た上で，心神耗弱主張の撤回をすることとした。

しかしながら，甲弁護士は，責任能力主張は無理でも，鑑定書は情状証拠として使えるものであると考えたため，引き続き，鑑定人尋問は行ってもらい，Aに有利な事情を弁論で使いたいと考えた。

具体的には，①Aの置かれた状況は，孤立しており，1人でVの面倒を見ることが非常にストレスであったこと，②それでも，Aは日々献身的にVの面倒を見ていたこと，③行政に相談したが，無碍にされてしまったことが，よりAの悩みを増幅させたこと，④心中を考えた動機に，自己中心的な要素は見当たらないことなどであった。

裁判所は，情状立証のために証人を呼ぶ程ではないと考え，鑑定人尋問に否定的な考えであった（裁判所は，「鑑定人は精神状態の立証のために存在している以上，情状のために呼ぶのは本筋から外れているのではないか。」と言っていた）が，甲弁護士は，「ここで述べようとしている情状は被告人の精神状態が大きく関わっているし，量刑事情としては相当なウエイトを占める部分である。」と頑強に主張した。

その結果，鑑定人尋問は行われることとなった。

(c) 裁判所の対応についての注意　ここで使ったストーリーでは，裁判所が証拠調べのスリム化のために，鑑定人尋問まで行わないという方針を示した場合を想定して記載した。

しかしながら，このような裁判所の対応は一般的ではなく，鑑定をした以上，鑑定人尋問は行うという姿勢が，むしろ一般的ではないかと考える。

この場合，本ストーリーとは逆，つまり，弁護人としては，鑑定の結果を法廷に出したくないという場合もあり得る。このことに十分注意されたい。

(d) 小括　このストーリーのように，精神鑑定によっても，満足する結果が得られなかった場合，弁護人は，責任能力主張の変更・撤回を迫られることになる。

この場合の対応については，多々意見があるところであろうが，筆者は，鑑定書以外にも，被告人の責任能力について立証できる証拠が存在するとい

う希有な場合以外では，そのままの主張を維持することには否定的である。

　なぜなら，確たる根拠なく，責任能力の主張を続けても，その主張に説得力があるとは考えにくいし，そのような主張を行った場合，特に裁判員への印象が悪く，責任能力以外の主張についても悪影響を及ぼす可能性は払拭できないからである。

　断腸の思いであるかもしれないが，時には，被告人の利益を考え，責任能力に関する主張を撤回するという判断も必要であると考える。

【小柴　一真】

第21章

裁判員裁判で区分審理が行われる場合について

第1節　区分審理決定

I　原　　則

　裁判所は，被告人を同じくする数個の裁判員裁判対象事件を併合した場合又は裁判員法4条1項の決定（当該裁判員裁判非対象事件を裁判員の参加する合議体で取り扱う旨の決定）に係る事件と対象事件の弁論を併合した場合において，請求又は職権で，併合事件の一部を1又は2以上の被告事件ごとに区分し，この区分した1又は2以上の被告事件ごとに，順次，審理する旨の決定（区分審理決定）をすることができる（裁判員71条1項）。

　同決定ができる要件としては，併合した事件を一括して審判することにより要すると見込まれる審判の期間その他の裁判員の負担に関する事情を考慮し，その円滑な選任又は職務の遂行を確保するため特に必要があると認められるときと定められている（同項）。

II　例　　外

　ただし，①犯罪の証明に支障を生ずるおそれがあるとき，②被告人の防御に不利益を生ずるおそれがあるとき，③その他相当でないと認められるときは，この限りでないとされる（同項但書）。

　①犯行の手口が共通した特殊なもので，各事件の証拠が相互に補強し合う関係にあり，全事件をまとめて審理しなければ犯罪事実の立証が困難である

場合，②被告人の主張する事項が全事件に共通し，全事件をまとめて審理しなければ統一的な判断が困難である場合，③各事件の立証方法がかなり重複しており，多数の共通した証人に何度も証言を求めることになるなど，訴訟経済に著しく反する場合などが例としてあげられる（池田修『解説裁判員法』〔第2版〕144頁）。

Ⅲ　審理の順序に関する決定

区分審理を行うときは，決定で，区分事件を審理する順序を定めなければならない（裁判員73条1項）。

Ⅳ　公判前整理手続等における決定

区分審理決定や裁判員法73条1項の決定等は，公判前整理手続及び期日間整理手続において行うことができ（裁判員75条），それらの決定をするにはあらかじめ検察官及び被告人又は弁護人の意見を聴かなければならない（同法71条2項・73条3項）。

区分事件が終了すると，裁判官は交代しないが，裁判員は交代することになる。終局判決を行う裁判体の構成員である裁判員が審理に加わっていない前の区分事件についても合わせて量刑判断することになるが，部分判決等において，犯行の動機，態様及び結果その他の罪となるべき事実に関連する情状に関する事実等が示されるので，それを基に判断することになるものの（池田・前掲144頁），弁護人としては裁判員に適切な量刑判断をしてもらえるのか不安が残る。弁護人としては，裁判員の負担を考慮しつつも，被告人の不利益を考え，区分審理決定を行うべきか否か，区分審理を行う順序をどうすべきかを慎重に検討しなければならない。

第2節　部分判決及び併合事件審判

Ⅰ　部　分　判　決

裁判所は，区分事件の審理に基づき，部分判決を言い渡す（裁判員78条・79

条）。

　部分判決で有罪の言渡しをする場合には（裁判員78条1項），部分判決に，罪となるべき事実，証拠の標目，罰条の適用並びに刑法54条1項の規定の適用，法律上犯罪の成立を妨げる理由となる事実に係る判断及び法律上刑を減免し又は減免することができる理由となる事実に係る判断を示さなければならないし（同条2項），犯行の動機，態様及び結果その他の罪となるべき事実に関連する情状に関する事実や，没収，追徴及び被害者還付の根拠となる事実並びにこれらに関する規定の適用に係る判断を示すことができる（同条3項）。

II　併合事件審判

　裁判所は，すべての区分事件の審理・裁判を終えた後，残りの事件の審理とすべての事件の情状について審理し，区分事件を含む併合事件の全体について，刑の言渡しを含む終局裁判（併合事件審判）をする（裁判員86条1項）。
　終局判決を行う裁判体の構成員である裁判員が審理に加わっていない前の区分事件については，部分判決において，犯行の動機，態様及び結果その他の罪となるべき事実に関連する情状に関する事実等が示されるので，それを基に判断することができるとされるが（池田・前掲144頁），部分判決は，被告人にとって不利益な事実ばかり記載され，被告人にとって有利な事実がほとんど記載されていないことがある。
　併合事件審判のための公判手続の更新の手続（裁判員87条1項）において，区分事件審理において取り調べられた証拠のうち被告人の有利となりうる証拠を厳選して併合事件審理でも取り調べるように求める必要がある。

【宮﨑　大輔】

第22章

裁判員選任手続について

第1節　はじめに

　公判前整理手続が終盤に差しかかり，公判期日が決まる頃になると，裁判所は，裁判員選任手続の期日を決め，裁判員候補者を呼び出すことになる。
　以下，裁判員選任手続について述べる。

第2節　裁判員候補者の呼出し

　裁判所は，選任手続期日を定めた場合，裁判員候補者の中から，一定の人数を裁判員候補者として呼び出すこととなる。
　呼び出すべき裁判員候補者は，地方裁判所がくじで選出するが（裁判員26条3項），検察官及び弁護人は，当該くじに立ち会う機会が与えられる（4項）。
　極めて短時間のうちにくじで呼び出すべき裁判員候補者が選出されており，実務上は，検察官も弁護人も立ち会わない場合が多い。
　裁判員候補者に対する呼出状は，裁判員選任手続期日の6週間前までに発送しなければならないと定められているので（裁判員の参加する刑事裁判に関する規則（以下，「裁判員規則」という）19条），裁判員選任手続期日は，少なくとも予定する日の6週間以上前に定められることとなる。

第3節　裁判員候補者に関する情報の開示

I　裁判員候補者名簿の開示

　裁判長は，裁判員等選任手続の2日前までに，呼び出した裁判員候補者の氏名を記載した名簿を検察官及び弁護人に送付しなければならないとされている（裁判員31条1項）。
　この趣旨は，被告人と関係のある者が裁判員候補者に含まれていないか否かを検察官・弁護人に確認する機会を与えるというものである。
　実際に被告人と関係のある候補者が名簿に含まれていることは稀であろうが，そのような疑義を差し挟まざるを得ない場合には，被告人に関係性の有無を確認する必要があるだろう。

II　質問票の開示

　裁判長は，裁判員選任手続の日に，裁判員選任手続に先立ち，候補者が提出した質問票の写しを検察官と弁護人に閲覧させなければならない（裁判員31条2項）。
　弁護人としては，質問票の写しを読み，不公平な裁判をする可能性がある候補者がいないかどうか，事前に確認しておくべきである。

第4節　裁判員候補者への質問

　裁判員候補者に対しては，裁判員法13条に規定する者に該当するかどうか，裁判員法14条の欠格事由に当たらないか否か，裁判員法15条の就職禁止事由に該当する事実がないか否か，裁判員法17条の不適格事由に該当する事実がないか否か，さらに，裁判員法16条の辞退事由に該当するとして，辞退の申出があった場合に，裁判員法16条に該当するか否か，また不公平な裁判をするおそれがあるか否かの判断のために，質問をすることができる（裁判員34条1項）。
　条文の規定のとおり，質問権は裁判長にあり，その他の訴訟当事者は，直

接裁判員候補者に質問することはできない。

ただし，陪席裁判官・検察官・被告人・弁護人は，裁判長に対し，裁判員法34条1項規定の判断に必要な質問をすることを求めることができる（裁判員34条2項）ので，もし，裁判長がした質問以外に，さらに質問が必要と考えるときは，裁判長に，具体的に質問内容を明示したうえで，追加の質問を求めることとなる。

第5節　不選任の請求について

I　「理由つき不選任」請求

裁判員法34条4項は，次のように定めている。裁判員候補者について，裁判員法13条の選任資格がない，裁判員法14条の欠格事由，裁判員法15条の就職禁止事由，裁判員法17条の不適格事由に該当すると認めたとき，裁判員候補者が不公平な裁判をするおそれがあると認めたときは，検察官・被告人・弁護人の請求により又は職権で，当該裁判員候補者の不選任を決定しなければならない。

弁護人として，閲覧した質問票の記載内容及び，裁判長による質問に対する回答を考慮し，上記各事由に当たる者がいると考えられた者については，不選任の請求をすべきである。

II　「理由を示さない不選任」請求

裁判員法34条4項の不選任請求のほか，裁判員法36条1項に基づき，理由を示さない不選任の請求を行うことができる。

ただし，理由を示さない不選任請求が行える人数は，原則4人とされているが（裁判員36条1項），補充裁判員の数に応じてその人数は増えることになっている（裁判員36条2項）。裁判員裁判において，補充裁判員を置くことが通常であるので，前記4人のほかに，補充裁判員の員数が1人又は2人のときは1人，3人又は4人のときは2人，5人又は6人のときは3人を加えた員数まで理由を示さない不選任請求が行える（裁判員36条2項）。

よって，相当希有な事例であろうが，理由を示さない不選任請求ができる員数を超えて，不適格と考えられる裁判員候補者がいる場合には，理由を示さない不選任請求の前に，理由つき不選任請求を行わないと，不適格と考える裁判員候補者が裁判員若しくは補充裁判員に選任されるリスクに晒されることとなる。

実際の理由を示さない不選任請求は，公平のために，検察官と弁護人が交互に行う（裁判員規則34条1項）。

第6節　そ　の　他

裁判長によってであるが，選任手続当日，選任手続に入る前に，検察官及び弁護人を同行し，裁判員候補者に挨拶を行う裁判長もいる。

【小柴　一真】

資料集

■資料1　証拠開示リスト

1　暴力事犯（暴行，傷害，強盗等）

※強盗事案については窃盗事犯の例も参考にされたい。

(1)　共　通

	証　拠	作成者	類　型
1	被害届	被害者	5号

(2)　受傷状況に争いがある場合

	証　拠	作成者	類　型
1	被害者の受傷に関するカルテ，診療録	医師	1号
2	診断書	医師	4号
3	医師への病状照会，医師からの回答書	医師	4号
4	医師からの聴取結果報告書	警察官，検察官	6号
5	被害者の負傷状況及び身体の状況に関する報告書	警察官	3号
6	被害部位写真撮影報告書	警察官	3号
7	着衣の写真撮影報告書	警察官	3号
8	被害者からの資料入手報告書	警察官	6号

(3)　暴力団が関わっている場合

	証　拠	作成者	類　型
1	暴力団組織系統図	警察官	6号

2 凶悪・重大事犯（殺人等）

	証　拠	作成者	類　型
1	変死人発見報告書	警察官	1号，6号
2	変死事件受理報告書	検察事務官	1号，6号
3	検視調書	警察官，検察官	3号
4	死体の見分調書	警察官	3号
5	死体検案書・死亡診断書	医師	4号
6	被害者の除籍謄本	地方自治体	1号
7	医療機関の記録	警察官，医療機関	1号
8	鑑定処分許可状請求書	警察官，検察官	1号
9	鑑定処分許可状	裁判所	1号
10	司法解剖立会報告書・写真撮影報告書	警察官，検察官	1号，3号
11	司法解剖一応報告書	医師	1号，4号
12	司法解剖に関する鑑定書	医師	1号，4号
13	解剖執刀医からの事情聴取報告書，供述調書	警察官，検察官	1号，5号
14	検証調書	警察官	3号
15	遺留物・微物の採取報告書	警察官	1号，3号
16	鑑定嘱託書・鑑定書	警察官	4号
17	DNA鑑定型に関するエレクトロフェログラム（チャート） 検査ノート	鑑定人，科捜研，科技研	1号 3号，4号
18	DNA鑑定型に関する検査ノート	鑑定人，科捜研，科技研	4号
19	DNA鑑定型に関する鑑定資料の保存状況に関する報告書	警察官	1号，6号

資料1　証拠開示リスト　　229

20	被告人の血液及び口腔内細胞の採取に関する採血令状， 任意提出書， 捜査報告書， 領置調書等	裁判所， 被告人， 警察官， 警察官	1号 1号 3号 1号
21	鑑定資料（遺留物）の保存状況に関する報告書， 任意提出書， 捜査報告書， 領置調書等	警察官， 被害者 警察官 警察官	6号
22	遺留物に関する写真撮影報告書	警察官	1号，3号
23	遺留物本体	──	1号
24	事件発生直後における被害者の診断書，カルテ等	医師	1号
25	歯科医作成のカルテ等（歯形等）	歯科医師	1号
26	被害者の診療録（過去の手術等の特徴）	医師	1号
27	現場撮影報告書	警察官	3号
28	死体検案報告書	警察官	3号
29	犯人割出過程での証拠書類	警察官	1号
30	裏付け捜査報告書	警察官	1号
31	着衣等の見分調書	警察官	3号
32	被告人の身体に関する見分調書	警察官	3号
33	被告人の親族・被害者の遺族の供述調書	警察官，検察官	5号
34	取調メモ・供述調書案	警察官	1号，6号
35	供述対照表	警察官	5号，7号
36	被害者の供述調書	警察官，検察官	5号
37	被告人の身体検査に関する調書又は被告人の身体に関する報告書	警察官	3号，6号

38	目撃証人等の供述調書	警察官, 検察官	5号
39	同房者の供述調書	警察官, 検察官	5号
40	通訳人の供述調書	警察官, 検察官	5号
41	通訳人の取調べメモ	通訳人	1号, 5号
42	取調べ状況記録書面	検察事務官	8号

3 窃盗事犯

	証　拠	作成者	類　型
1	盗品処分状況に関する裏付け捜査書類	警察官	1号，6号
2	盗品発見状況報告書・遺留領置手続書等	警察官	1号，3号
3	被害金品の特定報告書	警察官	1号，6号
4	被害品確認書	被害者	1号，5号
5	還付請書	被害者	1号，5号
6	機械警備記録	警察官，警備会社	1号
7	進入状況の特定報告書	警察官	3号
8	所持金品目録	警察官	1号，6号
9	現行犯逮捕手続報告書・緊急逮捕手続報告書	警察官	1号，6号
10	指紋照合写真	警察官	1号，3号
11	指紋対象結果通知書（鑑識）	警察官	1号，4号
12	現場指紋対象結果通知書	警察官	1号，4号
13	鑑定嘱託書謄本	警察官	4号
14	鑑定書	科捜研，鑑定人	4号

4 知能犯事犯（詐欺・業横等）

	証　拠	作成者	類　型
1	銀行口座照会・回答書	警察官，金融機関	1号
2	口座開設状況に関する裏付け書類	警察官	1号，6号
3	口座利用状況に関する裏付け書類	警察官	1号，6号
4	携帯電話・パソコン等の解析報告書	警察官	1号，6号
5	商業登記簿	登記官	1号，6号
6	所在確認報告書（犯行現場）	警察官	1号，3号

5 わいせつ事犯（強姦，痴漢含む）

(1) 犯人性・実行行為者に争いがある場合

	証　拠	作成者	類　型
1	被害者の供述調書	警察官，検察官	5号，6号
2	目撃者の供述調書	警察官，検察官	5号，6号
3	目撃現場における実況見分調書	警察官	3号
4	写真面割りに関する報告書	警察官	6号，任意開示
5	遺留品（犯人の所持品，指紋，血液，体液，毛髪，繊維片等）の採取報告書	検察官	1号，3号
6	遺留品（指紋，血液，体液，毛髪，繊維片等）の保存状況に関する報告書	警察官	6号，任意開示
7	遺留品（指紋，血痕，血液，体液，毛髪，繊維片等）の鑑定嘱託書	科捜研，科技研	4号
8	遺留品（指紋，血痕，血液，体液，毛髪，繊維片等）の鑑定書	鑑定人	4号
9	被害者の血液型・DNA鑑定型の鑑定嘱託書	科捜研，科技研	4号
10	被害者の血液型・DNA鑑定型の鑑定書	鑑定人	4号
11	被告人の血液型・DNA鑑定型の鑑定嘱託書	科捜研，科技研	4号
12	被告人の血液型・DNA鑑定型の鑑定書	鑑定人	4号
13	共犯者の血液型・DNA鑑定型の鑑定嘱託書	科捜研，科技研	4号
14	共犯者の血液型・DNA鑑定型の鑑定書	鑑定人	4号

(2) 犯行態様に争いがある場合

	証　拠	作成者	類　型
1	防犯ビデオテープの入手状況に関する報告書	警察官	6号
2	防犯ビデオテープの解析結果に関する報告書	警察官	3号
3	電車の乗車状況に関する報告書	警察官	6号
4	犯行再現見分調書	警察官	3号
5	被害者の着衣の損傷状況，土泥の付着状況に関する報告書	警察官	6号，任意開示

(3) 性交について同意があったことを主張する場合

	証　拠	作成者	類　型
1	被害者と被告人で交わされた手紙，メールデータ等	被害者，被告人	1号

(4) 凶器が用いられた場合

	証　拠	作成者	類　型
1	凶器	凶器による	1号

(5) 受傷状況に争いがある場合，準強制わいせつ・準強姦の場合

	証　拠	作成者	類　型
1	被害者の精神鑑定書（被害者の精神病等の精神状態を利用した場合）	鑑定人	4号
2	被害者の尿の鑑定書（薬物投与により抗拒不能に陥った場合）	鑑定書	4号

(6) 強制わいせつ・強姦致死傷の場合

傷害罪・傷害致死罪の場合に準ずる。

6 公務執行妨害事犯

(1) 行為態様・職務の適法性に争いがある場合

	証　拠	作成者	類　型
1	防犯ビデオテープの入手状況に関する報告書	警察官	6号
2	防犯ビデオテープの解析結果に関する報告書	警察官	3号
3	犯行再現見分調書	警察官	3号
4	被害者の供述調書	警察官，検察官	5号，6号
5	目撃者（被害者の関係者）の供述調書	警察官，検察官	5号，6号
6	目撃者（第三者）の供述調書	警察官，検察官	5号，6号
7	実況見分調書	警察官	3号

(2) 凶器が用いられた場合

	証　拠	作成者	類　型
1	凶器	凶器による	1号

(3) 被害者が負傷している場合

	証　拠	作成者	類　型
1	写真撮影報告書（負傷状況）	警察官	1号，3号
2	診断書	医師	4号

7 交通事犯

(1) 行為態様・職務の適法性に争いがある場合

	証 拠	作成者	類 型
1	被害者の供述調書	警察官,検察官	5号,6号
2	目撃者（被害者の関係者）の供述調書	警察官,検察官	5号,6号
3	目撃者（被告人の関係者）の供述調書	警察官,検察官	5号,6号
4	目撃者（第三者）の供述調書	警察官,検察官	5号,6号

(2) 事故態様に争いがある場合

	証 拠	作成者	類 型
1	被害者の供述調書	警察官	3号
2	信号サイクル表	警察官	6号
3	車両運行記録の解析結果に関する報告書	警察官	3号
4	写真撮影報告書（路面の擦過痕）	警察官	1号,3号
5	写真撮影報告書（事故車両の破損物，被害者の所持品，着衣の散乱状況）	警察官	1号,3号
6	路上遺留品（血痕）の採取報告書	警察官	6号
7	路上遺留品（血痕）の保存状況に関する報告書	警察官	6号
8	路上遺留品（血痕）の鑑定嘱託書	科捜研,科技研	4号
9	路上遺留品（血痕）の鑑定書	鑑定人	4号

(3) 同乗者があり，運転者に争いがある場合

	証 拠	作成者	類 型
1	自動速度違反取締機のカメラ画像解析結果に関する報告書	警察官	3号

	証　拠	作成者	類　型
2	車内遺留品（血痕，毛髪，着衣）の採取報告書	警察官	6号
3	車内遺留品（血痕，毛髪，着衣）の保存状況に関する報告書	警察官	6号
4	車内遺留品（血痕，毛髪，着衣）の鑑定嘱託書	科捜研，科技研	4号
5	車内遺留品（血痕，毛髪，着衣）の鑑定書	鑑定人	4号

(4) 被害者が死亡している場合

	証　拠	作成者	類　型
1	写真撮影報告書（被害者の着衣）	警察官	1号，3号
2	死体の検分調書	警察官	3号
3	死体検案書	医師	4号
4	死亡診断書	医師	4号

(5) 被告人が飲酒運転をしていたとされる場合

	証　拠	作成者	類　型
1	酒気帯び・酒酔い鑑識カード	警察官	1号，3号

8 放火事犯

(1) 共　通

	証　拠	作成者	類　型
1	119番入電状況等聴取報告書	警察官	6号
2	110番聴取状況報告書	警察官	6号
3	110番聴取用紙	警察官	1号
4	110番通報入電状況について	警察官	6号
5	臨場時又は被害現場写真撮影報告書	警察官	3号
6	証拠品写真撮影報告書	警察官	3号
7	現場周辺家屋被害状況報告書	警察官	3号
8	焼損残渣物の採取状況報告書	警察官	3号
9	焼損残渣物		1号
10	焼損残渣物に関する鑑定嘱託書・鑑定書	警察官	4号
11	身体・着衣に関する油類反応鑑定嘱託書・鑑定書	警察官	4号
12	油類に関する対照鑑定嘱託書・鑑定書	警察官	4号
13	火災原因に関する意見書類	警察官	4号
14	火災原因判定書	消防署	4号
15	焼損面積特定報告書	警察官	3号
16	炭化深度測定報告書	警察官	3号
17	焼損物特定報告書	警察官	3号
18	臨場した消防隊員の供述調書	警察官	5号又は6号
19	近隣住民の供述調書	警察官	5号又は6号
20	焼損実験報告書	警察官	3号

	証拠	作成者	類型
21	焼損実験の際のメモ・写真・ビデオテープ等		3号
22	動機の裏付けに関する報告書	警察官	6号
23	不動産の登記事項証明書	法務局	1号
24	家屋評価額証明書	市区町村	1号

(2) 火災保険金の取得を目的とする放火が疑われている場合

	証拠	作成者	類型
1	保険契約の時期，保険金・保険料の額に関する報告書	警察官	1号，6号
2	被疑者の資産状態や生活状況を示す書類	警察官	1号
3	家財道具や貴重品の搬出状況を示す書類	警察官	1号，6号
4	火災後の保険金入手状況を示す書類	警察官	1号，6号

(3) 責任能力が問題となる事案

	証拠	作成者	類型
1	被告人のカルテ，診療録	医師	1号
2	医師への病状照会，医師からの回答書	医師	4号
3	医師からの聴取結果報告書	警察官，検察官	6号
4	診断書	医師	4号
5	精神保健診断書（簡易鑑定書）	医師	4号
6	精神鑑定書	医師	4号
7	社会福祉協議会職員の供述調書	警察官	6号
8	捜査関係事項回答書（119番通報時の被告人の言動等）	警察官又は消防	6号

9 薬物事案

(1) 共通

	証拠	作成者	類型
1	薬物予試験結果報告書	警察官	4号
2	鑑定嘱託書,鑑定書	警察官	4号
3	無資格事実に関する照会書・回答書	警察官,地方自治体	1号
4	入手先の特定に関する資料	警察官	1号,6号
5	捜索差押調書	警察官	1号
6	証拠品写真撮影報告書	警察官	3号

(2) 使用事案

	証拠	作成者	類型
1	注射痕の写真撮影報告書	警察官	3号
2	尿の任意提出書	警察官	1号
3	尿の領置書	警察官	1号
4	尿中薬物濃度に関する鑑定書,報告書,電話聴取書	警察官	4号,6号

(3) 強制採尿手続の適法性について争いがある場合

	証拠	作成者	類型
1	取扱状況報告書(発覚の端緒)	警察官	6号
2	採尿状況報告書	警察官	3号
3	採尿状況の写真撮影報告書	警察官	3号
4	強制採尿の必要性に関する報告書(捜索差押許可状請求に関する捜査報告書)	警察官	1号,6号
5	強制採尿状況の報告書	警察官	1号,6号

(4) **密輸入の場合**

	証　拠	作成者	類　型
1	答弁調書	税関	5～7号
2	携帯電話等のデータ解析報告書	警察官	6号
3	携帯電話等の通信履歴，その解析報告書	警察官	1号，6号
4	高速道路料金所の通行状況報告書	警察官	6号

10 外国人事案

	証　拠	作成者	類　型
1	入管照会・回答書（氏名，生年月日に基づく照会）	警察官，入管	6号
2	入管照会・回答書（指紋に基づく照会）	警察官，入管	6号
3	退去強制時の資料に関する照会・回答書	警察官，入管	6号
4	犯罪歴照会・回答書（指紋に基づく照会）	警察官	6号
5	犯歴資料入手報告書	税関	6号
6	出生証明書・旅券・在留カード（平成24年7月8日以前は外登証）等の身分証明書類の入手報告書・複写報告書	警察官	1号
7	出生証明書等を本国から取り寄せた状況の報告書	警察官	6号
8	身分証明書類等の翻訳報告書	警察官	6号
9	旅券の鑑定嘱託・鑑定書	警察官	4号
10	住民票の写し（平成24年7月8日以前は外国人登録原票の写し）	地方自治体	1号
11	居住先・勤務先特定報告書	警察官	6号
12	領事館通報希望書	警察官	6号

＊　証拠の項目につき，日本弁護士連合会裁判員本部編『公判前整理手続を活かす』〔第2版〕（2011年，現代人文社）115〜126頁参照。

■資料2　書式・公判前整理手続実施を申し出る意見書

平成○○年（わ）第○○○○号　　○○○○被告事件
被告人　○　○　○　○

意　見　書

平成○○年○○月○○日

○○地方裁判所刑事第○○部第○○係　　御中

弁護人　○　○　○　○　㊞

　上記被告人に対する頭書被告事件につき，弁護人は，刑事訴訟法316条の2第1項に基づき，下記のとおり意見を述べる。

記

第1　意見の趣旨
　　　本件は，公判前整理手続に付されるべきである。
第2　意見の理由
　　　本件は，否認事件であり，かつ，共犯事件である。
　　　被告人は，本件の罪体について全部否認している。この主張は，共犯者とされる○○○○の供述と相反している可能性が極めて高い。したがって，同人の供述の信用性が本件で最も重要な争点の一つとなることが予測される。
　　　○○○○については，○○地方裁判所において，平成○○年○○月○○日に実刑判決を受け，確定している。捜査機関は，同人の事件について，捜査段階において多数の証拠を収集し，保有している。
　　　一方，本件において，弁護人及び被告人が，捜査段階で収集されたこれら証拠については，検察官が開示しない限り，入手することはまず不可能である。とすれば，争点に関して弁護人として十分な証拠の検討をなすことが困難となる。
　　　なお，弁護人は，○○○○の供述調書を入手すべく，同人の刑事確定記録について，平成○○年○○月○○日，○○地方検察庁に対して謄写請求をしているが，同庁からは，未だに応答がない。

被告人が，○○○○の供述の信用性を弾劾し，十分な防禦活動を行い，充実した審理を実現するためには，検察官請求予定証拠のみならず，弁護人がそれ以外の十分な証拠開示を受けた上で証拠を吟味し，公判期日前に争点・証拠を整理したうえ，集中審理を行うことが望ましい。

以　上

■資料3　書式・期日間整理手続実施を申し立てる意見書

```
平成○○年(刑わ)第○○○○号
被告人　○　○　○　○
```

　　　　　　　　　　　　意　見　書

　　　　　　　　　　　　　　　　　　　　　　平成○○年○○月○○日

○○地方裁判所刑事第○○部　御中

　　　　　　　　　　　　　　　主任弁護人　○　○　○　○　㊞
　　　　　　　　　　　　　　　弁　護　人　○　○　○　○　㊞

　上記被告人に対する○○被告事件につき，弁護人らは，刑事訴訟法316条の28第1項に基づき，以下の通り意見を述べる。
　　　　　　　　　　　　　　　記
第1　意見の趣旨
　　本件は，期日間整理手続に付されるべきである。
第2　意見の理由
　1　期日間整理手続に付されるべき必要性について
　　　本件において，被告人は，犯人性を否認するものであるところ，第○公判期日における○○証人の尋問手続において，被告人のアリバイに関して，……の事情が新たに判明した。
　　　上記の事情を前提とすると，事件の争点や，弁護人の主張・立証の構造が大きく変化する事は明らかであるが，弁護人が，上記の新事情を踏まえて十分な防御活動を行い，充実した審理を実現するためには，弁護人において，さらなる証拠開示を受けた上で証拠を吟味し，期日間に争点・証拠を整理することが必要不可欠である。
　　　よって，本件については，事件の争点及び証拠を整理するための公判準備として，期日間整理手続に付される必要がある。

■資料4　書式・類型証拠開示請求書

平成○○年(刑わ)第○○○○号
被告人　○　○　○　○

類型証拠開示請求書

平成○○年○○月○○日

○○地方検察庁
検察官検事　○　○　○　○　　殿

主任弁護人　○　○　○　○　㊞
弁　護　人　○　○　○　○　㊞

　弁護人らは，刑事訴訟法316条の15に基づき，以下の各証拠の開示を請求する（既開示分を除く）。

記

第1　開示対象の特定：本件現場に関する実況見分調書，検証調書，写真
　　　類型：316条の15第1項1号，3号
　　　理由：検察官請求証拠甲○号証は犯行現場の状況等を立証するものであるところ，その証明力を判断するには，本件で行われたすべての実況見分，検証調書を確認する必要がある。
　　　　　　犯行現場の状況等は，犯行状況を推知する上で，被告人の防御の準備のために必要性が高い。

第2　開示対象の特定：被害者の本件受傷に関するカルテ等
　　　類型：316条の15第1項1号，3号
　　　理由：検察官請求証拠甲○号証は受傷部位，程度等を示す書類であるが，その証明力を判断するには，これ以外に被害者の受傷の部位，程度，加療期間についてのカルテ等が存在する場合には，その開示を受けて治療及び診断内容の比較検討等を行う必要がある。
　　　　　　そして，上記甲○号証は，「被害者の受傷部位，程度，加療期間等」を証明するものとされ，これが被害者が全治約6か月間

を要する傷害を負ったことの根拠の一つとして主張されているから，その証明力を判断するための標記開示は被告人の防御の準備のための必要性が高い。

第3 開示の対象：被害者を診察した医師の診断書，供述調書，電話聴取書，及びその供述内容を含む捜査報告書
　　類型：316条の15第1項3号，4号，6号
　　理由：検察官請求証拠甲4号証は受傷部位，程度，加療期間等を示す書類であるが，その証明力を判断するには，これ以外に被害者の受傷の部位，程度，加療期間についての医師の診断書供述が存在する場合には，その開示を受けて治療及び診断内容の検討等を行う必要がある。
　　　　そして，上記甲○号証は，「被害者の受傷部位，程度，加療期間等」を証明するものとされ，これが被害者が全治約6か月間を要する傷害を負ったことの根拠の一つとして主張されているから，その証明力を判断するための標記開示は被告人の防御の準備のための必要性が高い。

第4 ……

以　上

■資料5　書式・求釈明申立書（公訴事実）

平成〇〇年（〇）第〇〇〇〇号　〇〇
被告人　〇　〇　〇　〇

公訴事実に対する求釈明申立書

平成〇〇年〇〇月〇〇日

〇〇地方裁判所　刑事第〇〇部　御中

弁護人　〇　〇　〇　〇　㊞

　上記被告人に対する頭書被告事件の公訴事実について，検察官に対し，被告人の防御の対象を明確にするため，下記事項につき釈明を求めるよう申し立てる。

記

1　平成〇〇年〇〇月〇〇日付け起訴状記載の公訴事実第〇では，「被告人〇〇〇〇及び同〇〇〇〇は，前同様に考え，共謀の上」本件犯行に及んだとしているが，かかる公訴事実からではその共謀の内容が何ら明らかでない。
　　そこで，
(1)　被告人が前同様に投資ファンドへの投資名目で金銭を詐取しようと考えたというのは，いつ，どこで，どのようになされたのか，明らかにされたい。
(2)　被告人が，〇〇〇〇と共謀したというのは，いつ，どこで，どのようになされたのかを明らかにされたい。

以　上

■資料6　書式・証拠意見書

```
平成○○年(刑わ)第○○○○号
被告人　○　○　○

                    証拠意見書

                              平成○○年○○月○○日

○○地方裁判所刑事第○○部　　御中

                         主任弁護人　○　○　○　○　㊞
                         弁　護　人　○　○　○　○　㊞

　上記被告人に対する○○被告事件につき，検察官の請求証拠に対する弁護人らの意見は，下記のとおりである。
                    記
第1　甲号証
　　甲第○号証ないし甲第○号証は全て同意する。
　　但し，甲第○号証のうち，12頁目10行目から13頁目2行目まで（「私は，非常に驚いて」から「振りほどこうとしました。」まで）の部分については信用性を争う。
第2　乙号証
　　乙第○号証乃至第○号証は，任意性や証拠能力を争わないが，被告人質問による供述がなされる予定であり，必要性なし。
                                      以　上
```

■資料7　書式・予定主張記載書面（自白）

平成〇〇年(刑わ)第〇〇〇〇号
被告人　〇　〇　〇　〇

予定主張記載書面

平成〇〇年〇〇月〇〇日

〇〇地方裁判所刑事第〇〇部　　御中

主任弁護人　〇　〇　〇　〇　㊞
弁　護　人　〇　〇　〇　〇　㊞

　　上記被告人に対する〇〇被告事件につき，弁護人らが公判期日においてすることを予定している主張は，下記のとおりである。
記
第1　公訴事実に対する主張
　　　被告人に対する本件公訴事実は争わない。
　　　情状について，以下の主張を行うことを予定している。
第2　情状に関する主張
　1　事件に至る経緯
　　　被告人は，当初からわいせつ行為を行うために外出したわけではなく，気晴らしのための散歩中に偶然立ち寄ったスーパーマーケット付近で，たまたま被害女性を見つけ，突如犯意を催し，犯行に及んだものであって，犯行は計画的なものではなかったこと（被告人の公判供述）
　2　一般情状について
　　(1)　被告人が，本件事件を引き起こしたことを深く反省し，被害者に充てた謝罪反省文を書いていること（弁〇，被告人の公判供述）
　　(2)　……

以　上

■資料8　書式・予定主張記載書面（強盗強姦，否認）

平成○○年刑(合わ)第○○号　　強盗強姦被告事件
被告人　○　○　○　○

予定主張記載書面

平成○○年○○月○○日

○○地方裁判所刑事第○○部　　御中

弁護人　○　○　○　○　㊞

　上記被告人に対する頭書被告事件について，弁護人らが，公判廷においてすることを予定している主張は下記のとおりである。
記

第1　総論
　　　被告人は，公訴事実記載の日時において，同記載の犯行を行っていない。
　　　したがって，被告人は無罪である。
　　　検察官が被告人の犯人性を示す証拠として請求をしている被害者が事件当時着用していたパンティーライナーに遺留された犯人の体液に関する鑑定書（甲○○号証）は，以下のとおり，①本来，鑑定資料とすべき膣内容物を対象としなかった点，②鑑定資料の選別，③鑑定資料の入手・保管，及び④鑑定方法について重大な欠陥があり，証拠能力はなく，仮に証拠能力が認められても信用できない。

第2　適切な鑑定資料に対して鑑定が実施されていないこと
　　　本件事件当日，○○病院において，産婦人科医師○○○○が，被害者の膣内からガーゼ片をタンポン状にしたもので膣内容物を採取した。
　　　〜
　　　本件で捜査機関は，最も証拠価値の高い膣内容物についてDNA型鑑定を実施せず，○○年間放置されていた被害者のパンティーについてDNA鑑定を実施している。最良証拠についてDNA型鑑定を実施していない以上，被害者のパンティーについての鑑定書（甲○○号証）を証拠として

認めることはできない。
第3　鑑定資料の入手，保管についての問題点
　1　鑑定対象物件の適格性の立証について
　　　DNA型鑑定の対象物件については，押収段階から，押収時に実況見分，写真撮影をするなどし，その真正に疑問を生じさせないように対処し，また，保管にも十分意を用いておかなければならない（犯罪捜査規範184条ないし186条参照）。鑑定対象物の入手・保管の経緯が明らかにされ，鑑定対象物件に他の物が付着していないこと，汚損されていないこと，他の物と混同されていないこと，人為的な作為が加えられていないこと等が適切に立証されなければ当該DNA鑑定書には証拠能力も証明力もない。
　2　本件での問題点
　　　検察官は，鑑定対象物件であるパンティーに精液が付着しており，付着していた精液のDNA型が被告のDNA型と一致した（甲〇〇号証）ことを被告人が犯人であることの証拠としている。
　　　しかし，検察官請求証拠には，鑑定対象となったパンティーが押収された際の状況を示す証拠は何もない。また，鑑定対象となったパンティーは約〇〇年間保管されていたことになるが，その保管状況も不明である。
　　　鑑定対象物件であるパンティーが被害者が犯行時に着用していたパンティーであるということの立証がなされておらず，また，犯行時（平成〇〇年〇〇月〇〇日）から鑑定実施日である平成〇〇年〇〇月〇〇日までの間に鑑定対象物件であるパンティーに汚損や人為的な作為が加えられていないとの立証もなされていない以上，鑑定書（甲〇〇号証）には証拠としての価値がない。
第4　鑑定方法の問題点
　1　はじめに
　　　甲〇〇号証の鑑定書には，鑑定対象物件であるパンティーに精液が付着していたと記載されているが，本鑑定は，①陽性対照と陰性対照の鑑定を実施していない点，②精子の存在が正確に立証されていない点で重大な欠陥がある。
　2　陽性対照・陰性対照の鑑定について
　　　DNA鑑定を実施する際には，本来鑑定すべき対象とは別に，あらかじめDNA型の判明している対照資料についても検査しなければならない

（陽性対照）。これは，実際に判明している DNA 型が検出されたことをもって，鑑定過程に誤りがなかったことを証明する必要があるからである。また，DNA 型鑑定をするに当たっては，何も付着していない対照資料についても検査しなければならない（陰性対照）。これは，何も付着していない部分について検査をしても何ら陽性反応を示さないことを確認し，検査器具などに汚染がなかったことを証明する必要があるからである。

DNA 型鑑定については，陽性対照及び陰性対照の鑑定が行われていない場合には，鑑定過程に誤りがないことが証明されず，また検査機器が汚染されているなどの可能性が否定できない。したがって，陽性対照や陰性対照がなされていない場合の鑑定書の結果は信用することができず証拠としての価値がない。

本件の鑑定書（甲○○号証，甲○○号証）には，陽性対照及び陰性対照が実施されたことが示されていない。

したがって，本件鑑定には重大な問題点があり，証拠としての価値がない。

3　精子が存在することについての立証の問題点
(1)　精子の写真が存在しないこと
　　〜
(2)　頭微鏡観察では精子の存在を証明できないこと

精子を観察してその形態から精子であると判断するためには精子の頭部及び尾部が観察できることが必要である。新鮮な精子であれば染色後に顕微鏡で観察すれば精子の頭部に加えて精子の尾部が観察できるため細胞の形態からそれが精子であるとの判断が可能である。しかし，精子が新鮮でない場合には，それを顕微鏡で観察しても頭部のみしか観察できず精子の尾部は観察できない。したがって，新鮮でない精子の場合には，形態の観察によって当該細胞が精子であるとの判断はできないはずである。新鮮な精子でない場合には，当該細胞について，「血清学的検査」を実施しなければ当該細胞が精子であるとの正確な証明にはならない。

仮に，本件の鑑定対象物件であるパンティーに犯人の精子が付着していた場合，その精子は付着してから約○○年が経過していることになる。本件鑑定書には，「精子が観察された。」とされているが，○○年前の精子であれば，バェッキー染色後に顕微鏡で観察したとしても，精子の頭部のみしか観察できないため，形態からそれが精子であると

の断定はできないはずである（精子以外の他の細胞との判別が不可能なはずである）。

　本件鑑定は,「血清学的検査」を経ていないにもかかわらず,「精子が観察された」と断定している点に重大な欠陥がある。

　したがって,本件鑑定書は全く信用できない。

以　上

■資料9　書式・予定主張記載書面（薬物譲渡，否認）

```
平成○○年(わ)第○○○○号　覚せい剤取締法違反被告事件
被告人　○　○　○　○

                    予定主張記載書面

                                    平成○○年○○月○○日

○○地方裁判所　刑事第○○部○○係　　御中

                                        弁護人　○　○　○　○

　上記被告人に対する頭書被告事件について，弁護人が，公判廷においてすることを予定している主張は下記のとおりである。
                          記
1　被告人は，公訴事実各記載の行為を行った事実はない。○○○○に対して覚せい剤を譲渡したのは，○○○○（本年，○○地方裁判所において，別件覚せい剤取締法違反の罪で実刑判決を受け，現在受刑中）である。よって，被告人は無罪である。
2　○○○○が，平成○○年○○月ころから○○市○○内の○○○○店で，被告人から覚せい剤を届けてもらって譲り受けたりするようになったとの検察官主張を争う。被告人は，平成○○年○○月ころから，○○○○から覚せい剤を譲り受けて使用するようになったが，被告人が，○○○○に覚せい剤を譲り渡したことはない。
3　○○○○が被告人に送信したメールにおいて，同人が，覚せい剤の意味で「○○」という言葉を用いたとの検察官主張を争う。同メールにおいて「○○」とは，○○○○の持病である○○○○の薬の意味で用いられたものである。
4　○○○○の各供述録取書面（甲○○）については，……ついては認め，○○○○が覚せい剤を使用したこと及び使用状況等については信用性を争わない。その他の供述部分については信用性を争う。
                                              以　上
```

■資料10 書式・証拠調請求書

平成〇〇年(刑わ)第〇〇〇〇号
被告人 〇 〇 〇 〇

証拠調請求書

平成〇〇年〇〇月〇〇日

〇〇地方裁判所刑事第〇〇部　御中

主任弁護人 〇 〇 〇 〇 ㊞
弁　護　人 〇 〇 〇 〇 ㊞

　上記被告人に対する〇〇被告事件につき，弁護人らは，以下の通り，証拠の取調べを請求する。

記

第1　書証
　1　弁第〇号証　　謝罪文（写し）
　　　作成者　　　　被告人
　　　作成日　　　　平成〇〇年〇〇月〇〇日
　　　立証趣旨　　　被告人が本件犯行につき反省し，被害者に対して謝罪の意を表していること。
　2　弁第〇号証　　取扱状況報告書（写し）
　　　作成者　　　　司法警察員　〇〇
　　　作成日　　　　平成〇〇年〇〇月〇〇日
　　　立証趣旨　　　被告人の犯行状況
　3　弁第〇号証　　……

以　上

■資料11　書式・鑑定請求書（責任能力）

```
平成○○年(わ)第○○○○号　殺人被告事件
被告人　○　○　○　○
```

鑑定請求書

平成○○年○○月○○日

○○地方裁判所　刑事部　御中

弁護人　○　○　○　○　㊞
同　　　○　○　○　○　㊞

　上記被告人に対する殺人被告事件について，以下の通り鑑定を請求する。
1　請求の理由
　　本件犯行時，被告人が心神耗弱の状態であったことを立証するため
2　鑑定事項
　　本件犯行時の被告人の精神状態
3　弁護人の推薦する鑑定人
　　裁判所に一任する。
4　平成25年3月19日付精神鑑定書の信用性がないこと
　(1)　はじめに
　　　被告人は，平成25年2月14日から同年3月31日まで，H病院に鑑定留置され，同院のD医師による精神鑑定を受けた。D医師は，当該精神鑑定の結果を，平成25年3月19日付「精神鑑定書（以下，「D鑑定」という。）」に記した。
　　　しかし，上記D鑑定は，下記の理由により信用できないため，弁護人らは，被告人の本件犯行当時の精神状態について，再度の鑑定を請求する。
　(2)　D鑑定の骨子
　　　D鑑定は，被告人が，①犯行当時軽うつ状態であったが，明らかな精神障害はなかったこと，②上記疾患は，本件犯行に直接影響せず，被告人の是非弁別能力，行動制御能力は失われていなかったこと，を

骨子とする。
(3) D鑑定の前提事実について
　ア　被告人が軽うつ状態に過ぎなかったとの診断について
　　(ア)　D鑑定は，被告人が本件犯行に及んだ背景について，被告人が軽うつ状態であったことは認めつつも，明らかな精神障害はなかったと結論づけている。
　　　　しかしながら，本件は，被告人の器質ではなく，被告人がうつ病に罹患していたことが影響している。
　　(イ)　まず，D鑑定においては，被告人が，本件犯行当時精神疾患に罹患していなかった理由について，①本件犯行直前まで，通常通り，タクシー運転手の業務を遂行していたこと，をあげている。
　　　　しかしながら，うつ病の症状の発症には種々のものが存在し，例えば，寝込んでしまう，朝起きられないなど，業務が遂行できない状態に陥る患者もいるが，そうではなく，業務等は通常通り行っているように見えるが，非常な不安，倦怠感等に襲われる，という症状も存在する。
　　　　特に，うつ病患者に真面目な者が多く，無理矢理にでも仕事に励む人物が多いことは周知の通りであり，被告人もこの例に漏れない。
　　　　よって，被告人が，本件犯行直前まで業務に励んでいたことをもって，被告人のうつ病への罹患を否定することはできない。
　イ　被告人が軽度のうつ状態に過ぎなかったとの診断について
　　(ア)　D鑑定は，本件犯行当時，被告人が軽度のうつ状態に罹患していたに過ぎないとしている。
　　　　しかし，D鑑定は，被告人が「落ち込」んでいたことは認めているにも関わらず，その落ち込みの程度について全く検討していない。
　　　　さらに，上述した通り，被告人が自殺を考えるようになった理由である，被告人が働けなくなったら，母親がどうなるかを心配し，その結果，母親とともに死ぬしかないという，飛躍した考えを持ったことについて全く説明できていない。
　　　　仮に，本当に被告人が稼働不能になったとしても，被告人は，63歳から月約20万円の厚生年金を受給できることになっていたし，万が一の際には，生活保護を利用することも考えられる（実際，

厚生年金の支給開始月や，生活保護の存在を被告人は知っていた。）。

　つまり，被告人は，仮に働けなくなっても，収入を得られなくなる見込みは殆どなかったうえ，生活保護によって生活できるということを知っていたにも関わらず，自身の稼働不能の状態を考えるや否や，一足飛びに，自殺，ひいては一家心中を考えたものであり，この論理には相当な飛躍がある。

　このような論理の飛躍は，うつ病の典型症状の一つとされる「希死念慮」さらには「拡大自殺」の現れと考えられるが，D鑑定は，ただ単に，「このような発想は通常人でも行うことである。」と述べているだけである。

(イ)　さらに，被告人が，このような状態を憂え，○○市役所に，生活の相談に出向いたものの，担当職員から無碍にされ，全く相手にされなかったと感じ，このことにより「誰にも助けてもらえないなら，やはり死ぬしかないかな。」と思い，自殺願望を強めたことについて，全く触れていない。

　この事実は，被告人が自殺願望を強めたきっかけであり，被告人の本件犯行までに至る精神状態を理解するために必要不可欠なエピソードであるが，このような重要な事実について，意図的にせよ過失にせよ，全く触れずに精神鑑定を行うことは，通常考えられない。

(ウ)　このように，D鑑定は，被告人の精神状態の診断において，取り上げるべき事情を全く取り上げず，単に「軽度のうつ状態を示す睡眠障害は認められたがうつ病の診断基準は満たさず，その他の精神病症状，身体症状も認められない。」と述べているだけであり，D鑑定は信用できない。

ウ　被告人の動機の了解可能性について

(ア)　D鑑定は，「自分が死ねば残された家族が経済的に困窮し路頭に迷うことになると思い込み無理心中を考え実行してしまったわけであり，犯行動機は了解可能である。」と述べている。

　しかし，この結論は，文言のみを前提に出された結論であり，背景にある事実を全く考慮していない。

(イ)　そもそも，「無理心中を考え実行してしまった。」と記載しているが，そのきっかけは何だったのであろうか。

本件犯行直前に，被告人が無理心中を決断し，そのまま犯行に移ったのであれば，D鑑定の結論も首肯できないではないが，本件では，被告人は，本件犯行の約6ヶ月前の平成24年8月下旬ころから，既に抑うつ状態などの症状を呈し始め，無理心中も漠然と考えるようになった。

すなわち，被告人は，本件犯行直前まで，無理心中を考えていたものの，それは漠然としたもので，方法すら具体的に検討しておらず，犯意が生じた段階にも至っていなかった。

それなのに，本件犯行当日，被告人は，被害者の顔を見るや否や，突然被害者の首を絞めたというものであり，何が，被告人の犯意を生じさせる原因となったのか不明である。

そのため，被告人には，本件犯行直前に，突如犯意を生じさせる何らかの直接的なきっかけが明らかにならなければ，被告人の本件犯行の動機は解明できない。

そして，被告人は，上述の，犯意を生じさせた直接的なきっかけについて，未だに語れていないが，実母を殺害するという行為について，明確な動機やきっかけを語れていないということは，被告人の本件犯行当時の精神状態が異常であったことを推認させる。

しかし，D鑑定は，被告人が本件犯行に至る直接のきっかけや，その時の心情，また，被告人が具体的な本件犯行のきっかけや動機について語れていないことについて，何ら取り上げていない。

(ｳ) また，本件犯行前後の客観的な状況からしても，仮に被告人が稼働不能になったとしても，被告人及び被害者は，厚生年金の受給により経済的に困窮するような状況にはなかったのであるから，家族が経済的に困窮してはかわいそうだという動機に，了解可能性はない。

すなわち，「自分が死ねば残された家族が経済的に困窮し路頭に迷うことになると思」ったこと自体，客観的事実と整合しない，理由のない不安であったが，D鑑定は，本件犯行前後の客観的事実について何ら検討することなく，字面だけで動機の了解可能性を肯定している。

以上のように，D鑑定は，動機の了解可能性においても，検討すべき事実を検討せず，字面のみで判断を下しており，何ら信用

できるものではない。
　エ　被告人の是非弁別能力・行為制御能力について
　　(ア)　D鑑定は，犯行後の行動や鑑定時の供述から，犯行前後を通じて，殺人という行為一般についての違法性を常識的に認識していたことなどを理由に，被告人の是非弁別能力に問題はなかったと結論づけている。
　　　しかし，被告人は，「母親の顔を見たら，突然首を絞めてしまった。」と述べている。
　　　このことからすれば，本件犯行当時，果たして被告人に，是非弁別能力が十分にあったのか否か疑問である。
　　(イ)　また，D鑑定は，犯行後，被告人が冷静な行動を取ったことの一事をもって，被告人の行為制御能力に問題がなかったと結論づけている。
　　　しかし，上記4(3)ウ(イ)で述べた通り，本件では，被告人が無理心中を実行に移す直接のきっかけが見あたらないほか，被告人が，本件犯行に至る直前，「被害者の顔を見た途端」被害者の首を絞めたものであり，その時，首を絞めるという意思はなかったと述べていることからすれば，何らかのきっかけで，被告人が，自身の行為の制御が不能な状態に陥り，本件犯行に至ったことが推認される。
　　　また，平成24年9月には，被告人は，被害者に対し，「もう生きていけない。」などと言いながら，泣き叫ぶなどした（甲●号証）。
　　　普段温厚な被告人が，このような行動を取ること自体異常であり，この時，既に被告人の行為制御能力は減少していた。
　　　すなわち，きっかけの認識なく，突然実母である被害者の首を絞めたのであり，この時点で，被告人の行為制御能力は著しく減少していた。
　　　しかし，D鑑定では，上記各事実についての検討はされておらず，D鑑定は信用できない。
5　本件犯行当時の，被告人の精神状態
　下記の事実からすれば，被告人は，本件犯行当時，うつ病に罹患していた。
　(1)　被告人の性格及び家族関係等
　　　被告人は，口達者で温厚な性格であり，人とケンカをしたことはな

かった（甲●）。
　また，本件被害者である実母との親子仲はとてもよかった（甲●）。
(2) 平成24年8下旬月ころから，本件犯行までの被告人の様子
　ア　被告人が，平成24年8月下旬ころから，重度の糖尿病である旨診断を受け，以後，不眠，落ち着けない，憂鬱感など，体調及び精神面での変調をきたし，かつ，ほどなくして，自殺や無理心中が頭に浮かぶようになった。
　イ　具体的には，被告人は，「自分が働けなくなったらどうしよう。」と悩み，そして，「働けなくなったら，収入がなくなるので死ぬしかない。」，「俺が死んだら，おふくろも路頭に迷う。それなら一緒に連れて行った方がいい。」などと考え始めた。
　ウ　さらに，平成25年9月には，被害者に対し，「もう生きていけない。」などと言いながら，泣き叫ぶなどした。
　エ　被告人は，犯行当日である平成25年2月1日未明，隣で寝ていた被害者の顔を見るや否や，突然同人の首を絞めた。この時，被告人には，首を絞めているという認識はあったものの，善悪の意識や，やめるという意識が働かず，そのまま首を絞め続け，殺害に至った。
(3) 犯行後の様子
　ア　犯行後，被告人は，母親が死亡したこと自体には悲しんでいたが，なんで自分が本件反抗に及んだのか理解できておらず，動機や犯行のきっかけについて，未だに全く説明できていない。
　イ　また，被告人は，逮捕された後，「やる気が全くでない。」という理由で，差し入れられた書籍に全く目を通さないほか，取調中も，いきなり口がきけなくなり，取調が中止されたことがあった。
(4) 上記各事実の評価
　ア　ICD-10のうち，F32「うつ病エピソード」の記述によれば，うつ病患者は，通常，①抑うつ気分，②興味と喜びの消失，③活動性の減退による易疲労性の増大や活動性の減少，に悩まされる。
　　被告人の供述によれば，平成24年8月下旬以降，被告人が①抑うつ気分に陥っていたことは明らかである。
　　また，逮捕後，被告人が書籍に目を通さなくなったり，途中で口がきけなくなったことについては，③活動性の減退・減少に該当する。
　　さらに，逮捕後，差し入れられた書籍などをなかなか読めなかっ

た点については、②興味と喜びの消失にも該当する。
　イ　また、ICD-10、F32によれば、上記①から③のほかに、うつ病患者は下記の症状に陥る。
　　(a)　集中力と注意力の減退
　　(b)　自己評価と自信の低下
　　(c)　罪責感と無価値感
　　(d)　将来に対する希望のない悲観的な見方
　　(e)　自傷あるいは自殺の観念や行為
　　(f)　睡眠障害
　　(g)　食欲不振
　まず、重度の糖尿病になり、収入が得られなくなると思い、その結果「死ぬしかない。」などと考えたことは、(d)に該当する。
　また、被告人が自殺を考え始めたことについては、(e)に該当する。
　さらに、落ち着けなくなったことは(a)に、不眠は(f)に該当する。
　以上によれば、被告人は、犯行当時、うつ病患者に見られる多くの症状を有しており、被告人がうつ病に罹患していたことは明らかである。

6　うつ病と本件犯行の因果関係
　うつ病患者は、その特有の将来への悲観的な物の見方が災いし、殺人を冒す場合がある。
　特に、「拡大自殺」と言われるが、自身が自殺しようとする際、最愛の者への同情から、最愛の者を道連れにしようとすることがある。
　本件においては、被告人は、うつ病の典型症状である、抑うつ症状や憂鬱感、不眠症状、将来に対する希望のない物の見方、また自責の念などに悩まされ、自殺を考えていた。そして、まさに、「おふくろが路頭に迷うとかわいそうだから、一緒に連れて行った方がいい。」という、最愛の家族への同情から、心中を考えていたものであり、被告人が実母を殺害するに至った直接のきっかけは不明であるものの、本件でも、被告人の本件犯行に、「拡大自殺」の要素が存在することは否定できない。
　よって、被告人のうつ病は、被告人の本件犯行に大きな影響を及ぼしている。
　なお、被告人の、本件犯行当時の是非弁別能力及び行為制御能力については、上記4(3)エ(ア)、(イ)で述べた通りである。
　以上により、本件犯行当時、被告人の、特に行為制御能力は著しく減

退しており，被告人は，心神耗弱状態にあった。

以　上

■資料12　書式・鑑定請求書（DNA）

```
平成○○年(○)第○○○○号　　○○○○被告事件
被告人　　○　○　○　○
```

鑑定請求書

○○地方裁判所　刑事第○○部　　御中

平成○○年○○月○○日
弁護人　　○　○　○　○　㊞

　上記被告人に対する頭書被告事件に関して，下記の鑑定を請求する。
記

第1　鑑定事項
  1　鑑定資料
　　　○○○○が平成○○年○○月○○日に○○警察署司法警察員に任意提出し，同日領置されたパンティー（ただし，パンティーライナーが付いてあるもの。平成○○年○○庁外領第○○号符合○）　1枚
  2
　⑴　鑑定資料に精液混入の有無
　⑵　⑴について，精液があればそのDNA型と被告人のDNA型が一致するか。
  3　鑑定資料の入手経過及び約10年前に入手後の保管経過が不明である場合におけるDNA型鑑定につき，鑑定資料が汚染された可能性及び当該鑑定結果の信用性。
  4　鑑定条件
　⑴　ヒト精液検査については，精液予備検査，頭微鏡検査，血清学的検査をすべて実施し，顕微鏡検査において精液が確認された場合にはその写真を撮影し，鑑定書に添付すること。
　⑵　鑑定に際しては陽性対照及び鑑定資料そのものを試料とした陰性対照を実施し，鑑定において作成されたメモ，ノート，エレクトロフェログラム（チャート）その他の資料を鑑定書に添付すること。
第2　鑑定を求める理由

本鑑定資料については，すでに，警視庁科学捜査研究所がDNA型の鑑定を行っているが（同所作成の平成〇〇年〇〇月〇〇日付け鑑定書（甲〇〇）に関するもの。），同鑑定については，①本来，鑑定資料とすべき膣内容物を対象としなかった点，②鑑定資料の入手・保管（入手状況及び保管状況について，客観的証拠が存在しない），及び③鑑定方法（陰性対照が行われたか否かが不明である点，写真等，精液ないしは精子が存在したことを示す客観的な資料が存在しない点，及び，確認されたとする細胞が精子か否かを判断するに際して血清学的検査を実施していない点）について重大な欠陥がある。
　したがって，本鑑定資料については，適切な鑑定資料に基づく適切な鑑定方法により，再度DNA型の鑑定を行うとともに，当該鑑定資料の入手経過及びその後の保管状況に照らして，鑑定資料汚染の可能性の有無及び汚染されたと仮定した場合の鑑定結果の信用性についても，専門家の判断を求める必要がある。
第3　鑑定人
　御庁においてしかるべき鑑定人を選定されたい。

以　上

■資料13　書式・主張関連証拠開示請求書

```
事件番号　　平成○○年(わ)第○○○号
事件名　　　○○○○被告事件
被告人　　　○　○　○　○
```

主張関連証拠開示請求書

平成○○年○○月○○日

東京地方検察庁
　検察官検事　○　○　○　○　　殿

主任弁護人　○　○　○　○　㊞
弁　護　人　○　○　○　○　㊞

　弁護人らは，頭書事件につき，刑事訴訟法316条の20に基づき，以下の各証拠の開示を請求する（ただし，既開示部分をのぞく）。

記

1　○○○○寮，○○市，○○市社会福祉協議会等の行政機関の職員が被告人の精神状態について記載した書面の全て（面接記録票，生活指導記録票，ケース記録票等）
　理由：弁護人らは，「被告人は犯行当時心神耗弱であったこと」を主張する予定であるが，同主張を裏付け，立証するためには，被告人の上記行政機関職員とのやりとりや過去に作業所に通っていた当時の行動を確認することが重要である。
　　　　そして，検察官は「被告人が本件犯行におよんだことにつき被告人の精神病は影響していない」旨を主張し，これが「被告人は犯行当時完全責任能力であったこと」の根拠として主張されているから，その証明力を判断するための標記開示は被告人の防御の準備のための必要性が高い。
2　○○○○寮，○○市，○○市社会福祉協議会等の行政機関の職員のすべての供述録取書等（電話聴取書，捜査報告書を含む）
　理由：1と同じである。

3　被告人が入通院していた病院（起訴前鑑定をした○○病院も含む）の精神状態に関する書面（診療録，看護記録，心理検査及び知能検査等の諸検査の結果，捜査関係事項照会結果回答書，病状照会結果回答書，診療情報提供書，電話聴取書，捜査報告書等）

理由：弁護人らは，「被告人は犯行当時心神耗弱であったこと」を主張する予定であるが，同主張を裏付け，立証するためには，被告人の現在に至るまでの言動や精神面に関する病状を確認することが重要である。

　そして，検察官は「被告人が本件犯行におよんだことにつき被告人の精神病は影響していない」旨を主張し，これが「被告人は犯行当時完全責任能力であったこと」の根拠として主張されているから，その証明力を判断するための標記開示は被告人の防御の準備のための必要性が高い。

以　上

■資料14　書式・求釈明書

事件番号　平成〇〇年(わ)第〇〇〇号
事件名　　〇〇〇〇被告事件
被告人　　〇　〇　〇　〇

平成〇〇年〇〇月〇〇日

求釈明書

〇〇地方検察庁
検察官検事　〇　〇　〇　〇　殿

主任弁護人　〇　〇　〇　〇　㊞
弁　護　人　〇　〇　〇　〇　㊞

　検察官の平成〇年〇月〇日付証拠開示請求に対する回答書（以下，「回答書」という）について，下記の通り釈明を求める。

記

　回答書第〇項には，該当する証拠は存在しないと記載されているが，①開示請求に係る証拠が検察官の手元には存在しないという意味なのか，②開示請求に係る証拠が警察にも存在しないという意味なのか，③開示請求に係る証拠はあるが，開示要件を満たさないという意味なのか，④前記③の場合どの開示要件を満たさないのか，を明らかにされたい。

以　上

■資料15　書式・証拠開示命令請求書（裁定請求書）

平成〇〇年(刑わ)第〇〇〇〇号
被告人　〇　〇　〇　〇

証拠開示に関する裁定請求書

平成〇〇年〇〇月〇〇日

〇〇地方裁判所刑事第〇〇部　　御中

主任弁護人　〇　〇　〇　〇　㊞
弁　護　人　〇　〇　〇　〇　㊞

　上記被告人に対する〇〇被告事件につき，弁護人は，刑事訴訟法第316条の26第1項に基づき，以下の通り，証拠開示に関する裁定を請求する。

記

第1　請求の趣旨
　1　検察官に対し，以下の各証拠を弁護人に開示することを命じる
　　(1)　Aの警察官に対する供述調書（平成〇〇年〇〇月〇〇日付）
　　(2)　Bの警察官に対する供述調書（平成〇〇年〇〇月〇〇日付）
　　(3)　Cの警察官に対する供述調書（平成〇〇年〇〇月〇〇日付）
　　との決定を求める。
第2　請求の理由
　1　弁護人による類型証拠開示請求及びこれに対する検察官の対応
　　　……
　2　証拠の重要性
　　　……
　3　開示の必要性
　　　……
　4　開示による弊害の不存在
　　　……

■資料16　書式・即時抗告申立書

即時抗告申立書

平成〇〇年〇〇月〇〇日

〇〇高等裁判所　御中

被　告　人　〇　〇　〇　〇
主任弁護人　〇　〇　〇　〇　㊞
弁　護　人　〇　〇　〇　〇　㊞

　弁護人らは，被告人に対する〇〇地方裁判所平成〇〇年(む)証拠開示命令請求事件について，同裁判所が平成〇〇年〇月〇日に下した棄却決定に対し，以下の通り，即時抗告を申し立てる。

第1　申立の趣旨
　1　原決定を取り消す。
　2　検察官に対し，〇〇〇を開示することを命ずる。
第2　申立の理由
　　（略）

■資料17　書式・特別抗告申立書

特別抗告申立書

平成○○年○○月○○日

最高裁判所　御中

被　告　人　　○　○　○　○
主任弁護人　　○　○　○　○　㊞
弁　護　人　　○　○　○　○　㊞

　弁護人らは，被告人に対する○○高等裁判所平成○○年（く）証拠開示命令請求棄却決定に対する即時抗告事件について，同裁判所が平成○○年○月○日に下した棄却決定に対し，以下の通り，特別抗告を申し立てる。

第1　申立の趣旨
　1　原決定を取り消す。
　2　検察官に対し，○○○を開示することを命ずる。
第2　申立の理由
　　　（略）

■資料18　書式・公判記録取寄請求書

平成〇〇年(刑わ)第〇〇〇〇号
被告人　〇　〇　〇　〇

公判記録の取寄に関する申請書

平成〇〇年〇〇月〇〇日

〇〇地方裁判所刑事第〇〇部　　御中

主任弁護人　〇　〇　〇　〇　㊞
弁　護　人　〇　〇　〇　〇　㊞

　上記被告人に対する〇〇被告事件につき，裁判所法79条に基づき，下記刑事事件記録の取り寄せをされたく，申請する。
記
第1　記録の表示
　　　被告人〇〇に対する〇〇被告事件一件記録
　　　（事件番号：平成〇〇年(刑わ)第〇〇〇〇号）
第2　取寄先
　　　〇〇地方裁判所刑事第〇〇部
第3　立証事項
　　　……

以　上

■資料19　書式・証言要旨記載書

事件番号　平成○○年(わ)第○○○号
事件名　　○○○○被告事件
被告人　　○　○　○　○

平成○○年○○月○○日

証言要旨記載書

東京地方検察庁
検察官検事　○　○　○　○　殿

主任弁護人　○　○　○　○　㊞
弁　護　人　○　○　○　○　㊞

　上記被告人に対する頭書事件につき，弁護人らが取調べを請求した証人○○○○が公判期日において供述すると思料する内容の要旨は以下のとおりである。

記

　証人は，被告人の知人であり，現在○○歳である。
　現在は，○○県○○市○○において，○○という仕事をしている。
　○年前に，○○の仕事をしている○○○○氏の紹介で，被告人と知り合い，以後，月に1～2回，被告人宅で会い，被告人の相談に乗るとともに，内装業を行う被告人に仕事を紹介していた。
　被告人は，非常に仕事熱心であり，社員からの信頼も厚かった。
　被告人は現在接見禁止中で会うことができないが，被告人と接見できるようになったら，これまで以上に被告人と会って，被告人の相談に乗りたいし，いずれ外に出られたら，被告人に仕事の紹介もしたい。

以　上

■資料20　書式・尋問事項書

```
事件番号　平成○○年(わ)第○○○○号
事件名　　○○○○被告事件
被告人　　○　○　○　○
```

尋問事項（証人：○○○○）

平成○年○月○日

○○地方裁判所刑事第○部　　御中

主任弁護人　○　○　○　○　㊞
弁　護　人　○　○　○　○　㊞

1　被告人と知りあった経緯
2　本件犯行前の被告人との関係
3　本件犯行前の被告人の様子
4　本件犯行時の証人の行動
5　本件犯行当時の証人の心境
6　本件犯行後の被告人とのやりとり，被告人の様子
7　本件犯行の被害状況
8　弁償について
9　現在の心境
10　今後の被告人との関係，生活について
11　その他，これらに関連する一切の事項

以　上

事項索引

い

遺体，
　──の解剖写真……………………… 89
　──の写真…………………………… 88
インテーク鑑定……………………… 40

か

開示証拠の複製等の交付等に関する規程
　………………………………………… 92
開示証拠の目的外使用の禁止………… 92
開示の時期・方法の指定（主張関連証拠
　開示請求）………………………… 131
開示の時期・方法の指定（類型証拠開示
　請求）………………………………… 80
鑑定請求……………202, 203, 204, 205, 206
鑑定手続実施決定…………………… 40
鑑定人尋問…………………………211, 215
カンファレンス…………… 40, 206, 212

き

聴き取り捜査報告書………………… 70
期日間整理手続…………191, 192, 193, 194

く

区分審理決定………………………… 217

け

検察官
　──請求証拠に対する意見明示の時期
　………………………………………… 85
　──手持ち証拠…………………… 60
　──の回答に対する弁護人の対応（類
　　型証拠開示請求）……………… 82
検証調書又はこれに準ずる書面……… 66

こ

公判前及び期日間整理手続の結果顕出 180

公判前整理手続
　──期日の変更…………………… 32
　──において行う事項…………… 38
　──に付された初期の段階の対応… 41
　──への出頭の是非……………… 35
　──への被告人の出頭義務……… 34
　──を求めるべき場合…………… 26
公務所照会…………………………… 105

さ

再鑑定請求………………………205, 211
裁定請求……………………………… 135

し

示談交渉経過の報告書……………… 198
示談書，弁償金の領収証………197, 198
質問票…………………………… 185, 222
私的鑑定……………………………… 202
主張関連証拠開示請求
　──の時期………………………… 113
　──の要件（重要性）…………… 114
証言予定要旨記載書面……………… 108
証拠調べ請求の時期………………… 102
証拠制限………………………… 102, 197
証拠物………………………………… 63
証拠保全……………………………… 105
証人尋問を請求する予定のない参考人の
　供述録取書等……………………… 68
証人予定者の供述録取書等………… 67
証明予定事実………………………… 96
　──以外の事実上の主張………… 96
証明予定事実記載書面に対する求釈明‥ 46

せ

生前の写真やビデオ………………… 89
前科・前歴（被害者）……………… 125
前科・前歴（被告人）……………… 90

278 事項索引

そ
争点と証拠整理結果の確認………………177
即時抗告………………………………136

ち
着座位置………………………………186
直接証明しようとする事実の有無に関する供述…………………………………68

と
同意の撤回……………………………150
統合捜査報告書…………………………91
特別抗告………………………………137
取調べ状況記録書面……………………72
取調べメモ……………61, 116, 128, 129

ひ
被告人の供述録取書等…………………71
備忘録……………65, 116, 126, 128, 129

ふ
不起訴裁定書……………………………67
不選任請求……………………………223
部分判決………………………………218

へ
併合事件審判…………………………219

ほ
冒頭陳述………………………………181
法律概念の説明………………………184

や
やむを得ない事由…………………103, 152

よ
予定主張の追加・変更………………142, 148
予定主張明示の時期……………………95

り
留置人出入簿………………………65, 118, 125

る
類型証拠開示請求
　――の要件（重要性）…………………73
　――の要件（相当性）…………………74
　――の要件（類型該当性）……………61
類型証拠開示請求書の裁判所への送付…83

判例索引

最高裁判所

最判昭27・5・6刑集6巻5号736頁 ……………………………………………63
最決昭37・2・14刑集16巻2号85頁 ………………………………………………32
最決昭44・4・25判タ233号284頁 …………………………………………………56
最判平18・11・7刑集60巻9号561頁 ……………………………………………159
最決平19・12・25刑集61巻9号895頁・判時1996号157頁・判タ1260号102頁
　…………………………………………………………………………3,60,116,118,123
最決平20・6・25刑集62巻6号1886頁・判時2014号155頁・判タ1275号89頁 ……4,60,123
最決平20・9・30刑集62巻8号2753頁・判タ1292号157頁 …………………4,60,120
最決平23・8・31刑集65巻5号935頁 ……………………………………………136
最決平25・3・18判タ1389号114頁 …………………………………………………95

高等裁判所，地方裁判所

大阪高決平18・6・26判時1940号164頁 …………………………………………73
東京高決平18・10・16判タ1229号204頁 …………………………………………68
東京高決平18・12・28東高時報57巻1＝12号77頁 …………………………128
那覇地決平19・2・22裁判所ウェブサイト ………………………………………70
東京地決平19・7・20裁判所ウェブサイト ………………………………………65
広島地決平19・9・19裁判所ウェブサイト ………………………………………65
東京地決平19・10・19裁判所ウェブサイト ………………………………………81
千葉地決平20・2・12裁判所ウェブサイト ………………………………………125
さいたま地決平20・3・17 ……………………………………………………………71
東京高判平20・3・26判タ1272号329頁 …………………………………………155
大阪地決平20・3・26判タ1264号343頁 …………………………………………128
東京高決平20・4・1裁判所ウェブサイト ………………………………………72
水戸地決平20・4・3裁判所ウェブサイト ………………………………………126
広島高岡山支判平20・4・16高等裁判所刑事裁判速報集（平20）号193頁 …………157
名古屋高決平20・5・12裁判所ウェブサイト ……………………………………65
名古屋高金沢支判平20・6・5判タ1275号342頁 ………………………………158
名古屋地一宮支決平20・6・9裁判所ウェブサイト ……………………………65
東京高決平20・7・11裁判所ウェブサイト ……………………………………74,118
東京地決平20・7・11裁判所ウェブサイト ………………………………………65
さいたま地決平20・7・28裁判所ウェブサイト …………………………………65
東京地決平20・8・6刑集62巻8号2786頁 ………………………………………65
東京地決平20・8・28裁判所ウェブサイト ………………………………………65
鳥取地米子支決平20・9・9裁判所ウェブサイト ………………………………66

大阪地決平20・9・26裁判所ウェブサイト……………………………………………117
東京高判平20・11・18判タ1301号307頁…………………………………………142,160
大阪高決平20・12・3判タ1292号150頁……………………………………………121
広島高判平20・12・9高等裁判所刑事裁判速報集（平20）号259頁………………162
東京高判平21・2・20高等裁判所刑事裁判速報集（平21）号90頁…………142,163
東京高判平21・3・19東高時報60巻1＝12号41頁…………………………………165
東京高判平21・4・28東高時報60巻1＝12号48頁…………………………………166
高松高判平21・5・26高等裁判所刑事裁判速報集（平21）号321頁………………167
東京高決平21・5・28判タ1347号253頁………………………………………47,133
東京高判平21・8・6東高時報60巻1＝12号119頁…………………………………170
東京高決平21・8・19東高時報60巻1＝12号124頁…………………………………195
東京高決平21・9・15裁判所ウェブサイト……………………………………………124
東京高決平22・1・5判タ1334号262頁………………………………………………125
東京高決平22・3・17判タ1336号284頁………………………………………81,132
東京高判平22・10・4東高時報61巻1＝12号224頁…………………………………143
東京高判平23・2・8高等裁判所刑事裁判速報集（平23）号61頁…………………172
東京高判平23・8・30東高時報62巻1＝12号72頁……………………………………40
東京高判平23・12・26東高時報62巻1＝12号155頁…………………………………173
東京地決平26・1・29判タ1401号373頁………………………………………………68

■編著者

庭山　英雄（弁護士・元専修大学教授）

宮﨑　大輔（弁護士）

寺﨑　裕史（弁護士）

公判前整理手続の実務

2015年1月22日　初版第1刷印刷
2015年2月6日　初版第1刷発行

編著者	庭山　英雄
	宮﨑　大輔
	寺﨑　裕史
発行者	逸見　慎一

発行所　東京都文京区本郷6丁目4の7　株式会社　青林書院
振替口座　00110-9-16920／電話03(3815)5897～8／郵便番号113-0033
ホームページ☞http://www.seirin.co.jp

印刷／藤原印刷株式会社　落丁・乱丁本はお取替え致します。
©2015　庭山＝宮﨑＝寺﨑　Printed in Japan
ISBN978-4-417-01645-8

JCOPY〈(社)出版者著作権管理機構　委託出版物〉
本書の無断複写は著作権法上での例外を除き禁じられています。複写される場合は、そのつど事前に、(社)出版者著作権管理機構（TEL03-3513-6969，FAX03-3513-6979，e-mail：info@jcopy.or.jp）の許諾を得てください。